ÉTUDES ÉCONOMIQUES ET FINANCIÈRES

LE PÉRIL JAUNE

PAR

EDMOND THÉRY

Directeur de « L'ÉCONOMISTE EUROPÉEN »

Précédé d'une PRÉFACE

de

M. d'Estournelles de Constant

Député de la Sarthe

MEMBRE DE LA COUR PERMANENTE D'ARBITRAGE DE LA HAYE

TROISIÈME ÉDITION

FÉLIX JUVEN
ÉDITEUR
PARIS — 122, RUE RÉAUMUR, 122 — PARIS

Offert par M. d'Estournelles de Constant
Ministre plénipotentiaire
Député de la Sarthe

LE PÉRIL JAUNE

OUVRAGES DE M. Edmond THÉRY

ÉTUDES ÉCONOMIQUES ET FINANCIÈRES

LE PÉRIL JAUNE

PAR

EDMOND THÉRY

Directeur de " L'ÉCONOMISTE EUROPÉEN

Précédé d'une PRÉFACE

DE

M. d'Estournelles de Constant

Député de la Sarthe

MEMBRE DE LA COUR PERMANENTE D'ARBITRAGE DE LA HAYE

FÉLIX JUVEN
ÉDITEUR
PARIS — 122, RUE RÉAUMUR, 122 — PARIS
—
1901

LETTRE-PRÉFACE

DE

M. d'Estournelles de Constant

A M. Edmond THÉRY

Paris, 17 Mars 1901.

Cher Monsieur,

Les Français valent mieux décidément que leur réputation. Nous passons pour être légers, frivoles, imprévoyants: il me semble au contraire que, dans les circonstances graves, le monde civilisé gagnerait à suivre nos impulsions. Si ardentes que soient nos passions, l'amour de la vérité, de l'indépendance et de la justice reste toujours vivant au fond de nos cœurs et rien ne peut l'étouffer : on le croit absent, disparu, mort même, mais la moindre émotion le réveille, l'enflamme et nous fait oublier tout le reste. Si le malheur voulait que cette flamme sacrée vînt à s'éteindre, l'humanité serait sans guide, dans l'obscurité tragique où les égoïstes et les sceptiques essaient de la maintenir.

Dans d'autres pays que la France j'aurais pu parler vainement pendant des années de ce *Péril jaune* auquel vous venez de consacrer tout un livre. On ne m'aurait ni lu ni écouté.

En France on ne connaît pas l'indifférence : on a
commencé par se moquer de mes avertissements;
j'ai connu l'ingrate situation de Cassandre; on
écoutait mes prophéties et on en riait. Quand
j'appartenais encore à la diplomatie, brillant fonctionnaire, dont nul ne soupçonnait qu'il finirait par
mal tourner — comme disent certains de mes
parents et amis, depuis mon entrée ou ma chute...
dans l'arène parlementaire, — alors j'écrivais déjà
des rapports jugés pessimistes.

— Quel dommage ! disait-on. que d'Estournelles
se perde dans toutes ces prophéties nébuleuses et
s'occupe de ces machines, si peu dignes de l'attention d'un diplomate : le péril social, le péril de la
concurrence, le péril américain, le péril japonais,
le péril colonial! Quel dommage ! alors qu'il pourrait employer utilement son activité.

Et mes rapports étaient classés, — oh, bien intacts
et bien inoffensifs, — dans les cartons de la sous-
direction du Nord; classés, — enterrés vivants,
disais-je avec amertume, — de peur qu'il ne leur
prit fantaisie, à eux aussi, de mal tourner. L'un
d'eux n'avait-il pas été, en effet, signalé comme
« *Socialiste* ».

Aussitôt libre, — car c'est ma liberté que j'ai
conquise en m'échappant, ma liberté, le droit de
parler et d'agir suivant ma conscience, le droit de
servir non pas un ministère, une direction ou un
bureau, mais mon pays, — aussitôt libre, en 1895,
je préparai mes prophéties. En bon Français, j'y
travaillai avec ardeur, avec amour ; et j'écrivis ma

première lamentation : *Le Péril prochain, l'Europe et ses rivaux* (1).

Je n'aurais pas dû trouver d'éditeur. Je dois rendre à M. Brunetière cette justice que, bien loin de me fermer les portes de la *Revue des Deux Mondes*, depuis plus de vingt années si hospitalières pour moi, il me les ouvrit largement. L'année suivante, je revins à la charge avec une nouvelle étude plus sombre encore que la première et qualifiée même de tragique : *Concurrence et Chômage* (2). J'essayai de faire entrevoir les conséquences, non pas lointaines, mais imminentes, des rivalités nouvelles qui menacent la France et l'Europe, et je montrai notre vieille civilisation écrasée par les charges de son passé et par celles de la paix armée, dominée par les mondes nouveaux, privilégiés, depuis l'Amérique, les trois Amériques, le Canada, l'Australie jusqu'à l'Extrême Orient.

Cela fait, je me mis en route pour accomplir mon tour de France, étudier nos incomparables ressources, les remèdes au mal qui s'approche, remèdes dont nous sommes plus riches que tout autre. En même temps, dans une série de conférences ininterrompues, méthodiquement suivies de ville en ville, de Nantes à Marseille, de Bordeaux à Nancy, en passant par tous les centres importants, sans négliger aucune partie essentielle de notre territoire, je ne manquai pas une occasion de faire retentir mes avertissements.

(1) 1ᵉʳ avril 1896.
(2) 15 juillet 1897.

Le public de nos provinces ne les accueillit pas moins bien que le directeur de la *Revue des Deux Mondes*, ou que ceux de la *Revue de Paris*, de la *Revue politique et parlementaire*, de la *Revue Bleue*, du *Temps*, etc., etc. Bien loin de me jeter des pierres et de me traiter de Jérémie, on m'appela ; on reconnut que mes craintes méritaient d'être écoutées et méditées.

Je me risquai même à la tribune de la Chambre, à parler du péril de la concurrence des pays nouveaux, mais avec de grandes précautions. Je commençai par dénoncer les dangers d'une expansion coloniale inconsidérée ; je m'élevai contre les entraînements soi-disant patriotiques qui nous conduisent inconsciemment à aggraver nos charges, à constituer quatre armées dans notre pays, dont la population n'augmente pas : une armée de défense nationale, une armée navale, une armée coloniale et une armée en Chine, au prix de combien de centaines de millions, de combien de ressources en hommes et en argent enlevées au commerce, à l'agriculture, à l'industrie !... au prix enfin de quels risques et de quels conflits avec les peuples anciens et nouveaux !...

Je poussai même la témérité jusqu'à demander la suppression des députés coloniaux, lesquels représentant des électeurs qui ne sont ni contribuables, ni soldats, n'ont pas tout à craindre, comme nous, des suites de la mégalomanie qu'ils ont largement contribué à nous communiquer.

J'ai flétri les scandales électoraux de l'Inde, de la Cochinchine, du Sénégal ; j'ai passé de mauvais quarts d'heure, je l'avoue, et l'*Officiel* en fait foi, mais je n'ai pas été lapidé.

Dans le même ordre d'idées, je me suis efforcé de saisir les occasions qui m'étaient offertes pour ouvrir les yeux du Parlement sur les écueils d'une politique extérieure dont le pays se désintéresse. Il est anormal, en effet, et dangereux au premier chef, et contradictoire, de voir une démocratie prétendre à la fois se diriger elle-même et en même temps se bander les yeux. Or, c'est là ce que nous faisons : nous nous désintéressons de ce qui se passe au delà du cercle habituel de nos connaissances et de nos préoccupations, c'est-à-dire au delà du cercle de nos frontières et de celles de nos voisins immédiats. Nous nous refusons naïvement à concevoir que notre politique intérieure puisse être influencée par la répercussion de telle ou telle erreur de notre politique extérieure ou coloniale : nous ne comprenons pas, par exemple, qu'en étendant dans toutes les parties du monde notre domination et nos responsabilités, nous étendons en même temps notre surface de vulnérabilité. Une règle fonda- mentale de l'escrime impose pourtant au tireur le plus novice le devoir d'offrir à son adversaire, sans pour cela s'humilier ou se diminuer, le moins de corps possible : plus le tireur se découvre, si habile soit-il, plus il a de chances d'être touché ; ses maîtres disent de lui, non pas qu'il est brave, mais qu'il est maladroit et ignorant.

La France semble appliquer son amour propre à

imiter le tireur maladroit et à se découvrir au dehors, tandis qu'elle s'épuise intérieurement par des sacrifices continuels. Elle va au-devant de ses adversaires; elle en double, en triple le nombre; elle double et triple, par conséquent, ses risques et l'importance de ses sacrifices. Elle se condamne à rester sans répit sur le qui vive, non seulement en face de l'Allemagne et de la triple alliance, en même temps que de l'Angleterre — ce qui déjà est une folie! — mais en face de tous les mondes nouveaux qui la surveillent et sont à présent nos voisins. Nous n'avons, par exemple, nul souci des questions de Terre-Neuve, de la Nouvelle-Calédonie, pour ne parler, que des plus petites; il ne nous viendra pas à l'esprit qu'elles puissent être l'occasion d'une difficulté avec le Canada ou les États-Unis et l'Australie.

Nous gaspillons, comme des enfants, sur toute la surface de la terre, de l'Afrique à l'Extrême-Orient, des ressources considérables, sans jamais songer que ces sacrifices non seulement sont vains, pour la plupart, mais nous acheminent fatalement à d'autres sacrifices qui, ceux-là, dépasseront la limite de notre pouvoir, le jour où ces équipées nous mettront non plus en contact seulement mais en conflit avec telle puissance militaire du Pacifique que nous ne pouvons nous flatter d'atteindre. Et ainsi de suite.

Nous, — et non pas nous Français seulement, mais, nous Européens, Anglais, Allemands, Italiens, etc., nous donnons au monde le spectacle, que nous croyons très imposant, de la grenouille qui veut se faire aussi grosse que le bœuf.

Nous nous gonflons démesurément et la moindre
piqûre d'aiguille, la moindre déchirure survenant
au loin dans cette enveloppe boursouflée que nous
ne sommes plus capables de surveiller, suffira pour
nous faire piteusement échouer ou éclater. Alors
nous essaierons de nous en prendre à Pierre ou à
Paul ; nous nous consolerons en aggravant notre
mésaventure par des récriminations et des discordes intérieures ; nous nous refuserons à reconnaître
que l'accident, le fatal accident que je vois venir
et que je voudrais éviter, a été causé par le développement excessif de notre surface, laquelle deviendra nécessairement d'autant plus mince qu'elle
sera plus distendue.

J'insiste, jusqu'à lasser la patience de mes audi-
teurs, sur la folie de ces entreprises coloniales,
soi-disant d'avenir ; je me rappelle qu'en 1893,
dans un long rapport qui, naturellement, ne servit
à rien, j'écrivis au Ministère des Affaires étrangères que nos relations trop tendues avec l'Angleterre aboutiraient à un conflit qu'il fallait prévoir
et qui entraînerait les deux pays bien au delà de
ce que l'on supposait alors ; je redoutais l'inévitable
Fachoda et la nécessité d'avoir un beau jour à se
battre sans préparation ou à s'humilier. Cette dépêche, je la vois encore : elle avait plus de quarante
pages ; elle m'avait coûté des mois de méditation,
d'études, de recherches ; sa conclusion était établie
sur des avertissements sans nombre, sur des indices que j'avais recueillis depuis des années, sur les
discours ou les entretiens de tous les hommes d'État
anglais, sur les déclarations personnelles de Cecil
Rhodes ; tout cela en pure perte.

Il a fallu moins de six ans pour que nous nous trouvions en face de la douloureuse alternative annoncée...

Il en sera de même pour le péril américain, lequel s'avance sur l'Europe avec l'inexorable tranquillité d'un rouleau à écraser le macadam : péril économique seulement, diront les spécialistes de la grande politique : péril extérieur seulement, diront les spécialistes de la politique intérieure ? Mais non, péril politique, péril social, péril financier, péril militaire, péril intérieur. Si les Américains, avec leurs machines, inondent le monde, et même l'Europe, des produits que jadis nous leur vendions, espère-t-on que ce renversement des rôles sera pour rien dans nos crises intérieures à tous, dans l'arrêt de notre production agricole et industrielle, dans le mécontentement des producteurs, dans l'antagonisme qui va croissant entre le capital et le travail, dans les crises de chômage, dans les grèves et dans la conséquence de tous ces désordres : l'exode de nos capitaux et la diminution de notre activité ?

Et les progrès du Japon ? Est-ce encore une simple question économique, extérieure, lointaine ? N'enlèvent-ils pas déjà du travail à nos usines, et, par conséquent, ne mettent-ils pas aux prises, en Europe, nombre de patrons et d'ouvriers qui, auparavant, travaillaient d'un commun accord ? Est-ce que ces avertissements ne nous commandent pas un effort nouveau, une politique nouvelle ? Est-ce que la politique intérieure n'est pas la première intéressée à en tenir compte ?

Et voilà comment peu à peu, par la force des

choses, sans le vouloir presque, je suis arrivé à
la Chine, à ce péril jaune qui n'est pour moi
qu'une partie du péril, le péril de demain, si vous
voulez, mais un péril qu'il dépend de nous, de
notre sagesse, d'arrêter momentanément et d'atténuer par des précautions élémentaires. Mais ces
précautions, pour les prendre, il faudrait croire au
danger et c'est à la France qu'il appartient de le
signaler. Et c'est pourquoi j'ai voulu saisir notre Parlement de ces questions ; nulle part ailleurs, elles
n'ont encore été discutées à la tribune ; seuls des
philosophes et des penseurs que j'ai nommés
si souvent, comme les précurseurs dignes de
notre gratitude, les avaient abordées dans leurs
livres.

Mes débuts, certes, furent ingrats. Il a fallu très
patiemment réagir contre cette illusion qui faisait
de la Chine une ruche, une mine, un nouveau
Pérou et la présenter comme un guêpier, un piège,
une source de déceptions et de complications non
pas seulement d'ordre diplomatique ou militaire,
mais d'ordre intérieur et social. Oui, c'est en re-
montant tout de suite aux répercussions intérieures et sociales que j'ai pu intéresser tant bien
que mal la Chambre à ce problème si nouveau.
La Chambre ne m'écouta, je dois le dire, que
d'une oreille assez distraite : non qu'elle fût
malveillante, au contraire ; elle m'a encouragé
maintes fois à parler des choses extérieures et
je serais injuste si j'oubliais qu'elle accueillit
avec sympathie nombre d'observations ou de critiques que j'aurais pu hésiter à lui soumettre.
Mais la Chine était si loin d'elle, si loin de nous !

on était habitué à la considérer comme une quantité négligeable, un élément presque comique et en tous cas très accessoire de la politique européenne, et quand je venais présenter sous un aspect dramatique cet inoffensif empire du Milieu, certains de mes amis regrettaient, tout comme aux Affaires Étrangères, de me voir perdre ainsi mon temps.

Mais voilà que survinrent les événements de l'an dernier : et l'on commença, dans le public, à soupçonner que la Chine méritait un peu d'attention ; on s'aperçut que les Gouvernements y engageaient sans y songer, sans s'en douter peut-être, les responsabilités, l'avenir des peuples, comme dans un engrenage dont le départ semble velouté, original et séduisant, mais dont la suite est armée de dents qui ne veulent plus et ne peuvent plus lâcher leur proie. On constata ce fait, plus éloquent à lui seul que toutes les jérémiades : l'imprévoyance gouvernementale, l'aveuglement complet, absolu, incroyable, de ceux qui avaient mission d'être les pilotes.

La quantité négligeable chinoise s'agitait : à cette masse innombrable d'hommes, à cette fourmilière, les usines d'Allemagne, de Belgique, d'Angleterre fournissaient des fusils, des canons, des munitions; les Gouvernements envoyaient des instructeurs.

L'armée chinoise, qui n'existait pas, était mise sur pied, outillée, dirigée par l'Europe : l'amour de l'argent, le besoin de vendre des canons et des cuirassés l'avait emporté dans notre Société occidentale sur l'instinct de conservation.

Cela fait, à la Chine armée nous prenions coup sur coup des provinces, nous infligions humiliation sur humiliation, menace sur menace, en sorte qu'il était certain, pour quiconque connaissait la Chine, ou pour quiconque seulement réfléchissait, qu'une révolte était imminente.

Cette révolte était devenue inévitable, elle allait éclater, on l'annonçait depuis plusieurs mois et, cependant, elle nous surprit...

Voilà ce qui fut, pour la foule jusqu'alors distraite, une révélation.

Tout le monde sait, aujourd'hui, en dépit des démentis officiels, que la révolte chinoise est l'œuvre de la prétendue civilisation européenne, de l'aveu même de sir Robert Hart, et que cette révolte, fomentée par nos erreurs et nos fautes, nous n'avons même pas su la prévoir.

Et alors, tout ce qui s'est passé depuis lors, récit des premiers préparatifs improvisés tant bien que mal, récit des premières opérations si hasardeuses et si près d'être désastreuses, récit ensuite des représailles aussi peu honorables pour la civilisation que son ignorance et son injustice, tout cela a produit dans les consciences un revirement que les Gouvernements, bien entendu, soupçonnent encore moins qu'ils n'ont su prévoir l'insurrection chinoise: et c'est ainsi qu'en peu d'années les événements se sont chargés de faire comprendre à tous que le péril jaune existait ailleurs que dans l'imagination des philosophes et des rêveurs.

Dans tous les partis, aujourd'hui, des hommes de valeur appartenant à l'école de la Protection ou à celle du Libre-échange reconnaissent que nous sommes en face d'un problème imprévu et ce sera l'honneur de la France d'avoir été la première à mettre à l'ordre du jour la discussion de ce problème. Et c'est aussi pourquoi je salue avec joie la publication de votre livre : c'est une forêt d'arguments que vous m'apportez à l'appui de mes affirmations. Je ne prétends pas, certes, qu'il faille accepter chacun d'eux sans conteste, mais ils vont rendre la discussion inévitable : on ne pourra pas l'éluder.

Toute une école économiste, en effet, n'a répondu jusqu'à présent à la théorie du péril jaune que par l'indifférence, l'ironie ou le dédain. « Je ne vois pas de péril jaune pour les blancs, écrit spirituellement M. de Molinari ; je ne vois que le péril blanc pour les jaunes », et c'est tout ou à peu près.

D'autres ont recouru à un système différent de défense. Ils me font dire des enfantillages ou bien des choses absurdes ; ils affectent de croire que je redoute la prise de Paris par les troupes chinoises et la dictature d'un général Boulanger venant de Pékin ; et leurs éclats de rire en se prolongeant les dispensent d'approfondir une situation plus difficile à comprendre qu'à tourner en ridicule, je le reconnais.

Aux uns comme aux autres, en aboutissant même à des conclusions beaucoup plus sombres que les miennes, car je suis resté optimiste, vous fournissez des faits, des chiffres, des réalités qu'on ne peut pas escamoter.

On les torturera, sans doute, et je vois d'avance les critiques qui vont pleuvoir sur vos statistiques : on établira qu'elles prouvent exactement le contraire de ce que vous avez voulu démontrer. Mais laissez faire.

Vous répondrez : et nos voisins les Allemands, les Anglais, s'intéresseront à la querelle et aussi les Américains, les Australiens, le Canadiens, plus menacés encore que nous-mêmes : et la lumière se fera ; à présent rien ne l'empêchera de percer. Seul l'Australien Pearson parlait jadis du péril jaune, et en France, les positivistes, les docteur Le Bon, l'amiral Jurien de la Gravière ; en Russie, M. de Martens, dans une conférence déjà vieille de vingt années et vraiment prophétique. Mais, à présent, lisez, dans toutes les langues, les livres, articles ou rapports (je cite au hasard et de mémoire), du ministre allemand de Brandt, de l'agent anglais Jamieson, de sir Robert Hart, etc. Même un libre-échangiste russe, intransigeant, qui me malmenait durement il y a cinq ans, M. Novikoff, aujourd'hui ne me raille plus ; M. Jean de Bloch écrit à Paris et à Saint-Pétersbourg cette brochure sensationnelle : *les Illusions de la conquête chinoise*. En même temps paraissent les deux articles de Jean Hess sur les éléments scientifiques de la *transformation de la Chine* et tant d'autres que vous citez.

Je recommande au lecteur de bonne foi de lire votre livre et d'en méditer les conclusions, si noires soient-elles : je le recommande particulièrement à la presse, qui répondrait au vœu universel de l'opinion en éclairant le public sur ces questions hier lointaines, aujourd'hui mûres, actuelles, et touchant à l'intérêt de tous : depuis le rentier qui croit s'enrichir en envoyant au loin ses capitaux

travailler contre son pays, jusqu'à l'agriculteur,
jusqu'à l'ouvrier de la campagne et de la ville,
aussi bien que le grand ou le petit propriétaire,
l'industriel, le négociant, l'artiste, le savant ou le
manœuvre.

Que la presse s'empare de cette question, et
avec elle nos jeunes gens dans leurs études, dans
leurs conférences. Ne laissons pas tourner niaise-
ment en dérision un péril qu'il est peut-être
encore possible d'atténuer, mais qui est très grave,
un péril qui marche sur nous, le péril que nous
attirons au lieu de l'arrêter et qui se prépare à
transformer nos éclats de rire en une grimace
d'épouvante, quand il nous aura surpris, nous et nos
fils, dans l'impuissance de nos discordes.

Pour ne pas donner contre nous des armes aux
sceptiques, gardons-nous toutefois de tomber dans
l'exagération. Pour ma part je refuse énergiquement de me laisser compter au nombre des pessimistes. Je suis optimiste. J'ai confiance dans notre
vitalité, nos ressources ; j'ai la foi, et je l'ai
conservée intacte, plus ardente que jamais. Je vais
plus loin : non seulement je ne crois pas la France
perdue, mais je crois qu'elle seule peut sauver la
civilisation dans le désarroi qui nous menace, parce
qu'elle est restée, malgré tout, la nation désinté-
ressée. Elle le peut, mais, à une condition, encore
une fois, c'est que nous ayons le courage de regarder
en face le péril qui est né subitement des transformations nouvelles du monde et de nous organiser
pour en triompher, en nous transformant nous
aussi, en nous adaptant aux conditions nouvelles
de la lutte.

• Renonçons à chercher le remède. dans une réaction qui nous achèverait ou dans une formule : libre-échange. protection, collectivisme ou bimétallisme. — non, le remède est beaucoup plus complexe : il consiste dans un meilleur emploi de nos ressources et de nos bonnes volontés, dans une direction morale, scientifique, intellectuelle. économique, qui nous fait entièrement défaut et dont l'absence nous paralyse : il consiste dans l'association de plus en plus perfectionnée. dans un rapprochement inévitable et de plus en plus nécessaire entre les hommes et entre les peuples qui ont des intérêts et des devoirs identiques ; il consiste à · mettre en commun des forces qui jusqu'à présent ont été mises en antagonisme.

Ainsi s'explique la propagande pacifique que je poursuis en même temps qu'une agitation économique ; ainsi s'explique l'organisation de mes conférences en France et à l'étranger sur les résultats inespérés que la civilisation tirera peu à peu de la conférence de La Haye : ainsi s'explique la fondation presque simultanée de mon Comité de conférences pour la défense des intérêts nationaux, intérêts économiques, moraux, sociaux : tout cela se tient et se soutient. Œuvre trop ambitieuse et trop vaste, m'a-t-on dit ! mais non, peu importe que je puisse l'achever moi-même ou non ; je ne me fais pas tant d'illusions ; je sème ; d'autres après moi récolteront ; l'essentiel est de créer ; la vie se développe ensuite ; les auxiliaires accourent d'eux-mêmes aussitôt qu'on leur offre un but, une action.

Je me sers des transformations du monde et des
fâcheuses surprises qu'elles nous prodiguent pour
démontrer la nécessité de nous unir, de nous régé-
nérer et de nous défendre. Le péril jaune n'est pas
ma marotte ; je n'y vois qu'une manifestation nouvelle de la concurrence universelle, une attaque
imprévue après toutes les autres et qui va se produire dans les conditions les plus défavorables
pour l'Europe, son commerce et son industrie.

Je l'ai dit si souvent, que je ne veux pas le répéter encore. Ce n'est pas le péril militaire chinois
qui est à craindre pour l'Europe, ce n'est pas cet
épouvantail bon à faire peur aux moineaux ; non,
c'est le péril économique et c'est bien assez, car,
s'il est moins brutal et moins apparent que l'autre,
il est en réalité plus dangereux, de même que la
maladie est plus dangereuse que l'assassinat. Nous
n'avons pas à craindre une agression armée de la
Chine, aussi longtemps du moins que ses masses
ne seront pas encadrées et poussées par quelque
puissance militaire, et nous sommes loin de voir
se réaliser pareil cauchemar, non pas que la civilisation soit assez sage pour y prendre garde, mais
parce que, si cupide et si ambitieuse soit-elle, elle
ne transformera pas de sitôt les mœurs chinoises,
pacifiques depuis des siècles comme les nôtres sont
conquérantes.

Ce qui me paraît effrayant pour l'Europe, c'est
l'impossibilité où elle se trouvera bientôt acculée
de soutenir à la fois deux luttes surhumaines :

1" La lutte militaire, la lutte pour les vieilles
querelles continentales, aggravée par les querelles

coloniales, lutte toujours imminente et toujours ajournée ; gaspillage insensé de forces et de ressources ;

2° La lutte économique avec des forces et des ressources gaspillées contre des concurrents toujours plus nombreux, plus hardis, mieux outillés ou mieux servis.

A elle seule, la concurrence terrible de l'Amérique et de l'Australie bénéficiant du progrès des transports, fait peser déjà sur notre agriculture et notre industrie une menace qui paralyse une large part de la production anglaise, oblige l'Allemagne à courir les aventures coloniales et à chercher coûte que coûte, des débouchés, réduit la France à commettre la même erreur ; et cependant la main-d'œuvre américaine et australienne est très exigeante et très élevée.

Que sera-ce le jour où nous aurons mis la machine américaine aux mains de l'ouvrier chinois ? Quand nous aurons mobilisé contre nous ces armées, ces légions innombrables de producteurs affamés, vigoureux, sobres, habiles et sans travail ?

La surproduction dont nous sommes déjà victimes deviendra plus grande encore et avilira brusquement le prix du travail. Le jour où ces légions restées neutres jusqu'à présent, immobiles, endormies, nous les aurons éveillées, entassées dans des usines construites avec nos capitaux, dirigées par nos contre-maitres et pourvues des machines modernes les plus perfectionnées, ce jour-là, et il viendra vite, les salaires monteront sans doute de quelques centimes en Extrème-Orient ; payés dans une monnaie dépréciée, peut-être ira-t-on jusqu'à les doubler, les tripler, et à donner dix sous, quinze sous par jour à l'ouvrier qui se contente aujourd'hui de cinq sous, et ainsi pour l'ouvrière et pour l'enfant qu'aucune loi ne protège...

Mais l'ouvrier européen et américain se résignera-t-il à baisser lui aussi ses exigences pour les ramener à un niveau commun, et pourra-t-il vivre avec ces salaires réduits et ses besoins qui sont loin de diminuer ? Et s'il ne peut pas vivre, est-ce le patron qui consentira à produire à perte ? Non, il y aura pendant quelques années une résistance obstinée, une tentative de faire face à la double lutte, mais il faudra finir par s'avouer la lugubre vérité : à savoir que pour tous les produits susceptibles d'être imités par les Chinois, et ils sont nombreux, depuis le sucre jusqu'aux allumettes, nous devrons, nous Européens et Américains, *nous donner de plus en plus de mal pour gagner de moins en moins.*

Telle est la formule à laquelle nous n'échapperons pas.

Restent nos cultures et nos industries spéciales et de luxe, que les Chinois et que personne n'imitera...

Là, en effet, surtout pour nous Français qui produisons la qualité, là est l'espérance et la ressource suprême, mais à une condition, c'est que la masse de la nation trouve encore à gagner sa vie. Si les manœuvres, les ouvriers ordinaires, sont condamnés au chômage et à la misère, pense-t-on que les artistes pourront travailler au milieu d'une majorité affamée ? non, ce sera la détresse générale, les fermetures d'ateliers, les faillites, les grèves, les révoltes, la révolution, la guerre civile, le chaos.

Donc la nécessité s'impose à l'Europe de s'armer contre le péril de la concurrence et particulièrement contre le péril chinois qu'elle est en train de déchaîner, comme elle a déchaîné les autres, mais par des moyens beaucoup plus rapides.

La crise qui sévit encore à Pékin ne durera pas indéfiniment, espérons-le du moins, car elle risquerait, en se prolongeant, de mettre aux prises les unes contre les autres les diverses nations qui ont pris part à l'expédition : non seulement les nations européennes entre elles, mais les vieilles nations et les nouvelles. On ne maintient pas impunément dans l'oisiveté un corps d'occupation en pays conquis, dans un pays dont personne ne parle la langue : le relâchement est inévitable : à plus forte raison s'il faut immobiliser dans cet état contre nature plusieurs corps d'armée étrangers les uns aux autres et rivaux. Autant vaudrait entreprendre de reconstruire la Tour de Babel. Chaque jour la paix risquera d'être compromise par quelque malentendu inévitable. Et puis, des prétentions inattendues peuvent se faire jour : une singulière sélection peut s'établir à la longue entre les armées européennes, restant pour ainsi dire en l'air, à la merci de communications maritimes aussi lentes que dispendieuses et compliquées, et l'armée japonaise, au contraire, facile à renforcer, à ravitailler, etc. Il y aura là infériorité naturelle pour les uns, supériorité pour les autres. Et s'il prenait fantaisie au Japon d'abuser de ses avantages, que ferait celle des grandes puissances étourdiment exposée à ces exigences ? Quelle grande puissance européenne se résignera seule soit à soutenir sur terre et sur mer une vraie guerre en Extrème-Orient, soit à subir un Fachoda japonais ? Ce qui revient à dire que, par sa situation à proximité de sa base d'opérations, le Japon est maître de dicter à l'Europe divisée ses volontés et même ses caprices !...

Mais supposons la crise finie : deux hypothèses sont en présence.

Ou bien la Chine n'aura pas cédé et il faudra lui imposer le joug des puissances; dans ce cas ce sera le partage, bon gré mal gré, c'est-à-dire un je ne sais quoi : non pas le protectorat, non pas la colonisation, car on ne colonise pas la Chine, mais le gâchis, quelque chose d'impossible à définir, un marécage où l'action européenne se noiera et se laissera supplanter par des influences plus vivaces, qui seules pourront s'adapter aux conditions d'un pareil milieu. En vain la France, l'Allemagne, les États-Unis et d'autres encore, enverront des hommes, des soldats et des fonctionnaires et des millions, tout cela sera absorbé, disparaîtra : autant de pertes, autant de saignées pour l'Europe.

Tout au plus réussira-t-on, — c'est là le pauvre but que l'on poursuit et la cause de tout ce désordre; — tout au plus réussira-t-on à monter quelques entreprises dont les unes inévitablement feront faillite dans la décomposition incurable où elles tenteront de surgir et dont les autres ne réussiront qu'à la condition de faire concurrence aux industries métropolitaines ; parmi ces dernières on peut compter sur des filatures de coton dans les grands centres, des raffineries, des tissages, des établissements métallurgiques, etc., mais il est impossible de prévoir et même d'imaginer à l'abri de quelle autorité, de quelle organisation ces industries se fonderont, et de même les moindres maisons de commerce ; à moins qu'on ne rêve d'instituer et de maintenir en Chine autant d'administrations et de garnisons européennes qu'il y aura de nations intéressées, autant et plus de soldats que de colons. Or, si superficielles ou même absurdes que soient nos conceptions ordinaires à cet égard, nous ne pouvons pousser la fantaisie cependant jusqu'à prétendre occuper la Chine.

Nous sommes donc réduits à accepter la seconde hypothèse : la Chine soumise s'exécute et les puissances sont assez sages pour s'abstenir de la démembrer.

Elle s'exécute, c'est-à-dire qu'elle accorde toutes les concessions, les faveurs, les privilèges que chaque Gouvernement, rivalisant d'ardeur avec les autres, exigera d'elle. Après les châtiments, les garanties, les indemnités ; — ces indemnités, par parenthèse, c'est nous, c'est le commerce européen qui les payera ; mais peu importe, — voici la Chine enfin ouverte à l'exploitation des puissances civilisées.

Les capitaux européens et américains afflueront pour y créer les usines, et avec les capitaux arrivera toute la jeunesse oisive qui se consume dans le vieux monde et brûle d'agir.

Les Japonais ne seront pas les moins empressés à accourir, car ils trouveront là, eux du moins, le champ d'action qui leur conviendra, et c'est eux vraisemblablement qui mèneront la course et stimuleront, avec nos capitaux, avec nos machines et nos méthodes, l'organisation de la victoire industrielle de l'Extrême-Orient sur l'Occident.

Les Chinois se laisseront faire ; il trouveront peut-être même leur intérêt à accepter une régénération qui ramènera dans leur pays la prospérité ; avec leurs profits ils nous achèteront des machines et des armes dont on leur apprendra, pour une autre fois, à se mieux servir que l'an dernier et ainsi se tournera contre l'Europe, quoi qu'elle fasse, la mise en valeur de la Chine.

Le remède à ce péril comme à tous les autres, il existe, je le répète ; et s'il n'existait pas, je me tairais, nous n'aurions qu'à prendre le deuil : on le trouvera dans l'action et dans l'union des puissances occidentales. Qu'elles s'entendent pour organiser leurs forces de résistance, modérer leurs ambitions et leurs appétits, pour calculer les conséquences de leur action et ralentir le développement de la concurrence chinoise au lieu de l'accélérer ; qu'elles s'entendent, suivant la très fine expression que vous employez, pour modérer leur train de dépense, et pour voir les choses d'un peu loin. On dirait, faites-vous observer, que tous les Gouvernements appliquent en Chine la vieille maxime : après nous le déluge ; on dirait que leur horizon ne s'étend pas au delà de quelques semaines et que l'essentiel pour eux, comme pour les spéculateurs et pour les boursiers, n'est pas de préparer l'avenir, mais d'atteindre la fin du mois, la liquidation.....

S'il en était ainsi, le mot gouverner n'aurait plus de sens ou plutôt deviendrait synonyme du mot démoraliser ou abdiquer. Et cela finirait par se savoir : déjà, on commence à le soupçonner. Prenons garde : à chacun son métier ; les Gouvernements sont chargés non pas de donner satisfaction seulement à des intérêts immédiats et particuliers, mais aux intérêts généraux, à ceux du présent et de l'avenir ; ils sont les défenseurs de la solidarité qui devrait exister entre les hommes et entre les peuples et qui ne peut pas ne pas exister entre les générations passées, présentes et futures.

Que les Gouvernements prennent garde de compromettre en Chine, sans profit d'ailleurs pour personne et surtout sans gloire, le patrimoine et l'avenir de nos enfants !

Vous pouvez vous féliciter, en tous cas, Monsieur, d'être au nombre de ceux qui n'auront pas craint de pousser hautement un cri d'alarme. Je suis heureux, mais non surpris, que ce nouvel avertissement vienne de France ; notre destinée singulière n'a pas épuisé les surprises qu'elle réserve au monde, et c'est bien à nous, fils passionnés de la Révolution, qu'appartient, en face des menaces de l'avenir, le rôle de vigie, et cette noble mission, à la fois généreuse et conservatrice, le soin de défendre la civilisation contre ses propres égarements.

D'ESTOURNELLES DE CONSTANT.

LE PÉRIL JAUNE

I

La Chine avant le traité de Simonosaki

Le 1er août 1894, le Gouvernement japonais notifia aux puissances, par un télégramme de Tokio, que l'état de guerre existait entre le Japon et la Chine, à propos des événements de Corée.

Cette guerre, bruyamment applaudie par la presse anglaise, qui espérait que l'intervention japonaise en Corée aurait pour effet de paralyser l'action de la Russie dans le golfe du Petchili, fut officiellement terminée le 17 avril 1895, par le traité de Simonosaki. Or, avant d'examiner quelles ont été pour la Chine et qu'elles seront pour l'Europe, les conséquences de ce fameux traité, je demande la permission de reproduire les conclusions d'une étude que j'ai publiée dans l'*Economiste Européen* des 28 juillet et 4 août 1894, c'est-à-dire au lendemain de la déclaration de guerre :

« Immobilisé dans la religion de Confucius, dans cette douce philosophie contemplative, qui est la conséquence de sa doctrine, paralysé par sa science des lettres si aride et si compliquée; hypnotisé par l'orgueil d'un passé histo-

rique fabuleux : le Céleste-Empire représente, par
rapport à la civilisation occidentale, une expression négative dont l'Europe ne se préoccupe jamais.

« Mais advienne un grand événement, un grand
désastre national — et le triomphe des Japonais,
que les Célestes méprisent souverainement, serait
pour ceux-ci une humiliation suprême — qui
puisse secouer la léthargie chinoise, mettre en
mouvement les forces inertes de cet immense
pays... et la diplomatie européenne ne pourra
plus considérer la Chine comme la quantité négligeable dont parlait M. Jules Ferry en 1883.

« Sans évoquer le souvenir des grandes inva-
sions mongoles, nous ne pouvons cependant oublier avec quelle bravoure et quelle énergie les
bandes de Pavillons-noirs, que nous avons eu à détruire dans le Delta tonkinois, ont lutté contre nos
meilleures troupes. Ces hommes de race jaune ont
une sobriété qui leur permet de vivre avec quelques poignées de riz, une résistance à la fatigue
que les Américains et les Australiens ont su mettre
à profit pour exécuter leurs plus rudes travaux publics (mais ils les ont expulsés après), une patience morale, un mépris des souffrances physiques et de la mort elle-même qui font l'admiration
de tous ceux qui ont vécu avec eux. Or, s'est-
on rendu compte de ce que pourrait faire une nation de pareille race, plus peuplée à elle seule que
l'Europe, le jour où, cessant d'être passive, par
rapport aux autres peuples, elle entrerait à nouveau dans cette voie de la combativité extérieure

qui est, au fond, la base de la civilisation occidentale ?

« En revenant sur le terrain de l'économie politique proprement dite, je ne puis m'empêcher de rappeler ici les impressions qui se dégagent de la lecture de ce singulier livre : l'*Avenir des Races blanches*, qu'un docte économiste anglais, M. Charles Pearson, a dédié, l'année dernière, à ses compatriotes :

Nos banquiers, nos ingénieurs, nos trafiquants, — dit en substance M. Charles Pearson, qui a au moins le mérite d'avoir habité et étudié sur place les pays dont il décrit l'évolution économique — ont appris aux races inférieures les arts, les secrets industriels qui faisaient la force et la richesse des vieilles nations de l'Europe. Ils leur ont enseigné la manière de créer, d'organiser et de conduire les usines, de construire les routes et les chemins de fer, de creuser les ports, de trafiquer les marchandises .... *de se servir des armes à tir rapide.*

Déjà leurs élèves, grâce à une main-d'œuvre qui ne leur coûte presque rien, ont réussi à détrôner aux Indes et dans presque tous les pays de l'Extrême-Orient la souveraineté des produits anglais. Demain, ils les expulseront des pays américains encore ouverts à l'exportation anglaise ; après-demain, ils viendront les attaquer sur les marchés de la Métropole même.

« Et M. A. Bocher, dans sa récente étude sur les *Progrès modernes :*

Le jour où de ce stock d'êtres humains, immobilisés jusqu'ici chez eux, sortiront des essaims de travailleurs (vivant d'un salaire quotidien de quelques centimes) et où, même sur place, en Europe, l'industrie

chinoise fera concurrence au travail européen, quelles
sont les lois de police et de douanes qui pourront
arrêter aux frontières les produits des Célestes ?

« C'est, d'ailleurs, l'impression rapportée par
tous les Européens instruits ayant, non pas visité
en touristes, mais longtemps habité les villes de
la Chine ouvertes aux étrangers, et ayant pu constater directement l'habileté, la persévérance infa-
tigable et la puissance d'assimilation des commerçants chinois pour toutes les pratiques de la spéculation occidentale. Ils affirment que le jour où
la *Race jaune* — que nous avons la vaniteuse
habitude de considérer comme une race inférieure,
et qui nous le rend, d'ailleurs, en nous traitant de
barbares — par nécessité, ou pour toute autre
cause majeure, tournera énergiquement ses merveilleuses facultés vers les progrès mécaniques,
vers les sciences et la civilisation agressive, telle
que nous la concevons en Europe, les rôles seront
renversés dans le monde, et les vieilles nations
occidentales, de *Race blanche*, passant sur le
terrain de la défensive, auront fort à faire pour
maintenir leurs positions actuelles.

« C'est pour cela que toute agression contre la
Chine doit être considérée comme dangereuse pour
l'avenir de l'Europe, car chacune de ces attaques
imprime au colosse endormi une secousse qui
peut le réveiller.

« Dans l'état actuel des choses, le Japon, organisé à l'européenne et préparé de longue main à la
lutte qu'il a provoquée, aura peut-être raison de

sa rivale, inexpérimentée dans l'art de la guerre moderne... Mais après, dans dix ans, dans vingt ans, dans un demi siècle, quelles seront, pour l'Europe, les conséquences d'un événement qui peut transformer les idées et les mœurs des classes dirigeantes chinoises? Là est, pour nous, la véritable question de l'Extrême-Orient. »

.˙.

La Chine vaincue a dû subir la loi du plus fort et le traité de Simonosaki, dont l'action parallèle de la Russie, de la France et de l'Allemagne a un peu atténué la rigueur, a créé en Extrême-Orient une situation nouvelle que les grands pays de l'Europe ont eu le tort de vouloir exploiter trop vite.

On a compris, en effet, que les canons japonais avaient irrémédiablement démoli « la vieille muraille matérielle et morale derrière laquelle la Chine s'obstinait à s'enfermer » et on s'est rué à l'assaut de l'Empire du Milieu, sans se demander ce qui arriverait ensuite.

Les Japonais s'étaient fait octroyer Formose et les Pescadores; les Russes mirent *moralement* la main sur la Mandchourie en y obtenant le droit de passage de leur Transsibérien, avec Port-Arthur comme tête de ligne du golfe du Petchili; les Allemands prirent virtuellement possession de la riche province du Chan-tong en s'installant à Kiao-Tcheou.

« L'Angleterre, — dit M. Henri Brenier dans son excellente introduction du rapport de la Mission

Lyonnaise en Chine — tout en protestant qu'elle ne souffrirait à aucun prix qu'on attentât à l'intégrité de l'empire chinois, s'est installée dans la forte position navale de Weï-Haï-Weï, dans la pointe extrême du Chan-Tong, munie d'un port excellent, et d'où elle peut surveiller à la fois la Russie à Port-Arthur, l'Allemagne à Kiao-Tchéou et la Chine à Pékin. En même temps, sous prétexte de compléter les défenses de l'île de Hong-Kong, elle s'est fait octroyer un territoire de près de 400 milles carrés (1.032 kilomètres carrés) sur la terre ferme, en arrière de Kaolong, en face du port de Victoria. C'est de là qu'il est déjà question de faire partir un chemin de fer vers Canton.

« Quant à la France, elle s'est réservée des droits sur l'île d'Haïnan, dont l'occupation par toute autre puissance pourrait être une menace pour le Tonkin, et elle a pris possession de la baie de Hang-Tchéou-Wan, dans l'angle nord de la Péninsule de Lei-Tchéou. »

A ces événements d'ordre politique, vinrent s'ajouter les concessions de chemins de fer dont nous parlerons plus loin, et l'ouverture de 12 nouveaux ports au commerce étranger, ce qui porte leur nombre actuel à 34.

Avant le traité de Simonosaki, 22 ports seulement — parmi lesquels : Canton, Tien-Tsin, Hang-Tchéou, Fou-Tchéou, Shanghaï, Ning-Po, Chung-King, Tai-Yuan, Chingkiang et Tamsui comptent plus de 100.000 habitants chinois — étaient ouverts aux étrangers. Le nombre total des maisons de commerce étrangères et des étrangers

installés dans ces villes étaient respectivement de
579 et 9.945. Sur ces chiffres, l'Angleterre figurait
pour 363 maisons et 3.919 nationaux ; l'Allemagne,
78 maisons et 732 nationaux ; le Japon, 36 maisons
et 1.087 nationaux ; l'Amérique, 31 maisons et 1.312
nationaux ; la France, 29 maisons et 862 nationaux ; la Russie, 15 maisons et 143 nationaux ; le
Portugal, 7 maisons et 659 nationaux, et l'Italie, 4
maisons et 212 nationaux.

Le mouvement de la navigation de ces ports est
donné par le tableau ci-dessous :

*Mouvement de la navigation des ports chinois ouverts
aux étrangers pour les dix années antérieures au
traité de Simonosaki (long cours et cabotage).*

| | Navires à vapeur | | Navires à voiles | | Totaux | |
| | | Milliers de | | Milliers de | | Milliers de |
Années	Nombre	tonnes	Nombre	tonnes	Nombre	tonnes
1884...	19.715	17.863	4.010	940	23.755	18.806
1885...	18.691	17.012	4.749	1.055	23.440	18.068
1886...	23.262	20.619	4.982	1.136	28.214	21.755
1887...	23.439	21.149	4.942	1.050	28.381	22.199
1888...	23.249	21.311	4.912	996	28.161	22.307
1889...	24.604	22.684	4.541	833	29.145	23.517
1890...	25.838	23.928	5.295	947	31.133	24.876
1891...	28.040	26.720	5.952	989	33.992	27.710
1892...	28.974	28.410	8.953	1.030	37.927	29.440
1893...	29.761	25.277	8.141	1.041	37.902	29.318

Bien entendu, c'était l'Angleterre qui tenait la
tête de la navigation. En 1893, les navires portant
son pavillon comprenaient, sur l'ensemble, 19.365
navires et 19.290.978 tonneaux de jauge. L'Allemagne venait après avec 2.142 navires et 1.508.015

tonneaux. Puis le Japon et ensuite la France avec
167 navires et 259.687 tonneaux. Comme nombre
de navires, nous étions au septième rang.

Le développement du commerce extérieur de la
Chine avait suivi la progression du mouvement de
la navigation des ports ouverts aux étrangers et les
rapports annuels de la direction des douanes maritimes chinoises nous permettent d'en déterminer
l'importance :

Commerce extérieur de la Chine de 1884 à 1893

Années	Recettes des douanes	Importat.	Exportat.	Totaux
		(En taëls de Haïkwan)		
1884	13.510.712	72.760.758	67.147.680	139.908.438
1885	14.472.766	88.200.018	65.005.711	153.205.729
1886	15.144.678	87.479.323	77.206.568	164.685.891
1887	20.541.399	102.263.669	85.860.208	188.123.877
1888	23.167.892	124.782.893	92.401.067	217.183.960
1889	21.823.762	110.884.355	96.947.832	207.832.187
1890	21.996.226	127.093.481	87.144.480	214.237.961
1891	23.518.021	134.003.863	100.947.349	234.951.712
1892	22.689.054	135.101.198	102.583.525	237.684.723
1893	21.989.800	151.362.819	116.632.311	267.995.130

Mais les chiffres du tableau précédent ne comprenant point le cabotage, sont loin de représenter
l'ensemble du commerce extérieur de la Chine.
Cela provient de ce que les bateaux battant pavillon
chinois, et allant des ports ouverts aux ports fer-
més et réciproquement, ne sont pas contrôlés par
l'Administration des douanes étrangères (ou maritimes).

Pour les années 1892 et 1893 la valeur du commerce extérieur constaté se décompose de la manière suivante :

Commerce extérieur de la Chine des années 1892 et 1893 par nature de marchandises :

Nature des Marchandises	Importations		Exportations	
	1892	1893	1892	1893
	Taëls	Taëls	Taëls	Taëls
Opium......	27.418.152	31.691.399	»	»
Cotonnades..	52.707.432	45.137.970	»	»
Lainages....	4.794.230	4.587.006	»	»
Tissus n.classés	205.867	355.095	»	»
Métaux.....	7.130.866	7 198.422	»	»
Produits div*	42.844.651	62.392.927	»	»
Coton brut..	»	»	5.049.361	6.166.182
Vêtements ..	»	»	1.592.969	1.829.597
Soies........	»	»	38.291.930	38.114.225
Thés........	»	»	25.983.500	30.558.723
Sucres......	»	»	2.073.402	2.328.715
Produits div*	»	»	29.552.363	39.634.869
Totaux ..	135.101.198	151.362.819	102.583.525	116.632.311

Le taël de Haïkwan, dont la parité au 15 1/2 est de 8 fr. 32, contre 7 fr. 47 pour le taël de Shanghaï, ne valait à la fin de 1893 que 3 fr. 75. Il vaut, à l'heure actuelle, 4 fr. 12 contre 3 fr. 70 environ le taël de Shanghaï.

Voilà quelle était l'importance des relations commerciales et maritimes de la Chine avec les nations étrangères à la veille de la guerre sino-japonaise.

II

Le Christianisme en Chine

La Chine n'est plus le pays mystérieux d'autrefois. Sa géographie, ses productions, son organisation sociale, ses mœurs, ses coutumes et son système de gouvernement nous sont à peu près connus, grâce aux innombrables relations des voyageurs qui l'ont parcourue ou habitée depuis un demi-siècle, et grâce surtout aux rapports des consuls européens et américains en résidence dans les ports ouverts aux étrangers.

Parmi les études les plus intéressantes à consulter, nous citerons notamment la *Chine*, de J.-F. Davis, publiée en 1837, puis les publications officielles de l'Administration des Douanes maritimes (*Customs Gazette* et *Returns of trade at the treaty ports in China*); le *Moniteur officiel du Commerce* du Gouvernement français ; les *Foreign office reports* et *Consular reports* du Gouvernement anglais ; le *Monthly Summary of commerce and finance of the United States ;* la *China Review*, éditée à Hong-Kong ; le *China Recorder*, édité à Shanghaï ; l'*Empire chinois*, de l'abbé Huc (Paris, 1862); les *Problems of the far East*, de Curzon (Londres, 1876); l'*Aus dem lande des Kopfes* et l'*OEstasiatische fragen*, de von Brandt (Leipzig, 1894 et 1897); le *China in transforma-*

tion, de Colquhoun (Londres, 1898); *The Break-up of China*, de lord Beresford (Londres, 1899); le *Tour d'Asie*, de Marcel Monnier (Paris, 1899); la *Nouvelle Géographie Universelle*, d'Elysée Reclus.

A cette liste d'ouvrages historiques, économiques, politiques, religieux, ou purement statistiques, nous ajouterons le Rapport de la Mission lyonnaise, que nous avons déjà utilisé: les *Chinois chez eux* de M. E. Bard, dont nous aurons l'occasion de parler plusieurs fois: la *Rénovation de l'Asie*, de M. Pierre Leroy-Beaulieu; la *Chine qui s'ouvre*, de MM. René Pinon et Jean de Marcillac, qui fut publiée par fragments dans la *Revue des Deux-Mondes* et qui vient d'être récemment éditée par la librairie Perrin, et enfin les remarquables études publiées également dans la *Revue des Deux Mondes* par M. d'Estournelles de Constant, député de la Sarthe: *Le Péril prochain*, l'*Europe et ses rivaux*, *Concurrence et Chômage*: 1896 et 1897, et les excellents discours qu'il a prononcés à la Chambre des Députés sur le *Péril chinois*, en 1898, 1899 et 1900.

Ce ne sont donc pas les documents qui manquent pour se faire une idée des mœurs et des tendances de cet immense pays de 400 millions d'habitants: on n'a que l'embarras du choix et c'est ici que commence la difficulté, car ces documents varient dans leurs prévisions d'avenir, et même dans l'analyse des faits du passé, selon la nationalité, la religion et le tempérament de leurs auteurs.

Certains points sont cependant mis hors de doute par l'unanimité des affirmations: Par exemple, les dispositions favorables des Chinois à l'égard des étrangers jusque vers le milieu du XVIIIe siècle, et les circonstances qui les ont rendus férocement hostiles à partir de cette époque.

D'après J. F. Davis — qui habita l'Extrême-Orient pendant vingt années en qualité de président de la *Compagnie des Indes en Chine*, et dont l'œuvre historique sur la Chine est la source à laquelle les écrivains modernes puisent encore les renseignements les plus exacts — les écrits chinois fournissent de nombreuses preuves de la bienveillance et de la libéralité avec lesquelles les étrangers étaient jadis accueillis en Chine.

Les missionnaires catholiques du XVIe siècle nous ont appris que le christianisme y fut introduit vers l'an 635 avec certains évêques nestoriens chassés vers l'Extrême-Orient par les persécutions qu'ils subissaient dans les provinces romaines. Le célèbre voyageur vénitien Marco-Polo, qui séjourna en Chine au XIIIe siècle, pendant 17 années, signala l'existence de familles chrétiennes dans le Chan-Si et affirma que dans une ville située sur les rives du Hiang-tse-Kiang, il avait vu « deux églises de chrétiens nestoriens, bâties en 1274, lorsque l'Empereur de Chine nomma pour trois années un nestorien, appelé Mar-Sachis, au Gouvernement de cette ville. Ce fut lui qui fit construire ces églises ».

La foi musulmane est tolérée en Chine depuis le XIIIe siècle et aujourd'hui nous savons que les musulmans sont admis aux fonctions publiques d'où les chrétiens sont rigoureusement exclus.

Le Père Gozani, en 1704, visita une colonie juive établie à Kaï-Foug-Fou depuis peut-être deux mille ans. Le moine Giovanni Carpini, envoyé en 1246 à la Cour tartare-mongole par le pape Innocent IV, et Rubruquis, chargé par saint Louis, en 1253, d'une mission spéciale auprès du grand Khan des Mongols, furent particulièrement bien traités et remarquèrent la grande ressemblance qui existe entre les rites des bouddhistes chinois et le catholicisme romain.

Nicolas et Mathieu Polo, nobles vénitiens, arrivèrent en Chine vers le milieu du XIIIe siècle et reçurent un accueil des plus bienveillants. A leur départ, le conquérant mongol Khoubilaï-Khan les invita à revenir. Ils y retournèrent en 1274 avec des lettres du pape Grégoire X et le fils de l'un d'eux, le jeune Marco Polo, devint le favori du Khan et resta auprès de lui jusqu'en 1291.

En 1288, Jean de Corvino, envoyé en Extrême-Orient par le pape Nicolas IV, réussit à répandre le catholicisme romain en Chine. « Il arriva à Pékin, dit J.-F. Davis, fut gracieusement accueilli par l'Empereur, malgré les attaques des Nestoriens dont il avait excité la jalousie, et obtint l'autorisation d'y construire une église avec un clocher et des cloches ». Jean de Corvino baptisa des milliers de Chinois et à l'annonce du succès de sa mission le pape Clément V, successeur de Nicolas IV, le nomma évêque de Pékin et lui envoya un grand nombre de prêtres pour l'aider dans sa tâche.

.·.

Tous ces faits démontrent qu'au point de vue religieux les Chinois furent d'abord tolérants; il en est de même au point de vue commercial. Les écrits chinois établissent, en effet, que le Gouvernement du pays donnait tous les encouragements possibles au commerce extérieur. « Les jonques chinoises étaient allées jusqu'aux côtes de la péninsule indienne. Des détails statistiques qui existent encore maintenant et qui ont trait aux relations avec l'étranger, indiquent une connaissance parfaite des avantages du commerce et forment un singulier contraste avec l'indifférence qu'affecte le Gouvernement tartare actuel. »

Le changement d'attitude des Chinois à l'égard des trafiquants étrangers a été incontestablement provoqué par la conduite des aventuriers portugais qui s'établirent à Macao et à Ning-Po vers le milieu du seizième siècle. J. F. Davis raconte, à leur sujet, quelques traits caractéristiques :

Fernand Mendez Pinto, grâce à ses exploits et à l'exagération avec laquelle on les a décrits, a rendu son nom fameux entre les premiers aventuriers du Portugal. Arrivé à Ning-Po avec un équipage composé de hardis vauriens de son espèce, il apprit qu'il existait au nord-est une île où étaient situés les tombeaux de dix-sept rois chinois avec tous les trésors qu'ils renfermaient. Aidé de ses compagnons, il réussit à découvrir le lieu et pilla les tombeaux, dans lesquels il trouva une énorme quantité d'argent. Mais, étant attaqué, il fut obligé de se retirer avec une partie seulement du butin qu'il avait fait.

A leur retour, les aventuriers furent assaillis par un
coup de vent, dans le voisinage de Nankin, et quatorze
d'entre eux, qui échappèrent la vie sauve, furent pris
par les Chinois et envoyés, après avoir subi divers mauvais traitements, à Nankin même, où ils furent condamnés à être fouettés et à perdre chacun un pouce. On
les conduisit ensuite à Pékin, et ce fut pendant la
route que Pinto eut l'occasion d'admirer les mœurs
des Chinois, leur amour de la justice, l'ordre et l'industrie qui régnaient parmi eux. Condamné, ainsi que
ses compagnons, à une année de travaux pénibles, il
fut mis en liberté avant l'expiration de ce temps par
les Tartares-Mandchous, qui envahissaient alors le
pays.

Ces procédés de colonisation, qui rappellent la
manière de Fernand Cortez et de Pizarre au Mexique
et au Pérou, devaient infailliblement susciter les
appréhensions des Chinois à l'égard des Européens
et les pousser à les traiter avec une rigueur et une
sévérité « qu'ils n'avaient point jugé nécessaire
d'exercer envers les Arabes. leurs paisibles prédé-
cesseurs. »

De même pour l'etablissement du christianisme
en Chine, J. F. Davis explique, d'une manière fort
judicieuse, comment le Gouvernement chinois,
après avoir fait, en 1579, le meilleur accueil au
Père jésuite italien Miguel Ruggiero, et surtout au
célèbre Père Mathieu Ricci, qui peut être considéré
comme le véritable fondateur des missions catho-

liques en Chine, passa de la tolérance à la persécution :

Les lettrés, dit-il, acceptèrent les préceptes du christianisme qui coïncidaient avec ceux de Confucius, mais ils trouvèrent une pierre d'achoppement dans les doctrines du péché originel, des tourments éternels, de l'incarnation de la Trinité et dans la prohibition des concubines. Le Père Ricci comprit, avec beaucoup de bon sens, la folie qu'il y aurait à lutter contre les préjugés des Chinois se rattachant à des institutions qu'ils considéraient comme sacrées et qui, en réalité, formaient la base même de leur système social.

La réunion des femmes dans les églises, leur communication toute privée avec les prêtres, la prohibition des offrandes sur les tombes des parents étaient, aux yeux des Chinois, autant de sacrilèges qu'ils n'auraient pu supporter en aucun temps. Le Père Ricci, pour ces diverses considérations, établit une distinction entre les *rites civils* et les *rites sacrés*; il toléra les premiers chez ses convertis, et particulièrement les cérémonies sur les tombes : aussi, les succès qu'il obtint furent immenses.

Lorsqu'il eut passé environ dix-sept ans dans le pays, il se rendit à Pékin et se fit connaître à l'Empereur; ses présents furent agréés et on lui désigna un lieu pour qu'il y fixât sa résidence. D'autres jésuites se réunirent à la mission et s'établirent, dans divers endroits, sur la route de Canton à Pékin; ils se conduisirent paisiblement et leurs succès furent considérables tant qu'ils ne s'abandonnèrent point aux écarts de zèle ardent et indiscret des différents ordres de moines qui, par leur ardeur à attaquer les préjugés chinois, préparèrent eux-mêmes la ruine du christianisme naissant.

En effet, à la chute de la dynastie chinoise des Ming, quarante **ans** après la mort du Père Ricci, un chrétien chinois du nom de Paul Sin était premier ministre, et le Père Adam Schall, d'origine allemande, occupait à la Cour l'emploi de professeur de sciences physiques. Il conserva cet emploi après le triomphe des Tartares, et le premier empereur mandchou Chou-tche l'éleva même à la dignité de président du Conseil astronomique.

Ce fut sous le règne de son successeur, Khang-hi, que la situation du christianisme en Chine prospéra le plus. Un décret de 1692 en autorisa le libre exercice dans l'Empire et, par ce fait, la religion chrétienne se trouva traitée avec la même tolérance que le mahométisme et le boudhisme. « Dans les itinéraires de Lecomte et d'autres jésuites, il est question, presque à chaque ville, d'églises desservies par des prêtres européens. En décrivant Fo-shan, situé à environ quatre lieues au-dessus de Canton, le Père Bouvat parle d'un jésuite milanais qui était à la tête d'une église et d'un troupeau de dix mille âmes. » Ces superbes résultats furent irrémédiablement compromis par la folle intolérance des dominicains espagnols établis en Extrême-Orient, qui attaquèrent les principes de rites civils et de rites religieux, posés par le Père Ricci, et les dénoncèrent au Pape comme idolâtres.

M. E. Bard, ancien président du Conseil d'administration municipale de la concession française de Shanghaï, et l'un des Français connaissant le mieux la Chine et son histoire, a résumé de la manière suivante les conséquences de cette lamentable querelle (1) :

La querelle des dominicains espagnols et des jésuites, au sujet des rites chinois, avait été portée à Rome, et le pape Clément IX crut devoir se prononcer en faveur de la thèse des dominicains. Il chargea un légat, Mgr de Tournon, d'aller signifier à l'Empereur de Chine l'interdiction pour les chrétiens de prendre part aux cérémonies chinoises, notamment au culte des ancêtres. L'empereur Khang-hi, que nous avons vu favorablement disposé pour les missionnaires, reçut fort mal le fâcheux ambassadeur et le renvoya. Il fit emprisonner les personnes de sa suite, ainsi que l'évêque de Pékin, Mgr Maigrot.

L'évêque fut condamné au bannissement et se retira à Rome, où il mourut en 1730. Il était impossible de commettre une plus grosse maladresse que celle-là au point de vue des intérêts de la religion catholique et nous allons voir les pitoyables résultats qu'amena cet acte de fanatisme des dominicains espagnols, fils de l'Inquisition, de funeste mémoire.

Un nouvel édit de l'Empereur imposa aux missionnaires en Chine l'obligation d'approuver les rites chinois et la promesse de ne plus retourner en Europe..... Un nouveau légat arrivé en 1720, avec les mêmes instructions que le cardinal de Tournon, porta à son comble l'irritation de l'Empereur. Il écrivit au bas de la Constitution :

« Cette espèce de décret ne regarde que de vils Euro-
« péens. Comment y décideraient-ils quelque chose
« sur la grande doctrine des Chinois, dont ces gens
« d'Europe n'entendent même pas la langue ? Il paraît
« assez, par cet acte, qu'il y a beaucoup de ressem-
« blance entre leur secte et les impiétés des bonzes et

1) *Les Chinois chez eux*, par E. Bard : 1899.

« des taoïstes. Il faut donc défendre à ces Européens
« de prêcher leur doctrine en Chine. »

Les fruits de l'adroite propagande des jésuites étaient
perdus par la faute du sombre fanatisme des Espagnols. En 1722, le père Gaubil constatait que les églises étaient ruinées, les chrétientés dispersées et les
missionnaires relégués à Canton, d'où il leur était défendu de sortir. Le Père Huc et le Père Gabet, parcou-
rant la Chine en 1843, n'y trouvèrent plus que de faibles traces de la religion chrétienne, autrefois prospère
et répandue. Les missionnaires avaient eu la bonne
fortune d'intéresser les hautes classes aux progrès de
la science européenne; ils avaient pris pied à la Cour
et de là, ils auraient certainement converti la Chine
entière, avec la même facilité que les boudhistes
l'avaient fait avant eux. Nous avons vu que ces derniers, pas plus que les taoïstes, n'exerçaient d'influence
réelle sur les pouvoirs politiques, et qu'une égale tolérance était pratiquée par les empereurs envers toutes
les religions, du moment qu'elles ne prétendaient pas
s'immiscer dans la politique intérieure et dans les
usages des Chinois. Les missionnaires trouvaient un
pays où il n'y avait pas de religion d'Etat, en dehors
de certains hommages rendus à Confucius, hommages
qui ne sont pas les manifestations d'une religion.

Il n'est pas téméraire d'admettre que sans l'impoliti-
que opiniâtreté des papes, la religion catholique serait
solidement implantée en Chine aujourd'hui et que le
vieil empire, éclairé par les missionnaires, emporté
par un souffle nouveau, serait entré depuis longtemps
dans le mouvement de la civilisation moderne qu'il a
fallu lui imposer à coups de canon.

Nous avons tenu à reproduire intégralement ce
passage du livre de M. E. Bard, parce qu'il précise
admirablement la question.

Avec les Pères lazaristes, qui succédèrent aux

jésuites quand le pape Clément XIV eût décrété, en 1773, la suppression de cet ordre, les relations des missionnaires avec le Gouvernement chinois devinrent plus cordiales, mais, le premier acte de tolérance en leur faveur n'a été obtenu qu'en 1844, par M. de Lagrenée, envoyé par le Gouvernement français en Chine pour conclure un traité de commerce.

Depuis cette époque, la situation des missionnaires chrétiens en Chine s'est incontestablement améliorée, puisque, grâce à l'intervention de la France, ils jouissaient, avant la guerre sino-japonaise, de la liberté de propagande et du droit de possession, même en dehors des ports ouverts aux étrangers.

L'appui que la France a prêté à la Chine au moment de la signature du traité de Simonosaki a permis à notre ambassadeur de compléter l'œuvre commencée par M. de Lagrenée, et par un décret impérial rendu à la date du 19 mars 1899, grâce à l'habileté et au tact de M. Pichon, le Gouvernement chinois a reconnu officiellement la religion catholique.

III

Le Régime économique et social de la Chine

Le territoire de la Chine est plus étendu que celui de l'Europe tout entière ; sa superficie est d'environ 12 millions de kilomètres carrés, alors que celle de l'Europe atteint à peine 9.801.369 kilomètres carrés. Sa population est au moins égale à la population de tous les pays européens.

Comparée à la France (536.464 kilomètres carrés) la Chine représente 22 fois notre pays en superficie et 11 fois en population.

Le père Huc a constaté que la race mandchoue, qui a imposé son joug à la Chine, est cependant restée sans influence sur l'esprit, les mœurs et la manière de vivre des Chinois. C'est à peine si les conquérants ont pu introduire quelques légères modifications dans leur costume national, par exemple l'obligation de porter la queue et de se raser la tête. « Après la conquête, comme avant, la nation chinoise a toujours été réglée par les mêmes institutions, elle est toujours restée fidèle aux traditions de ses ancêtres : bien mieux, elle a en quelque sorte absorbé en elle-même la race tartare, elle lui a imposé sa civilisation et ses mœurs ; elle a même réussi à éteindre presque la langue mandchoue et à la remplacer par la sienne. »

La question du rang que la Chine doit occuper parmi les nations civilisées est une de celles qui ont été le plus souvent discutées par la presse européenne. En 1821, sir Georges Staunton (1), qui avait longtemps étudié les principes de la civilisation chinoise, affirmait déjà que cette civilisation était bien supérieure, au point de vue moral et politique, à l'idée qu'on s'en faisait en Europe, car elle s'appuyait surtout sur la solidité des liens de la famille, sur le respect des parents et des vieillards, sur la sobriété, sur l'industrie, l'amour du travail et l'intelligence des classes inférieures, sur l'absence presque totale de droits ou privilèges féodaux, sur une hiérarchie gouvernementale non héréditaire (sauf la famille impériale) ayant le mérite personnel pour base, sur une répartition égale des biens territoriaux et, enfin, sur un système de lois pénales très positif, très clair et très complet.

Ces observations ont été confirmées depuis par tous ceux qui ont pu étudier, sur place, les institutions chinoises. La civilisation européenne actuelle est, au point de vue scientifique, d'une incontestable supériorité sur la civilisation chinoise, mais, aux yeux des Célestes, qui ne voient arriver de l'Europe que des objets qui ne conviennent ni à leurs goûts, ni à leurs besoins, qui n'entendent parler des États européens qu'à cause des guerres que ces États se font entre eux, qui sont témoins de leurs rivalités, de leurs compétitions perma-

______

(1) *Chinese embassy to the Khan of the Tourgouths*, London. 1821.

nentes « la comparaison est tout entière à l'avantage de la Chine avec son vaste territoire, ses immenses richesses naturelles, ses centaines de millions d'habitants et sa paix non interrompue depuis plus de 250 ans. »

C'est le sentiment de leur supériorité sur tout ce qui les entoure, et leur ignorance des moyens d'action de la civilisation européenne, qui ont inculqué aux Chinois lettrés, cet immense orgueil national les portant à nous considérer comme des barbares et à avoir de leur pays, comparé au reste du monde entier « une idée analogue à celle que les anciens astronomes se formaient de la terre comparée au reste de l'univers. Ils croient la Chine le centre d'un système et l'appellent *Tchong-Kou*, la nation centrale (1) ».

Dans la préface de son très intéressant livre : *Les Chinois chez eux* (que nous allons utiliser pour ce chapitre), M. E. Bard, dit avec raison :

Nous condamnons généralement, sans examen, les coutumes que nous trouvons établies en Chine, lesquelles sont opposées aux nôtres dans la forme, et nous nous en irritons. Les Chinois boivent chaud en été, tandis que nous buvons glacé, et lorsqu'on en fait l'expérience, on est forcé de reconnaître que ce sont eux qui ont raison. On boit moins et on est beaucoup mieux rafraîchi.....

Nous écrivons de gauche à droite et horizontalement, les Chinois écrivent de droite à gauche et en suivant une ligne verticale; la couleur du deuil chez nous est le noir, chez les Chinois c'est le blanc. Nous commen-

____

(1) J. F. Davis.

çons le repas par la soupe, les Chinois le commencent par le dessert et la terminent par le potage. Nous nous entretenons après le repas, les Chinois le font avant, et, le repas terminé, on prend congé. Qui décidera qui a tort ou raison de nous ou d'eux?

Les Chinois estiment qu'ils ont la meilleure forme de Gouvernement, parce que les fonctions publiques sont remplies par ceux d'entre eux qui subissent avec succès les examens de différents degrés imposés à tous les candidats fonctionnaires.

Les examens au premier degré sont passés dans les chefs-lieux de district: ils permettent aux candidats qui les subissent avec succès d'obtenir le titre de *sieou-tsaï*, ou bachelier, donnant droit aux emplois subalternes.

L'examen du second degré (triennal) a lieu au chef-lieu de la province et il est présidé par un mandarin de haut rang, envoyé par le collège des Han-lin de Pékin. Le candidat qui réussit à cet examen triennal devient *kin-jin* ou licencié; il peut remplir des fonctions élevés, mais pour devenir *tsin-ssé*, c'est-à-dire docteur, il doit triompher aux épreuves de l'examen au troisième degré qui est passé à Pékin devant trois Commissions impériales.

Les docteurs sont aptes à remplir les plus hauts emplois de la hiérarchie administrative et gouvernementale. C'est même parmi eux que l'on choisit, après un dernier examen, les membres du collège impérial et les ministres de l'Empereur.

Les officiers civils et militaires chinois — que

nous désignons habituellement sous le nom de *mandarins* — sont divisés en neuf catégories ou ordres se distinguant les uns des autres par la couleur des boutons placés au chapeau; toutes les fonctions de l'Etat sont remplies par eux.

.[.].

Au point de vue social la nation se répartit en quatre grandes classes : 1° les savants ou lettrés; 2° les agriculteurs ; 3° les industriels ; 4° les marchands. Cette classification est très rationnelle si l'on tient compte que la première classe se recrute parmi les trois autres, les titres n'étant pas héréditaires, et que c'est l'agriculture qui assure la prospérité à la Chine.

Les Chinois honorent à cet effet l'agriculture d'une manière toute spéciale. Chaque année, au commencement du printemps, l'Empereur donne l'exemple en labourant lui-même un champ sacré situé au milieu de l'enclos du temple de la Terre. Ses ministres et les princes de la famille impériale font comme lui; on y sème ensuite les cinq principales sortes de graines servant à l'alimentation nationale, et le champ ensemencé est confié à la garde d'un officier qui en recueille les produits pour servir aux sacrifices de l'Empereur.

« L'encouragement que l'Empereur donne à ce qui produit la nourriture, l'impératrice le donne à la culture du mûrier et à l'élévation des vers à soie qui fournissent les vêtements. A la neuvième lune, elle sort accompagnée des principales dames du palais pour sacrifier sur l'autel de l'inventeur de la fabrication de la soie, et lorsque le sacrifice est terminé, elle ramasse une certaine quantité de feuilles de mûrier pour les consacrer à l'alimentation du dépôt impérial de vers à soie. » (1)

Le peuple participe à cette fête de l'agriculture dans toutes les provinces de l'empire, et le Gouverneur de chaque grande ville se rend en grand apparat, le jour où le soleil atteint le 15e degré du Verseau, à la porte orientale pour y recevoir le printemps.

Le commerce de la soie, dit M. E. Bard, remonte, en Chine à la plus haute antiquité. Les Arabes étaient en relations d'affaires avec la Chine dans les premiers temps de l'ère chrétienne, et peut-être auparavant. Les Romains recevaient la soie par l'intermédiaire des Persans, et il n'est pas impossible, au dire de certains historiens, que le monde romain ait été en contact avec les Chinois confondus, sous le nom de Scythes, avec les peuplades qui bordaient l'ancien monde connu. Le tissage de la soie a vraisemblablement son origine en Chine, où, encore aujourd'hui, on ne connaît guère que deux genres de tissus : la soierie et la cotonnade, ouatées ou non, selon la saison, ou bien doublées de fourrures. Les Chinois ne tissent pas la laine et emploient encore fort peu les tissus de laine européens.

La soie, les céréales, le riz, le coton, le thé, le sucre, l'opium, un grand nombre de légumes et d'arbres fruitiers constituent les principaux éléments de l'agriculture chinoise. La terre y est peut-être plus divisée encore qu'en France, car presque tous les paysans chinois sont propriétaires du sol qu'ils cultivent : c'est à cette particularité

----

(1) J. F. Davis.

qu'on attribue les merveilleux résultats que les diverses cultures donnent avec des terrains certainement fertiles, mais cultivés avec les procédés les plus rudimentaires.

Les pâturages sont très rares en Chine et les indigènes ne consomment jamais ni lait, ni fromage, ni beurre. Il n'y a pas, d'ailleurs, au monde de peuple qui mange moins de viande et plus de poissons, de riz et de légumes qu'eux.

.·.

L'industrie chinoise, à l'intérieur des provinces, est encore aujourd'hui ce qu'elle était lors de la conquête des Tartares-Mandchoux et on a de sérieuses raisons de croire que les trois grandes inventions qui ont transformé les sociétés de l'Occident : l'imprimerie, la poudre à canon, et la boussole, ont été connues par les Chinois bien avant les Européens.

Les premiers travaux de l'imprimerie chinoise remontent au milieu du dixième siècle, c'est-à-dire vers la fin de notre dynastie carlovingienne, et comme l'époque des Song, qui a immédiatement suivie cette découverte, est restée fameuse par les grands écrivains qu'elle a produits, on doit en conclure nécessairement que la civilisation chinoise était, au dixième siècle, beaucoup plus avancée que la civilisation française elle-même. L'invention du papier daterait de la fin du premier siècle de l'ère chrétienne.

La poudre à canon a été certainement connue des Chinois avant le dixième siècle, mais il semble que, jusqu'au seizième siècle, ils ne s'en servaient que pour les feux d'artifices et que son application aux armes à feu leur a été enseignée par les Européens. Quant à la boussole, que Goia d'Amalfi passe pour avoir inventée au commencement du treizième siècle, les recherches de Klaproth ont nettement établi que, dès le cinquième siècle de notre ère, des vaisseaux chinois furent pilotés à l'aide de l'aimant et que les astronomes chinois « ont observé longtemps avant nous les variations de l'aiguille du véritable pôle ».

Leurs arts industriels remontent également à la plus haute antiquité. La première fabrique de porcelaine, dont il soit fait mention dans les écrits chinois, date du commencement du septième siècle; leurs industries du cuivre, du bronze, du laque, de la peinture sur porcelaine et sur laque, etc., sont trop universellement connues pour qu'il soit nécessaire d'en parler longuement.

« Les Chinois, dit encore J. F. Davis, sont singulièrement adroits dans la fabrication des métaux; ils possèdent l'art de fondre le fer en lames très minces. Leurs ouvrages en fils de fer ne sont pas aussi parfaitement exécutés que les nôtres, mais ils ne laissent pas que d'être bons... Ils ont déjà commencé à fabriquer des horloges, des pendules et des montres, dont ils font venir les ressorts d'Angleterre.

« Ils surpassent tous les peuples du monde dans l'art de sculpter le bois et l'ivoire pour les ornements. Leurs boules d'ivoire, qui en contiennent jusqu'à sept ou huit dans l'intérieur, ont excité pendant longtemps l'étonnement des Européens qui croyaient qu'ils faisaient usage de quelques moyens secrets pour rejoindre les boules extérieures, après que les autres avaient été introduites. La vérité est qu'elles sont réellement sculptées l'une dans l'autre au moyen d'instruments affilés, qui agissent à travers les trous nombreux dont les boules sont perforées, et à l'aide desquels l'ouvrier peut enlever la matière qui les sépare et détacher ainsi les boules les unes des autres après avoir sculpté leur surface.

« Ils ne sont pas moins habiles à tailler les matières les plus dures; ils font des bouteilles à tabac en agate qu'ils creusent avec une merveilleuse dextérité, bien que le goulot par lequel passe l'instrument n'ait pas un quart de pouce de diamètre. Mais ce qui est encore plus étonnant, ce sont leurs bouteilles de cristal dans l'intérieur desquelles sont gravés de petits caractères que l'on peut lire en dehors. »

Voilà pour les producteurs; quant à la classe des marchands, M. E. Bard, qui l'a fréquentée pendant de longues années, nous donne sur elle des renseignements qui méritent d'être connus.

Le marchand chinois est avant tout joueur. Petit ou grand, il n'est pas de spéculation à sa portée qu'il ne tente avec empressement, et si on veut voir le capital oisif, ce n'est pas en Chine qu'il faut venir. Les facilités de crédit, la circulation fiduciaire implantée en

Chine bien des siècles avant que l'Europe en eût l'idée, ont habitué les Chinois à une audace dans l'entreprise qui leur donne bien souvent l'avantage sur les compétiteurs européens. Il n'est pas de Chinois dans les affaires qui ne soit engagé pour des sommes bien supérieures à celles qu'un Européen oserait y risquer à capital égal.

La base de tout le système, ce sont les banques chinoises, dont le papier est accepté couramment dans le rayon où elles opèrent, et il n'est pas rare de voir des banques, au capital de 10.000 taëls, avoir en circulation jusqu'à 200.000 taëls de billets. Leur capital, en ce cas, ne représente qu'une faible partie de la garantie de l'émission ; c'est leur portefeuille, c'est-à-dire les avances qu'elles ont faites, qui représente le reste.

C'est ici qu'il convient de dire un mot du taux de l'intérêt en Chine. Le Chinois ne compte pas l'intérêt à l'année, ni au mois : il le compte à la journée, et le taux varie chaque jour et même plusieurs fois par jour. Il varie de 3 à 30 et 36 0/0 par an. L'emprunteur a la satisfaction de suivre les fluctuations de l'intérêt de sa dette, et c'est pour lui un jeu très attachant.

Le Chinois connaît la valeur d'un engagement et généralement il le respecte. Pour qu'un Chinois se dérobe à l'exécution d'un contrat, il faut que les circonstances l'aient réellement mis dans l'impossibilité de faire honneur à sa parole ou à sa signature. Nous devons dire, pour rendre hommage à la vérité, que la moralité commerciale des Chinois, au point de vue du respect des engagements pris, est au moins égale à celle des nations européennes les mieux cotées sous ce rapport. Dans les discussions d'un marché, il n'est pas de ruse patiente que ne déploie le Chinois pour faire tourner le marché à son avantage. S'il le peut, il laissera une porte ouverte à l'équivoque, c'est à vous à vous défendre et à bien préciser les termes du contrat. Mais une fois lié, le Chinois s'exécute, et nous n'avons vu nul peuple supporter ses pertes, quand il en a, d'un cœur plus léger et d'un front plus serein.

.... Le système d'intéresser les employés **aux** bénéfices de la maison est à peu près universel parmi les Chinois. Même le coolie qui balaie la boutique a son petit intérêt. Le patron les nourrit tous et mange le plus souvent avec eux.

L'esprit d'association est absolument développé en Chine. Il n'est pas de ville où les marchands d'une même province n'aient un Syndicat ou se discutent les intérêts de la corporation. Ces Syndicats se concilient autant que possible les bonnes grâces des mandarins, mais n'hésitent pas, en cas de besoin, à se mettre en lutte avec eux. En 1890, une nouvelle taxe fut décrétée à Swantow sur certains articles. Le Syndicat des marchands s'arrangea de façon que les percepteurs de la nouvelle taxe, non seulement fussent incapables de les recouvrer, mais même de louer une maison pour y établir leur bureau.

La plupart des différends entre marchands sont réglés par ces Syndicats, dont la décision est sans appel. Ce sont, en somme, de véritables Chambres de commerce, qui établissent des règles quant aux transactions de la place, perçoivent des taxes, entretiennent des compagnies de sapeurs-pompiers, de bateaux de sauvetage. La plupart s'occupent du rapatriement des marchands ou même des particuliers de leur province tombés dans le besoin, fournissent des cercueils aux indigents, s'occupent de l'expédition des corps à leur pays d'origine, etc....

M. Bard ajoute que les associations de marchands sont, avec les lettrés sans emploi, un des contrepoids aux abus des mandarins, qui doivent compter avec eux.

Enfin, tous les voyageurs s'accordent à dire que les gisements miniers de la Chine sont les plus riches du monde, par leur variété et leur étendue.

D'après une étude publiée en 1897 par le Ministère des travaux publics de la Belgique (*Annales des travaux publics de Belgique :* décembre 1897), les provinces de Yunnam et de Koui-Tchéou abondent en gisements de cuivre, de fer, de zinc, de galène argentifère, d'étain, d'or, de mercure et de plomb. « La houille du Hiang-tsé et les gisements découverts sur les rives du Siang, et dans la province du Petchili, sont tout particulièrement remarquables, et des spécialistes, de la plus haute valeur, estiment que l'étendue totale des bassins houillers de la Chine équivaut à 50 fois celle des bassins anglais, dont tout le monde connaît la puissance et la richesse. Les gisements de Hou-Nan sont comparables en étendue à ceux de la Pensylvanie ; enfin, le district de Tsouliou-Chang est fameux par ses gisements de sel et ses sources de pétrole ».

Telles sont les immenses ressources naturelles dont la Chine peut disposer.

IV

La Famille et le Gouvernement chinois

Nous avons donné, sur les quatre classes qui composent le système social chinois, les renseignements d'ordre économique les plus sérieusement contrôlés. Le cadre modeste de cette étude ne nous permet pas d'entrer dans de longs détails sur la vie intime des Chinois, mais il nous paraît indispensable de dire quelques mots sur leur manière de comprendre la famille, car la famille chinoise est un véritable petit Etat, une école permanente à laquelle se forment les gouvernants et l'Empereur lui-même.

Un livre qui a obtenu un grand succès au moment de son apparition : *Les Chinois peints par eux-mêmes*, du colonel Tcheng-Ki-Tong, ancien attaché militaire chinois à Paris (1885), nous servira de guide :

La famille chinoise, dit l'auteur, peut être assimilée à une Société civile en participation ; tous ses membres sont tenus de se prêter assistance et de vivre en communauté... Elle est une sorte d'ordre religieux soumis à des règlements fixes. Toutes les ressources viennent se réunir dans une même caisse, et tous les apports sont faits par chacun sans distinction du plus et du moins... Si, par des circonstances fortuites, l'accord vient à être troublé ; si l'ordre ne se maintient pas dans la famille, alors la loi autorise le partage des biens de la communauté, partage qui se fait par égalité entre tous les membres du sexe masculin... Cette organisation a des avantages incontestables au point de vue de l'assistance. Qu'un membre de la famille tombe malade, il reçoit aussitôt tous les secours dont il a besoin ; que pour tel autre le travail cesse de rapporter les ressources qui seraient nécessaires à son existence, la famille intervient aussitôt, soit pour réparer les injustices du sort à son égard, soit pour adoucir les maux et les privations qu'engendre la vieillesse...

L'autorité appartient au membre le plus âgé de la famille, et, dans toutes les circonstances importantes de la vie, c'est à lui qu'on soumet les décisions à prendre. Il a les fonctions d'un chef de gouvernement ; tous les actes sont signés par lui au nom de la famille. Des statuts invariables fixent l'emploi des revenus, dont chaque partie est affectée à un objet spécialement déterminé, et les devoirs moraux imposés à chaque membre.

Le respect filial est, en Chine, poussé au plus haut degré : à ce point que, lorsqu'un fonctionnaire de l'Etat est anobli, ses ascendants deviennent nobles en même temps que lui. Quant à la noblesse héréditaire, qui passe au fils aîné, elle ne s'accorde que dans les circonstances exceptionnelles. C'est aussi au nom du même principe de l'amour filial que les enfants sont mariés par leurs parents, sans avoir à donner leur avis sur l'opportunité de l'union qu'on leur impose.

En Chine, il n'existe ni officier de l'état civil, ni notaire : c'est le chef de la famille qui les remplace et aucun prêtre — à moins qu'il s'agisse de Chinois chrétiens — n'intervient au moment du mariage. Le rôle social de l'homme et de la femme est défini d'avance ; ils ont l'un et l'autre des devoirs

spéciaux à remplir et ils sont élevés pour suivre la
direction qui convient à leur classe :

L'homme et la femme reçoivent donc une éducation
séparée : l'un entreprendra les études qui conduisent
aux emplois de l'Etat; l'autre ornera son intelligence
de connaissances utiles et apprendra la science précieuse du ménage. Nous pensons que la science approfondie est un fardeau inutile pour la femme : non pas
que nous lui fassions l'injure de supposer qu'elle nous
est inférieure pour l'étude des lettres et des sciences,
mais parce que ce serait la faire dévier de sa véritable
voie. Sa vie n'a pas d'importance au point de vue politique, et les hommes font seuls leurs affaires. Mais
passez le seuil de la maison, vous entrez dans son
royaume et elle y gouverne avec une autorité que n'ont
certes pas les femmes européennes. Elle peut remplacer le mari dans toutes les circonstances où elle
fait acte de maître, et la loi lui reconnaît le pouvoir
de vendre et d'acheter, d'aliéner les biens en communauté et de contracter des effets de commerce, de ma-
rier ses enfants et de leur accorder les dots qu'il lui
plait de leur donner. En un mot, elle est libre, et l'on
comprendra d'autant plus facilement qu'il en soit ainsi
qu'il n'existe chez nous ni notaires, ni avoués, et que,
par suite, il n'a pas été nécessaire de créer des excep-
tions légales pour pouvoir s'en débarrasser au moyen
de procédure.

Indépendamment du mariage, il existe en Chine,
un concubinat légal que le Souverain est le premier
à pratiquer (il a généralement trente concubines),
car les Chinois considèrent cette Institution particulière comme une des bases fondamentales de
leur société. « Les enfants de la concubine sont
considérés comme les enfants légitimes de la femme
légitime dans les cas où celle-ci n'en a aucun : ils

sont, au contraire, considérés comme enfants re-
connus, c'est-à-dire ayant autant de droits que les
enfants légitimes, si la femme légitime a déjà des
enfants. La concubine doit l'obéissance à la femme
légitime et se considère comme étant à son service. »

L'exposé que le colonel Tcheng-Ki-Tong a fait
de la famille chinoise, et que nous venons de résumer, confirme les observations contenues dans les
ouvrages cités au commencement de cette étude.

.˙.

Le premier des quatre livres de Confucius en-
seigne que de la connaissance de soi-même découle
l'organisation de la famille, et que de l'organisation de la famille doivent découler l'organisation
et le gouvernement de la Cité, du district, de la
province et de l'Etat lui-même.

Le Gouvernement de la Chine est basé sur ces
principes : l'Empereur est appelé le *père de l'Empire*, le vice-roi le père de la province qu'il gouverne, le mandarin le père de la ville qu'il admi-
nistre, etc. Ce système de gouvernement dure depuis plusieurs milliers d'années ; il a survécu à
toutes les dynasties, à tous les changements et à
toutes les révolutions que la Chine a subies.

M. E. Bard a résumé de la manière suivante le
fonctionnement de l'Etat chinois :

« Tous les emplois sont à la disposition du Pouvoir central qui ne se mêle de l'administration des

provinces que par la nomination ou la révocation des fonctionnaires choisis parmi les candidats ayant passé leurs examens avec succès.

« Le système de gouvernement tient beaucoup du système de la fédération, la commune jouissant d'une large autonomie, avec la responsabilité à tous les échelons, en commençant par la famille. Le Pouvoir central n'exerce, en somme, qu'une sorte de contrôle, et quoique l'Empereur soit le père de tous les fils de Han, la source de la loi et la suprême autorité, le propriétaire par droit divin de tout le territoire et de la fortune de ses sujets, son Gouvernement ne dégénère pas en tyrannie, loin de là. Le peuple n'a réellement à souffrir que des satellites des mandarins avec lesquels il est en contact immédiat ; nous expliquerons plus loin comment et pourquoi.

« La Chine n'a pas de dette intérieure et ne peut pas en avoir : l'Empereur n'emprunte pas à ses sujets ; en leur prenant ce dont il a besoin, il prend ce qui est à lui, comme chef de la famille dont il est le père. Il est le fils du Ciel et seul grand prêtre du Temple du Ciel. Le peuple de Chine descend donc directement du Ciel par son empereur, dont le pouvoir a une origine divine qui ne se discute pas.

« Le fils aîné de l'Empereur n'est pas nécessairement son héritier. A l'instar des monarques anglais, dont plusieurs ont désigné leur successeur en dehors de la ligne droite, l'Empereur désigne son successeur et peut choisir celui de ses fils qui lui paraît le plus apte à gouverner..... Couronnant l'édifice du Gouvernement chinois, on trouve le tribunal des censeurs, qui prend connaissance de la conduite de tous les fonctionnaires, de l'Empereur lui-même, et les juge. »

Aucune fonction ne peut être exercée pendant plus de trois années, sauf peut-être les fonctions de vice roi. Aucun mandarin ne peut occuper une charge quelconque dans sa province d'origine et ni le fils, ni le frère, ni le parent d'un fonctionnaire de l'Etat ne peuvent obtenir un emploi sous les ordres de celui-ci.

Tous les trois ans, le vice-roi de chaque province présente au Conseil des nominations civiles la liste des mandarins placés sous lui, avec des observations sur leur conduite. Selon la nature de ces observations, les mandarins sont élevés ou abaissés de un ou plusieurs degrés.

Les deux grands corps de l'Empire sont :

1° Le *Néko* ou Grand-Secrétariat, qui se compose de six dignitaires, dont trois d'origine mandchoue (la race conquérante) et trois d'origine chinoise et qui a pour fonctions, d'après les statuts de l'Empire, « de proclamer les édits impériaux, « de régler les lois de l'Etat et de *conseiller* l'Em- « pereur dans les affaires gouvernementales » ;

2° Le Secrétariat d'Etat (*chun-chi-chou*), dont le nombre de membres n'est pas limité et qui a comme attributions la rédaction des édits impériaux et les décisions nécessaires pour la bonne marche de l'administration civile et militaire.

Mais, depuis quelques années, les attributions du Secrétariat d'Etat — qui a pris le nom de Haut-Conseil — sont devenues prépondérantes, et le *Néko* ou *Noui-Ko* est passé au rang de Conseil intérieur.

Puis viennent les Ministères, dont les plus importants sont : le Ministère de la Maison impériale (*Tsoung-ien-fou*), et le Ministère des Affaires étrangères ou *Tsoung-li-Yamen*.

Les vingt provinces chinoises sont gouvernées par huit gouverneurs généraux ou vice-rois, douze gouverneurs dépendants et trois gouverneurs provinciaux indépendants.

.·.

M. E. Bard estime que malgré les exactions des mandarins, et surtout de leurs satellites, la Chine est gouvernée à bon marché; il fournit des chiffres à l'appui de sa thèse, prouvant que si les puissances européennes avaient la malheureuse idée de se partager la Chine et de l'administrer directement, les frais d'administration augmenteraient dans de telles proportions que le peuple se soulèverait en masse contre les étrangers, parce qu'il serait dans l'impossibilité matérielle de payer les impôts nécessaires à la solde des fonctionnaires européens.

Les appointements fixes des mandarins sont tellement dérisoires que leurs extorsions sont en quelque sorte obligatoires : « Un vice-roi n'a pas

300 fr. par mois. L'excédent de certaines sources de revenus leur est abandonné (aux mandarins), mais ne suffit pas toujours à payer leurs dépenses. Il s'ensuit qu'ils ne payent pas leur personnel et ces satellites sont redoutables au peuple, qu'ils pressurent de mille manières. Bien des mandarins en gémissent, mais, ne pouvant payer leurs employés, ils sont obligés de laisser faire. »

Il n'est pas douteux que c'est là le grand vice de l'Administration chinoise actuelle. Dans son livre sur la *Rénovation de l'Asie*, M. Pierre Leroy-Beaulieu affirme que certaines fonctions sont tellement coûteuses à obtenir en Chine qu'il se forme de véritables syndicats pour les exploiter. Ces syndicats font toutes les avances voulues au candidat et perçoivent ensuite une part du bénéfice des charges.

Ce qui fait perpétuer cet état de choses c'est le recrutement démocratique du mandarinat : la classe des lettrés n'a contre elle la haine d'aucune des trois autres classes sociales chinoises parce qu'elle est ouverte à tout le monde; tous les chefs de famille ont l'espoir d'y faire entrer un ou plusieurs de leurs enfants, et cette perspective ajoutée à la non-hérédité des fonctions, suffit à expliquer le maintien d'un système assurément défectueux par certains côtés, mais que personne semble n'avoir intérêt à détruire ou à réformer.

C'est surtout au point de vue des travaux publics que les inconvénients de l'Administration chinoise, telle qu'elle est pratiquée aujourd'hui, sont fâcheux et préjudiciables pour les intérêts économiques de

la Chine. Les fonctionnaires ne pouvant occuper le
même emploi que pendant trois années — et en dehors de leur province d'origine — sont de véritables
étrangers pour les populations qu'ils gouvernent.
Aucun lien ne les rattache à elles, ils restent sourds
à leurs récriminations et ils évitent naturellement
toutes les dépenses qu'ils ne sont pas dans l'obligation stricte de faire. L'entretien des canaux, des
digues et des routes se trouve dans ce cas; aussi,
n'existe-t-il plus de routes praticables dans le plus
grand nombre de provinces.

« Le canal impérial, dit M. Pierre Leroy-Beaulieu, cette œuvre gigantesque des générations passées, qui s'étendait de Yang-Tchéou à Tien-Tsin,
sur plus de 1.500 kilomètres, reliant le fleuve Bleu,
le fleuve Jaune et le Pei-Ho, la capitale aux provinces du Centre d'où venaient ses approvisionne-
ments, le canal impérial est entièrement comblé en
certains points par l'accumulation des vases et des
sables; en d'autres, il n'a plus que quelques pouces
d'eau et ne peut servir qu'à un trafic local. La
Chine actuelle n'est plus que l'ombre de ce qu'elle
a été. Sauver la face, jeter de la poudre aux yeux,
voilà tout ce qu'est capable de faire son Administration décrépite et pourrie. Cette déchéance date
de loin et la catastrophe qui a jeté un pays de 400
millions d'hommes aux pieds d'une nation dix fois
moins nombreuse n'est que le dernier trait d'une
longue décadence. »

La critique est un peu exagérée, car, dans un
pays comme la Chine, où la main-d'œuvre est en
quelque sorte illimitée, où la population est labo-

rieuse et disciplinée, il faudrait peu de temps pour construire des routes et remettre les canaux en bon état.

Ce pays souffre, depuis un certain nombre d'années, de la décentralisation excessive qui caractérise son système de Gouvernement parce que les rivalités de la Cour, les intrigues qui se nouent et se dénouent dans le palais impérial, ont une tendance fatale à transformer cette décentralisation en anarchie. Mais le principe de la responsabilité personnelle des mandarins subsiste toujours et il suffirait que le pouvoir central passât dans des mains énergiques pour que cette situation se modifiât rapidement.

M. C. Bard, qui n'est pas tendre pour le mandarinat chinois dont il a eu, personnellement, à subir les exactions, dit cependant :

« Les magistrats sont tous responsables de la bonne administration et du bonheur du peuple vis-à-vis de l'Empereur, et cette responsabilité n'est pas un vain mot. Tout magistrat qui foule le peuple au point de susciter des révoltes est sûr d'être destitué de son emploi et parfois sévèrement puni. Ils le savent; aussi ont-ils soin de ne pousser l'avidité commune à presque tous les fonctionnaires chinois que jusqu'à la limite où le peuple résisterait. On peut dire, en somme, que le peuple n'est pas plus mal gouverné que bien des peuples de race blanche et que les mandarins ne sont pas une classe plus détestable que les politiciens en exercice dans plus d'un pays que nous ne voulons pas nommer. »

Avant lui, J. F. Davis avait constaté que jamais le Gouvernement central ne pardonnait à un gouverneur, ou à un vice-roi, les troubles qui éclataient dans sa province. L'opinion publique sert ainsi de correctif aux abus du mandarinat : « La corde d'un arc trop tendu, disait le premier Empereur de la dynastie des Ming, finit par se rompre et le peuple opprimé se révolte. » Un de ses successeurs expliquait ainsi ce précepte à son héritier : « Vous voyez que le bateau dans lequel nous sommes assis est soutenu par l'eau, qui peut en même temps l'engloutir si elle devient agitée. Souvenez-vous toujours que l'eau représente le peuple et que le bateau représente seulement l'Empereur. »

Nos idées sur l'administration et sur la politique, telles que nous les pratiquons en Europe, ne nous permettent guère de juger impartialement le système gouvernemental de la Chine, mais un fait digne de remarque c'est, nous le répétons, que, parmi toutes les révolutions intérieures que ce pays à subies depuis plusieurs milliers d'années, pas une seule tentative n'a été faite pour changer la forme de son Gouvernement.

L'augmentation constante de la population chinoise, son inviolable attachement pour son pays et pour ses coutumes, son amour du travail et de la paix, enfin sa bonne humeur proverbiale, sont autant d'indices que leur Gouvernement intérieur n'est pas plus mauvais que les nôtres : ils prouvent, en tous les cas, que chaque citoyen chinois jouit d'une large part des fruits de son travail.

V

La Justice chinoise

Tous ceux qui ont étudié le. Code pénal chinois constatent son extrême clarté, sa haute raison, la force de ses principales dispositions et la simplicité du style dans lequel il est écrit.

« On n'y rencontre point cet insipide verbiage, ces délirantes superstitions, ces non-sens, ces éternelles répétitions, ces panégyriques incompréhensibles des autres codes orientaux, mais une collection de règlements clairs, concis et positifs, empreints d'un jugement pratique, d'un bon sens européen, et qui, s'ils ne sont pas conformes à nos mœurs et à nos idées, du moins s'en rapprochent beaucoup plus que les codes de la plupart des autres nations (1). »

Il est bien certain que si l'on voulait comparer le Code chinois au Code Napoléon, l'avantage resterait à ce dernier : mais il ne faut pas oublier qu'un système judiciaire quelconque n'est réellement efficace que s'il s'adapte exactement aux mœurs, aux coutumes, aux idées et au tempérament de la société qu'il doit régir. A ce point de vue spécial, le Code chinois, malgré sa sévérité et

____

(1) *Revue d'Edimbourg*, août 1810.

malgré les abus auxquels son application donne lieu, mérite encore les éloges que les criminalistes anglais lui ont décernés dès le commencement de ce siècle.

Le Code chinois est divisé en sept parties. La première ne comprend que des définitions générales et un certain nombre d'explications concernant les six divisions suivantes, qui correspondent elles-mêmes aux six tribunaux ou conseils suprêmes de l'Empire, siégeant à Pékin.

Voici, d'après J.-F. Davis, un résumé sommaire des matières affectées à chacune des six divisions :

1re Division : Elle correspond au tribunal ou *Conseil des nominations officielles;* c'est ce qu'on peut appeler l'administration des emplois civils, et les deux livres qui la composent traitent : 1º du système du Gouvernement; 2º de la conduite des fonctionnaires publics.

2ᵉ Division : Lois fiscales et statistiques; elle correspond au *Conseil des revenus* et comprend sept livres : 1º de l'enrôlement du peuple; 2º des terres et tènements; 3º du mariage ; 4º de la propriété publique; 5º des impôts et des douanes; 6º de la propriété privée ; 7º des ventes et des marchés.

3ᵉ Division : Lois rituelles; elle se rapporte au *Conseil des rites et des cérémonies* et les deux livres dont elle est composée traitent : 1º des rites sacrés; 2º des diverses observances.

4ᵉ Division : Lois militaires concernant le tribunal de la guerre ou *Conseil militaire;* elle se subdivise en cinq livres : 1° la défense du palais impérial : 2° la discipline dans l'armée ; 3° la garde des frontières ; 4° les chevaux et bêtes de somme des soldats ; 5° les courriers et postes de l'Etat.

5e *Division :* Lois criminelles ; c'est la plus importante des six divisions : elle relève du *Tribunal des châtiments* et comprend onze livres visant la trahison, le vol, le larcin, le meurtre, l'homicide involontaire, les troubles publics, les querelles, les rixes, les incendies, etc., et déterminant les règles de la procédure criminelle.

6e *Division :* Lois de travaux publics ; cette division est une sorte de codification des règles appliquées en Chine en matières de travaux publics ; elle se subdivise en deux sections : 1° les édifices publics ; 2° les routes publiques, et relève spécialement du *Conseil des travaux publics* siégeant à Pékin.

Le trait saillant de la justice chinoise, c'est l'extrême sévérité de la loi à l'égard des crimes de haute trahison, du parricide et du sacrilège ; aucune circonstance atténuante ne peut être accordée à l'individu accusé de l'un de ces crimes et, en cas de culpabilité établie, la peine de mort ignominieuse et lente appelée *ling-tchi* — que les Européens désignent par l'expression « être coupé en dix mille morceaux » — lui est appliquée.

Cette disposition est encore aggravée par la responsabilité qui pèse sur toute la famille du criminel. J. F. Davis, raconte qu'un Chinois, qui avait voulu, en 1803, attenter à la vie de l'Empereur, fut condamné au *ling-tchi* et tous ses enfants étranglés. Plus récemment, en 1873, un autre Chinois, reconnu coupable d'avoir violé la sépulture d'un prince, pour s'emparer des bijoux qu'elle contenait, subit la mort lente. « Quoiqu'il n'y eut pas de preuve, que ses parents en eussent eu connaissance, et encore moins fussent complices, la famille entière, composée de treize personnes, représentant cinq générations, et comprenant un vieillard de plus de quatre-vingt-dix ans et un bébé de deux mois, fut condamnée à mort. Le criminel et les auteurs de ses jours furent coupés en morceaux ; les autres hommes décapités et les femmes étranglées (1) ».

M. E. Bard emprunte à un auteur américain, M. Holcombe, qui a tout particulièrement étudié le fonctionnement de la justice chinoise actuelle, les détails suivants :

Au centre du portail de la demeure de chaque magistrat chinois, il y a une plate-forme couverte d'un feutre rouge. Sur cette plate-forme, on voit une table et un fauteuil également recouverts de rouge. Sur la table, l'encre et les pinceaux, et, près de là, les fouets, les bambous et carcans, instruments de châtiment. L'un des côtés de la plate-forme supporte un gong et son marteau.

Cela constitue la cour de justice, et bien que prati-

---

(1) A. H. Smith, *Chinese Characteristics*, 1894.

quement, les causes se jugent à l'intérieur du tribunal,
théoriquement, tout sujet chinois ayant à se plaindre
peut, à toute heure du jour et de la nuit, venir frapper
sur le gong. A cet appel, le magistrat est tenu, de par
la loi, de revêtir sa robe officielle et de venir occuper
son siège pour entendre la plainte, sans crainte, faveur,
ni honoraires. C'est la mise en pratique du vieux
dicton chinois que l'œil de la justice ne se ferme
jamais. En théorie, au moins, la justice chinoise est
gratuite, rapide et sûre.

Il y a de nombreuses cours d'appel et l'appel à l'Empereur lui-même est prévu. L'assistance judiciaire
existe et le dernier des mendiants peut, s'il fait les
démarches nécessaires, porter sa cause devant son
impérial maitre et avoir un jugement signé par rien
moins que le pinceau vermillon.

La seule personne assise dans un tribunal chinois
est le magistrat. Les satellites et les spectateurs sont
debout. Les accusés et les témoins sont sur leurs
genoux et sur leurs mains, aussi longtemps qu'ils
restent devant le juge.

La première division du code définit d'une manière très exacte toutes les peines légales et leur
application. La torture est encore admise comme
moyen légal d'arracher les aveux ; on la donne généralement en pressant les ongles des doigts entre
trois bâtons attachés triangulairement. Mais la
plus dangereuse latitude est laissée au juge pour
rechercher la vérité, et M. Holcombe raconte à ce
sujet qu'il a vu trois Chinois accusés de vol traités
de la manière suivante :

Chacun eut les bras solidement attachés par les poi-
gnets derrière le dos. Une corde y fut fixée et jetée par
dessus une branche d'arbre à laquelle on les hissa.
Ils restèrent suspendus pendant trois heures, sous un

soleil brûlant. Lorsqu'on les descendit, ils étaient évanouis. Leurs bras étaient luxés à l'épaule, bleuis et effroyablement enflés. Ranimés, ils protestèrent de nouveau de leur innocence, mais, à la vue des préparatifs pour les suspendre de nouveau, ils s'empressèrent d'avouer.

M. E. Bard observe cependant que de semblables tortures sont strictement interdites et que les magistrats n'en font pas mention dans leurs rapports, comme ayant été le moyen employé pour obtenir la vérité.

Chose singulière, les témoins ne sont pas traités avec plus de ménagement que les accusés eux-mêmes. Le juge interroge d'abord les témoins et les accusés séparément, il les confronte ensuite et, si la lumière ne jaillit pas de la confrontation, ou s'il suppose qu'un témoin ne dit pas la vérité, il peut faire battre ce témoin sur la bouche jusqu'à ce que le sang jaillisse, le maintenir à genoux sur des chaînes pendant plusieurs heures, le faire suspendre par les pouces ou le laisser en prison sans boire, ni manger.

.˙.

Le Code chinois reconnaît cinq formes de châtiments : le fouet ou le bambou, le *kia* ou la cangue, la marque, l'exil et la mort.

La peine de mort a trois degrés : 1° la strangulation ; 2° la décapitation ; 3° le *ling-tchi* ou mort lente. Les condamnés de distinction peuvent être, par faveur impériale, invités à se suicider, car le suicide est moins infamant que la mort par le bourreau. « La victime reçoit alors une boîte de laque enveloppée dans une étoffe de soie jaune : la couleur impériale. Elle renferme une corde de soie blanche (couleur de deuil) enroulée. Si cette silencieuse mais éloquente invitation n'est pas comprise dans les vingt-quatre heures, l'exécuteur public fait son office ».

Pour la loi chinoise, une vie vaut une vie ; ainsi l'homicide par imprudence entraîne la peine capitale ; un fou parricide subit le *ling-tchi* comme s'il avait toute sa raison ; l'envoi d'une lettre anonyme ayant provoqué mort d'homme ou de femme, est puni de la mort par strangulation, etc.

D'après J. F. Davis, les pères ont virtuellement droit de vie et de mort sur leurs enfants, car s'ils les tuent, même avec préméditation, ils ne sont passibles que de la peine du bambou et d'une année de bannissement ; mais s'ils ont été frappés les premiers, ils n'encourent aucun châtiment.

Afin de prévenir l'homicide par suite de querelles, un châtiment sévère est appliqué à celui qui frappe son semblable, ne serait-ce qu'avec le pied ou la main. C'est pourquoi les Chinois ne se battent jamais entre eux. En vertu du même principe, la loi chinoise condamne les expressions outrageantes parce qu'elles peuvent produire des querelles et du tumulte public.

« L'emprisonnement, dit encore M. E. Bard, ne figure pas parmi les pénalités de la loi chinoise. Les prisons sont de simples maisons de détention pour les accusés, les témoins et les condamnés attendant l'exécution de leur sentence. Les accusés ne sont pas nourris : c'est affaire à leurs familles ou à leurs amis...

« Aucune expression ne peut rendre l'horreur d'une prison chinoise. La plus repoussante saleté y règne, avec tous les inconvénients de l'encombrement là où aucune mesure hygiénique n'a été prise, même de celles qu'on trouve dans nos casernements les plus mal tenus. Ce sont de véritables enfers (des *li-ya*, comme les appellent les Chinois), et leur état est d'autant plus injustifiable qu'elles servent à enfermer les témoins, les prisonniers pour dettes, ainsi que les accusés, réputés, en somme, innocents, d'après nos codes occidentaux. »

C'est surtout la pensée de la responsabilité qui atteint toute sa famille, et la crainte de l'emprisonnement, qui détournent le Chinois du crime... et comme les plaignants subissent le même sort que ceux qu'ils accusent, on s'explique à merveille que les Chinois aient recours le moins possible à la justice de leur pays. Quand ils ont des difficultés à régler entre eux ils préfèrent se soumettre à l'arbitrage de leurs Syndicats, s'ils sont marchands, ou du maire et des vieillards de leur commune s'ils sont agriculteurs, car ils savent à merveille ce que coûte la justice gratuite en Chine.

Bien entendu, tout ce qui précède ne s'applique qu'aux Chinois jugés hors des concessions étrangères. Dans ces concessions, les étrangers jouissent du privilège de l'exterritorialité et sont jugés par des tribunaux consulaires composé du consul de chaque pays accrédité, et de deux notables pris parmi les nationaux résidant dans la concession. Une cour mixte, composée d'un juge chinois et d'un assesseur étranger, juge les indigènes. Pour les procès surgissant entre étrangers et Chinois ils sont déférés à la cour mixte si l'étranger est demandeur et devant le tribunal consulaire s'il est défendeur.

VI

Les Finances Chinoises

Nous abordons ici l'un des chapitres les plus importants de notre étude, et nous nous proposons de le traiter avec une certaine ampleur, car c'est la connaissance exacte du régime fiscal d'un pays et de son fonctionnement qui permet d'apprécier le mieux les points forts et les points faibles de son organisme politique et social.

Pour écrire ce chapitre, nous allons utiliser les judicieuses observations de M. de Brandt, ancien ministre d'Allemagne en Chine ; les articles si intéressants et si précis de notre ancien collaborateur C. R. Wehrung, aujourd'hui directeur de la *Banque Russo-Chinoise*, à Shanghaï ; les rapports de M. Allen, consul général britannique à Fou-Tchéou et de M. E. H. Parker, rédacteur au *Times ;* les rapports des consuls français en résidence dans les ports ouverts parmi lesquels nous citerons notamment ceux de M. du Chaylard, notre consul général à Tien-Tsin ; enfin le très remarquable rapport de M. Jamieson, ancien consul général d'Angleterre à Shanghaï, aujourd'hui administrateur du *Peking Syndicate*.

Ce dernier rapport, qui porte la date du 20 octobre 1896, a été rédigé par un homme de la plus haute compétence financière, d'après des renseignements officiels dont l'exactitude a été contrôlée par son auteur avec une patience de bénédictin. C'est certainement le document le plus considérable et le plus complet existant sur la matière. Ecrit au lendemain du traité de Simonosaki, il nous présente le fonctionnement de la fiscalité chinoise pendant les trois années qui ont immédiatement précédé la guerre sino-japonaise, et c'est précisément ce qu'il nous importe le plus de connaître, car, depuis 1895, la Chine se trouve dans une période de transition dont nul ne peut encore savoir le terme, ni les conséquences au point de vue financier.

La première source d'informations utilisée par M. Jamieson est la *Gazette de Pékin*, organe officiel de l'empire, dont la création paraît remonter au dixième siècle de notre ère. Le Gouvernement central ne publie pas de statistiques d'ensemble (sauf celles des douanes maritimes), mais il exige des hautes autorités provinciales des rapports périodiques sur leurs opérations de trésorerie et ce sont ces rapports, ou des extraits choisis, qui paraissent régulièrement dans la *Gazette de Pékin*.

Les auteurs des rapports sont, en tous les cas, des gouverneurs ou vice-rois de province qui transmettent à l'Empereur les mémoires de leurs subordonnés. On peut considérer qu'ils donnent très fidèlement le montant des sommes remises par les Gouvernements provinciaux au Gouvernement central dans le courant de l'année, car ce sont des chiffres fournis par des fonctionnaires responsables, et, bien qu'ils ne représentent certainement qu'une partie des impôts payés par les contribuables chinois, ce n'est qu'à l'aide de ces documents que le *Comité des revenus* de Pékin (qui remplit le rôle de notre Ministère des finances) peut établir son budget annuel.

Au point de vue fiscal, comme au point du vue politique, la Chine peut être considérée comme une vaste fédération groupant, sous l'autorité nominale de l'Empereur, des Gouvernements provinciaux indépendants.

Sauf pour les recettes des Douanes maritimes et de quelques anciennes douanes intérieures, aucune fraction des revenus publics n'est perçue directetement par les agents du Gouvernement central. Tous les percepteurs sont des agents des Gouvernements provinciaux et responsables vis-à-vis d'eux.

D'après M. Jamieson, dont nous allons suivre strictement le travail, tout l'argent prélevé sur les contribuables est d'abord versé au Trésor provincial ou à l'une des trésoreries locales, car il y en a plusieurs dans chaque province; il est ensuite remis, d'après les règlements de l'année : partie à Pékin, partie pour les besoins du Gouvernement local et partie — s'il en reste — pour aider les autres provinces moins fortunées.

L'organe directeur est, en théorie, le *Conseil des Revenus* à Pékin, mais occasionnellement le *Grand Conseil* et le *Tsoung-li-Yamen* peuvent donner des ordres de paiements.

Le *Conseil des Revenus*, qui est chargé de régler

les questions financières dans tout l'Empire, établit, avant la fin de l'année, une évaluation générale des fonds nécessaires aux besoins impériaux pendant l'année suivante et répartit ce montant parmi les diverses trésoreries de l'Empire. L'évaluation est soumise à l'Empereur et, quand elle a été approuvée, elle est envoyée aux vice-rois et gouverneurs, qui la transmettent aux fonctionnaires qu'elle concerne.

En temps ordinaire, ces demandes ne varient pas sensiblement d'année en année, et une longue pratique a créé une sorte d'équilibre entre les envois de la province et les dépenses du Gouvernement impérial.

Les remises à la capitale sont généralement faites avec ponctualité et, bien que l'on se plaigne beaucoup que telle ou telle source de revenus ne soit plus *adéquate* aux demandes, une entente existe pour utiliser telle autre source qui donne un excédent et, en définitive, la totalité des sommes demandées est versée au *Conseil des Revenus*.

Toutefois, si ce système fonctionne bien en temps d'abondance et de paix, il est évident qu'il devient défectueux en temps de disette ou de guerre. Or, aucune tentative n'a jamais été essayée pour régler par un budget annuel les recettes et les dépenses.

Après que les demandes de Pékin ont été satisfaites, il semble que les autorités provinciales peuvent disposer de tout l'excédent suivant leur bon plaisir. En théorie, il n'y a aucun doute que ces autorités sont obligées de soumettre toutes leurs dépenses au *Conseil des Revenus,* ou à tout autre Ministère ayant barre sur elles, mais il est toujours facile aux autorités provinciales de déclarer que certaines dépenses locales sont nécessaires et urgentes et le Gouvernement central de Pékin est trop éloigné et trop ignorant de la question pour refuser d'approuver ces sortes de dépenses qui n'ont souvent qu'un caractère nominal.

La *Gazette de Pékin* n'ayant jamais publié de rapport donnant les dépenses complètes des provinces, M. Jamieson n'a pu établir comment se soldent leurs budgets particuliers, mais il a constaté qu'en règle générale il n'y a pas d'excédent : on en a la preuve dans la résistance opposée par les provinces à faire face aux dépenses extraordinaires ou supplémentaires du Gouvernement central.

En résumé, les autorités de Pékin s'ingénient à tirer le plus possible des autorités provinciales et celles-ci, au contraire, cherchent toujours à verser le moins possible au Gouvernement central.

D'après M. Jamieson, le bilan moyen annuel des recettes et des dépenses du Gouvernement central chinois et de tous les Gouvernements provinciaux réunis se présentait ainsi avant la guerre sino-japonaise :

Budget annuel de l'Empire chinois : évaluations moyennes pour l'année 1893-1894 :

A. — *Recettes*

	Taëls
Impôt foncier, payable en argent	25.088.000
— — en riz	6.562.000
Revenu du sel	13.659.000
Likin (Douanes intérieures)	12.952.000
Douanes maritimes	21.989.000
Octrois ou Douanes indigènes	1.000.000
Droits sur l'opium indigène	2.229.000
Droits divers	5.500.000
Total	88.979.000

B. — *Dépenses*

	Taëls
Administration métropolitaine (garnison Mandchoue et Maison impériale)	19.478.000
Amirauté (escadre du Pei-yang)	5.000.000
Escadre du Nord	5.000.000
Défense des côtes et solde des troupes étrangères	8.000.000
Défense de la Mandchourie	1.848.000
— de l'Asie centrale	4.800.000
Subsides au Yunnam	1.655.000
Service des emprunts extérieurs	2.500.000
Construction des chemins de fer	500.000
Travaux publics	1.500.000
Administration des douanes	2.478.000
Administration des 18 provinces et entretien des troupes provinciales	36.220.000
Total	88.979.000

Bien entendu, il ne s'agit ici que des recettes et des dépenses dont on peut suivre la trace, grâce aux documents officiels publiés ; mais il est certain — nous allons le voir — que les contribuables indigènes versent des sommes supérieures à celles dont les percepteurs et trésoriers provinciaux chinois font mention dans leurs rapports. Par contre, il n'est pas démontré que toutes les dépenses locales, accusées par les vice-rois et les gouverneurs des provinces soient des dépenses réellement effectuées : Il ne faut donc considérer le budget ci-des-

sus que comme une simple évaluation approxima-
tive, des dépenses effectuées dans l'Empire non
compris les frais de perceptions.

A. — Recettes

Impôt foncier. — Sur les 25.088.000 taëls que
l'impôt foncier, en argent, produit officiellement,
cinq provinces : Petchili, Chan-Tong, Chan-Si,
Ho-Nan et Tse-Chouan versent plus de 12 millions,
soit, en moyenne, 2.400.000 taëls chacune ; les cinq
provinces qui produisent le moins sont : Koui-
Tchéou, 125.000 taëls ; Kiang-Sou, 205.000 taëls ;
Yunnam, 300.000 taëls ; Kiang-Si, 500.000 taëls ;
Mandchourie, 560.000 taëls.

On doit comprendre, dit M. Jamieson, que la somme
que j'indique pour l'impôt foncier en argent ne représente pas celle que payent réellement les propriétaires.
Le coût de la perception n'est jamais connu, mais il
peut être évalué à 100 0/0 du montant de la taxe et le
grand vice de cette perception, c'est que tout percepteur est en quelque sorte un fermier de taxe qui doit
fournir une somme déterminée et agir comme il l'en-
tendra.

A un autre point de vue, une personne ayant cherché à
savoir quel était le montant de l'impôt foncier à payer
par les cultivateurs individuellement, m'a indiqué la
somme d'environ 200 cash par *mow* (1) comme représentant le droit moyen perçu sur une bonne terre à riz.
Cela donne 3/4 de taël par acre. Nous pouvons dès lors
calculer ce que peut être l'impôt foncier pour toute la
Chine. La surface des dix-huit provinces est de
1.300.000 milles carrés et celle des neuf provinces orien-
tales comprend 500.000 milles carrés, dont la plus
grande partie est très fertile. Laissant de côté les par-

____

(1) Le *mow* est une mesure de surface qui équivaut au 6e
de l'acre.

ties pauvres, nous pouvons prendre la moitié de la surface comme cultivée, soit 650.000 milles carrés ou 400 millions d'acres. Si chaque acre paye 0.75 taël (2 sh. 6 d.), nous avons un total de 300.000.000 de taëls. Soyons libéral : admettons qu'un tiers n'a pas été cultivé et que chaque acre paye seulement 1/2 taël, nous aurons un revenu de 138.000.000 de taëls. Soyons encore plus libéral, ce qui est permis avec des chiffres aussi considérables : admettons que le paysan ne paye que 0.25 taël par acre, ce qui est certainement au-dessous de la vérité, nous avons encore un revenu de 70.000.000 de taëls. Le revenu versé au Trésor impérial n'étant que de 25.000.000 de taëls, le coût de perception dépasse de deux ou trois fois cette somme.

Impôt foncier payable en riz. — Les provinces qui envoient un tribut de riz à Pékin sont au nombre de deux : Kiang-Sou et Tse-Kiang. La quantité remise varie, selon M. Jamieson, de 1.200.000 à 1.400.000 piculs, soit en moyenne 104.500 tonnes. Sur ce total, 200.000 piculs sont envoyés par l'ancienne route du grand canal, le reste par mer, soit au moyen de jonques, soit au moyen des vapeurs de la *China Merchants Cy.* Les droits et frais de transports de ce riz coûtent très cher aux provinces (1.500.000 taëls environ).

Des Compagnies étrangères se chargeraient de ce transport moyennant un quart de la somme payée ; mais le Gouvernement chinois s'y refuse énergiquement, car il y a trop de fonctionnaires intéressés dans la situation actuelle pour admettre une concurrence étrangère quelconque.

En dehors des deux provinces de Kiang-Sou et Tse-Kiang, il y en a six autres qui, à l'origine, envoyaient leur tribut de riz en nature ; mais elles ont fait accepter la conversion du riz contre des espèces et aujourd'hui elles envoient une somme proportionnelle d'argent au *Conseil des revenus*.

La valeur des taxes en riz, ou en représentation de riz, encaissées par les percepteurs s'élève, en moyenne chaque année, à 6.562.000 taëls-haïk-wan, dont plus de la moitié est fournie en nature par les deux provinces de Kiang-Sou et Tse-Kiang.

Revenu du sel. — En Chine, la vente du sel constitue un monopole impérial. Cette vente fait l'objet d'une administration particulière soumise à des règlements techniques, mais pleins de confusion. Les rapports sur cette matière sont peu connus et incomplets ; M. Jamieson n'a pu s'en procurer le détail que pour les trois provinces centrales. Voici le total de leur rendement :

	Taëls
Vice-royauté de Nankin	4.612.000
Gouvernement de Hou-Kouang	1.450.000
Tse-Chouan	2.170.000
Total	8.232.000

Pour le reste de l'Empire, il donne l'évaluation suivante :

	Taëls
Mandchourie (rapport)	375.000
Petchili, droit et likin (évaluation)	600.000
Chan-Tong, — —	400.000
Chan-Si, — —	450.000
Chen-Si, likin (rapport)	332.000
Ho-Nan, — (évaluation)	400.000
Tse-Kiang, droit et likin	900.000
Fo-Kien, — (rapport)	600.000
Kouang-Tong, — (évaluation)	750.000
Kouang-Si (évaluation)	300.000
Yunnam (rapport)	320.000
Total	5.427.000
Plus les provinces centrales	8.232.000
Total du revenu du sel	13.659.000

A plusieurs reprises, l'impôt sur le sel a été augmenté pour faire face aux besoins du Trésor. Etant donné que la consommation du Tse-Chouan est de 4 millions de piculs, celle de toute la Chine peut être évaluée à 25 millions de piculs.

.·.

Le *Likin* (Douanes intérieures sur les marchandises). — L'origine de cette taxe, qui produisait avant la guerre sino-japonaise environ 13 millions de taëls, remonte à 1853, lors de la fameuse révolte des Taïpings. Elle fut généralisée en 1860, quand la rébellion mahométane du Yunnam, commencée en 1856, menaça les provinces centrales.

L'impôt foncier, en raison de l'état de dévastation dans lequel se trouvait alors l'Empire, ne donnait presque plus rien ; le Gouvernement central dut se procurer des ressources par ces douanes intérieures, mais il fut entendu que le *Likin* ne serait que provisoire : il est superflu d'ajouter que les besoins du Trésor impérial ayant toujours augmenté, la taxe provisoire est devenue définitive.

Pour les produits étrangers, c'est l'impôt le plus préjudiciable de tous ceux qui existent en Chine, y compris l'impôt des douanes maritimes. On le considère comme illégal, comme une sorte de *squeeze* imposé par les mandarins ; mais M. Jamieson, qui a étudié la question avec soin, estime qu'il est aussi légal que toute autre forme de taxe ; il est prélevé, en effet, par décret impérial, ce qui est la forme la plus haute de législation connue en Chine. Quant à son application, c'est une autre chose ; sa forme et son incidence sont aussi discutables que possible.

La méthode de perception est la suivante. Un décret impérial ayant été obtenu autorisant la levée du *Likin*, les autorités provinciales établissent un bureau central présidé par un ou plusieurs fonctionnaires de haut rang et indiquent les endroits où seront placées les stations secondaires.

A chacune de ces stations, un *wei-yuen*, ou petit fonctionnaire, se trouve placé : il est responsable vis-à-vis du bureau central. Ces stations sont mises dans toutes les grandes villes et le long des routes principales, soit par terre, soit par eau. Leur nombre et leur fréquence dépendent des chiffres du commerce. En quelques endroits, comme près des ports intérieurs du grand canal, les barrières se suivent à intervalles de 20 milles ; dans d'autres lieux, où le commerce est rare et où les barrières peuvent être facilement évitées, il y en a peu ou pas.

Un tarif existe, ou est supposé être publié, mais rien n'est difficile comme de pouvoir obtenir une information exacte à ce sujet, soit des marchands, soit des fonctionnaires. En fait, nul ne paraît prêter grande attention au tarif autorisé. Il y a une sorte de marchandage : l'employé demande tant, le marchand fait une offre et l'on discute jusqu'à ce que l'on soit d'accord. Le pot-de-vin aide naturellement à l'entente.

Le tableau suivant peut être considéré comme

donnant le total approximatif des sommes perçues par les diverses perceptions :

Droits de « *Likin* » pour la Chine entière :

Provinces	Montant
	Taëls
Kiang-Sou, Su-Tcheou et Shanghaï...	
Perception de Nankin	1.970.000
Tse-Kiang	550.000
Fo-Kien	1.500.000
Kouang-Tong	1.220.000
Kouang-Si	1.750.000
Nang-Hoei	585.000
Kiang-Si	400.000
Hou-Pe	890.000
Hou-Nan	1.600.000
Tse-Chouan	600.000
Ho-Nan	989.000
Chen-Si et Kiang-Sou	65.000
Chan-Si	248.000
Petchili	60.000
Chan-Tong	60.000
Koni-Tcheou	65.000
Yunnam	100.000
	300.000
Total pour la Chine entière	12.952.000

On constatera que la totalité de cette taxe est payée par les provinces riveraines du nord ; celles du nord et de l'ouest (sauf le Tse-Chouan) n'y contribuent presque pas. Les conditions physiques du pays ont probablement déterminé cette distinction ; elle montre aussi, d'une façon évidente, où se trouve la réelle richesse du pays.

On peut dire que tout le *Likin* est fourni par le commerce du Hiang-Tsé, des fleuves de Canton et leurs affluents.

.˙.

Douanes Maritimes. — Depuis l'avènement de la dynastie Mandchoue et jusqu'à l'établissement des Douanes maritimes, en 1854, les revenus mis par les autorités provinciales à la disposition du Gouvernement impérial provenaient de trois sources :

1° Les taxes payées en nature et envoyées à Pékin, c'est-à-dire l'impôt sur le riz ;

2° La part du Gouvernement central sur les taxes payées en argent ;

3° Les droits de douanes indigènes.

L'impôt sur le riz était prélevé pour l'entretien des soldats mandchoux de Pékin, rangés sous les huit bannières. Cela représentait, en réalité, toute la population conquérante, car chaque adulte mandchou est soldat de droit et admis, comme tel, à la ration.

Le second de ces impôts était servi au *Conseil des revenus* pour les appointements du Gouvernement central ; quant aux droits de douanes indigènes, ils étaient spécialement affectés à l'entretien de la maison impériale et de ses divers services.

Il en était ainsi à l'époque où les troupes des huit bannières constituaient la seule armée nationale et où il n'y avait ni flotte, ni complications extérieures. Les choses ont changé depuis lors, mais les anciennes dispositions subsistent toujours.

Les provinces envoient encore de fortes fournitures de riz, bien que, dans beaucoup de cas, cette marchandise soit convertie en argent. Le tribut dû à Pékin est toujours envoyé, et il est même augmenté de prélèvements supplémentaires, et les douanes indigènes font toujours parvenir leur contribution à la maison impériale. Le grand changement se trouve dans l'important revenu tiré aujourd'hui des *Douanes maritimes*.

Les Douanes maritimes, en effet, représentent la plus claire des ressources dont le Gouvernement central a la disposition pour le fonctionnement des services extérieurs de l'Empire ; nous croyons, en conséquence, qu'avant de faire, avec M. Jamieson, l'examen détaillé des autres recettes encaissées, chaque année, par le *Conseil des revenus* de Pékin, il est intéressant de rappeler l'origine de cette fondation.

L'établissement des Douanes maritimes date virtuellement de 1842, époque à laquelle le port de Shanghaï fut ouvert aux étrangers, en exécution du traité de Nankin. En 1854, le Gouvernement chinois demanda lui-même à l'Angleterre, à la France et aux Etats-Unis, de l'aider dans l'administration de ses douanes maritimes, car le traité de Nankin prévoyait, en outre de Shanghaï, l'ouverture de quatre autres villes au commerce étranger : Canton, Ning-Po, Fou-Tchéou et Amoy.

Après diverses négociations, le Gouvernement chinois consentit à transférer, aux représentants des trois pays ci-dessus désignés, la mission d'organiser le nouveau service, et le premier para-

graphe du protocole signé à cet effet en indique
les raisons :

Article I. — La principale difficulté éprouvée par
le surintendant des douanes (fonctionnaire chinois),
ayant été l'impossibilité de trouver des fonctionnaires (indigènes), ayant les qualités nécessaires de
probité, de vigilance et de connaissance des langues
étrangères pour permettre une stricte observation des
traités et règlements, le seul remède parait être l'introduction de l'élément étranger dans l'établissement des
douanes. Les personnes étrangères seront soigneusement choisies et nommées par le *taolaï*.

Trois inspecteurs étrangers furent donc nommés :
MM. Arthur Smith pour la France, T. F. Wade
pour l'Angleterre et L. Carr pour les Etats-Unis
d'Amérique. D'un commun accord, M. Wade, qui
seul des inspecteurs possédait à fond la langue
chinoise, prit la responsabilité de l'organisation.
M. H. R. Lay, employé du Consulat britannique
de Shanghaï, lui succéda, puis, enfin, en 1863, sir
Robert Hart, l'inspecteur général actuel, prit la
direction effective de ce nouveau service qu'il n'a
plus quittée depuis.

Théoriquement, le personnel des Douanes maritimes se recrute dans toutes les nationalités ; en
réalité, ce sont les Anglais qui sont choisis de
préférence et cela s'explique par ce fait que le tarif
des droits est imprimé en anglais, que la langue
anglaise est imposée à tous les agents des douanes,
quel que soit leur pays d'origine, et que toutes
les déclarations, demandes et réclamations adres-
sées à l'Administration, doivent être formulées en
langue anglaise. Bref, l'anglais est la langue officielle de l'Administration des Douanes maritimes

chinoises et se sont les Anglais qui ont — en pratique, du moins, car les autres nations ont un certain droit de contrôle — la haute main sur cet important service international.

Sir Robert Hart passe pour un administrateur de premier ordre et un négociateur des plus habiles ; il nous a rendu de grands services au moment de notre guerre du Tonkin et le Gouvernement français lui en a publiquement témoigné sa reconnaissance. Ajoutons, pour terminer ces rapides explications, que le Gouvernement chinois est très satisfait de la manière d'agir de sir Robert Hart, puisque, en dehors de l'Administration des Douanes maritimes proprement dite, il lui a successivement confié l'organisation et la direction du service des phares chinois, le service du balisage des fleuves et rivières ouverts à la navigation étrangère et leur police ; enfin, tout récemment, le service des Postes de l'Empire.

Les commissaires étrangers ne reçoivent pas eux-mêmes les droits de douane ; leurs fonctions se bornent à constater que les droits ont été payés ; leurs statistiques empêchent cependant les receveurs indigènes de falsifier leurs comptes.

Ces derniers, membres du Gouvernement provincial, n'adressent pas leurs rapports directement à Pékin, mais au gouverneur ou vice-roi de la province où est situé le port ouvert. En théorie, les revenus des douanes d'un port peuvent donc être classés comme partie des revenus de la province. En pratique, les gouverneurs ne considèrent pas cette recette comme tombant sous leur contrôle, et si une partie sert à faire face à des dépenses provinciales, c'est seulement en vertu d'une autorisation de l'Administration centrale, mais ce n'est pas un droit.

En règle générale, sur le total des perceptions, 4/10 des droits sont remis directement au Gouvernement de Pékin ; sur les 6/10 restant, une fraction est également destinée aux besoins supplémentaires du Gouvernement central ; il y a encore à faire face aux frais de perception et à plusieurs allocations fixes. 15 0/0 sont mis de côté et versés au *taotaï* de Shanghaï pour les dépenses des légations étrangères ; le solde sert aux besoins du Trésor impérial ou à des dépenses provinciales. Sur les droits de tonnage, 7/10 vont à l'inspectorat général des douanes, pour l'entretien des phares, et 3/10 au collège de Pékin. Le total des droits de transit et de cabotage paraît aller aux provinces sous une forme ou sous une autre.

En prenant l'année 1893 comme année moyenne, où le produit total fut de 21.989.300 taëls, voici quelle en a été la répartition :

Répartition des recettes des douanes maritimes
pour l'année 1893 :

	Taëls
Dépenses de perception (personnel étranger 7 1/2 0/0)	1.650.000
Surintendants chinois (2 1/2 0/0)	548.000
Entretien des phares (0.7 des droits de tonnage)	280.768
Collège de Pékin (0.3 des droits de tonnage)...	120.329
Conseil des revenus	5.866.000
Fonds des légations étrangères	1.319.000
A l'Amirauté (likin de l'opium)	5.362.000
Subsides fixes à Pékin	2.000.000
Aux autorités locales (droits de transit et cabotage)	1.200.000
	18.346.097
Solde pour la défense des côtes, la défense navale, etc.	3.643.203
Total égal aux recettes	21.989.300

Pour compléter ce chapitre, nous ajouterons que les revenus des douanes maritimes chinoises, qui ont passé de 13.510.712 taëls en 1884 à 21.989.300 taëls en 1893, se sont élevés à 26.661.460 taëls en 1899. Le tableau suivant va nous indiquer les différences signalées entre 1893 et 1899 :

Recettes des Douanes maritimes dans ports chinois ouverts, années 1893 et 1899

(Taëls Hk)

Ports ouverts	1893	1899	Différence en 1899
Shanghaï	5.881.945	8.120.845	+ 2.238.900
Han-Kéou..........	2.219.475	2.398.929	+ 179.454
Canton............	2.034.993	2.016.269	— 18.724
Swatow...........	1.329.982	1.658.999	+ 329.017
Fou-Tchéou.......	1.767.853	1.463.611	— 304.242
Tien-Tsin	683.932	1.269.804	+ 585.872
Kiu-kiang	1.026.748	987.636	— 39.112
Wu-hu	586.170	953.726	+ 367.556
Nieu-Tchwang	491.011	928.739	+ 437.728
Chinkiang	702.625	926.335	+ 223.710
Autres ports......	5.264.566	5.936.567	+ 672.001
Totaux..........	21.989.300	26.661.460	+ 4.672.160

C'est le port de Shanghaï qui a le plus profité de la guerre sino-japonaise ; après lui viennent les ports de Tien-Tsin et de Nieu-Tchwang. Les petits ports sont en décroissance, car leurs recettes n'ont augmenté que de 672.001 taëls entre 1893 et 1899, alors que leur nombre est passé, d'une date à l'autre, de 14 à 23.

.·.

Octrois ou Douanes indigènes. — Bien que cette source de revenus soit relativement faible, M. Jamieson donne, sur son histoire et son mode de perception, des renseignements qui méritent d'être connus.

Dans les ports ouverts au commerce étranger, les douanes maritimes contrôlent seulement les marchandises transportées par des navires de construction étrangère, que ces navires appartiennent à des étrangers ou à des Chinois. Mais, à côté des douanes maritimes. existent encore les anciennes douanes indigènes, considérées maintenant comme des octrois, qui contrôlent toujours le commerce des jonques indigènes et imposent des droits d'après un tarif qui n'est pas nécessairement le même que le tarif étranger.

Il y a, d'autre part, en dehors des ports ouverts. un grand nombre de places, et sur la côte et dans l'intérieur, où le Gouvernement chinois a, de temps immémorial, établi des douanes locales. On les connaît sous le nom de *kwan* et elles se distinguent des stations à *Likin* appelées *chia* ou *ka*.

Il serait puéril de les énumérer, car elles opèrent dans tous les ports de quelque importance situés sur la côte et sur les fleuves intérieurs, et même à certains passages des routes principales comme Chang-chia-kou et San-Haï-Kouan au nord ; Taïping et Kan-Tchéou, entre le Kouang-Tong et le Kiang-Si, etc.

Les plus importants percepteurs des douanes indigènes sont nommés par le Gouvernement central (ce sont, bien entendu, des Mandchoux). Tel est le cas du percepteur de Canton, par exemple, connu sous le nom de « hoppo ». Ce fonctionnaire est indépendant du Gouvernement local, envoie ses rapports et ses comptes directement à Pékin et n'a aucune relation obligée avec les autorités provinciales.

Les autres percepteurs sont nommés par les autorités locales, et leurs rapports sont envoyés par la voie ordinaire du gouverneur de la province.

Avant les traités, le revenu des douanes intérieures était évalué à 4.500.000 taëls et fixé à 3.661.000 par le Ministère des revenus. Des changements prcfonds ont été apportés depuis l'établissement des Douanes maritimes. Canton, qui fournissait 899 mille taëls avant 1862, n'en fournit plus que 156.000 depuis cette date. Les données manquent pour établir aujourd'hui le chiffre exact de cette perception, mais M. Jamieson croit qu'on ne peut pas l'évaluer à plus de 1.000.000 de taëls pour toute la Chine.

Droits sur l'opium indigène. — L'opium importé de l'étranger paye un droit relativement élevé aux Douanes maritimes ; l'opium indigène est imposé dans une proportion moindre, et M. Jamieson — qui a fourni des données assez précises sur la production et la consommation de l'opium en Chine — évalue cette source de revenus à la somme de 2.229.000 taëls, indépendante, bien entendu, des 6 millions de taëls encaissés par les Douanes maritimes sur l'opium venant de l'extérieur.

Depuis le traié de l'opium (Londres 1885), les

droits sur l'opium indigène sont directement remis au Gouvernement central, et les autorités provinciales paraissent avoir reçu des instructions spéciales pour envoyer à Pékin des rapports distincts sur cette taxe, qui pourrait produire de 15 à 18 millions de taëls, si l'opium indigène subissait un impôt équivalent à celui que paye l'opium étranger.

Les provinces où la consommation de l'opium indigène est la plus élevée sont : Hou-Pe, Tse-Chouan, Kiang-Su, Hou-Nan et Kouang-Tong; celles où les droits perçus sont à peu près insignifiants : Tsé-Kiang, Ho-Nan, Petchili, Kiang-Si et Yunnam.

.˙.

Recettes diverses. — « Sous ce titre, dit M. Jamieson, je compte toutes les recettes qui n'ont pas été comprises dans les rubriques précédentes. Je dois dire que j'ai très peu d'informations sur ces catégories de revenus, et les sommes que j'indique ne représentent que de larges évaluations.

« Il est de ces recettes qui ne figurent pas dans la liste des sources régulières des revenus, telles sont celles provenant de la collation de grades ou honneurs, de souscriptions ou de dons pour le Gouvernement. La vente des titres a été de tout temps un moyen de battre monnaie dans les circonstances pénibles. Je ne comprends pas sur ma liste les donations, bien que le Gouvernement soit toujours disposé à les recevoir : je trouve dans la

Gazette de Pékin de fréquents rapports concernant des communications pour donations au « nouveau fonds de la défense navale », dont les recettes sont remises chaque mois à l'amirauté, à Tien-Tsin. L'importance des remises varie naturellement beaucoup.

« Les droits de transfert de terres doivent être de 3 0/0 de la valeur de la terre transférée. Les monts-de-piété payent, en certains endroits, 100 ou 200 taëls par an, mais l'incidence de cette taxe est déterminée par les usages locaux. Bien d'autres commerces exigent des licences, mais il semble que celles-ci tombent sous le contrôle du département du *Likin*.

« J'évalue toutes ces sources diverses de revenus à 5.500.000 taëls. »

En groupant toutes les recettes dont nous venons d'examiner la méthode de perception, on arrive aux chiffres d'ensemble suivants :

Recettes budgétaires pour la Chine entière

Exercice 1893

	Taëls
Impôt foncier payable en argent	25.088.000
— en nature	6.562.000
Revenu du sel	13.659.000
Likin sur marchandises	12.952.000
Douanes maritimes	21.989.000
— indigènes	1.000.000
Droit sur l'opium indigène	2.229.000
Divers	5.500.000
Total	88.979.000

Le taël haïkwan, pris comme unité monétaire chinoise, valait 8 fr. 26 quand l'argent métal était à son ancien pair du 15 1/2, c'est-à-dire 222 fr. 22 le kilo de fin. Le métal blanc ne valant plus que 102 fr. le kilo environ, le taël haïkwan ne représente plus lui-même que 3 fr. 75, ce qui donnerait une somme de 333.671.250 fr. pour l'ensemble des recettes budgétaires chinoises, soit environ 0 fr. 83 par habitant.

Il est vrai que, pour le contribuable chinois, le taël haïkwan a conservé à peu près son ancienne valeur et qu'il est obligé de fournir la même somme d'efforts pour se le procurer. Si nous voulons comparer les charges de ce contribuable aux charges des contribuables européens, il faut donc prendre l'unité monétaire chinoise à son ancien pair de l'or et nous avons alors comme recettes budgétaires de la Chine une somme de 734.966.000 francs.

On doit encore observer que cette somme ne représente elle-même que la moitié environ des impôts prélevés sur les contribuables indigènes, l'autre moitié étant absorbée par les frais de perception et les profits personnels des mandarins. On arriverait ainsi à près de 1.500 millions de francs, soit environ 3 fr. 75 par habitant. Même avec cette double rectification, on est encore très loin des charges qui pèsent sur les nations les plus pauvres de l'Europe, et, en particulier, sur celles que les Anglais imposent aux contribuables de l'Inde.

.˙.

Voilà le résumé le plus complet et le plus exact que l'on puisse donner aujourd'hui sur les impôts chinois et leur mode de perception. Tous les chiffres du rapport Jamieson s'appliquent à la période qui a immédiatement précédé la guerre sino-japonaise, et le consul britannique a profité de cette circonstance pour formuler les observations suivantes, relativement à leur élasticité et à la possibilité de leur augmentation éventuelle, observations qui ne sont pas les points les moins intéressants de sa remarquable étude.

En considérant l'impôt foncier, j'ai déjà dit qu'il est non pas fort au-dessus de ce qu'il pourrait être, mais que son produit est bien au-dessous de ce que l'on tire en impôts des paysans. Le revenu foncier de l'Inde, pays auquel la Chine peut très bien être comparée, est de 255 millions de roupies, équivalant à 100 millions de taëls. En surface, en population, en fertilité, la Chine peut se comparer rationnellement à l'Inde, il n'y a donc pas de raison pour que l'impôt foncier en Chine, administré honnêtement, ne donne pas au moins 100 millions de taëls. Mais cela implique une administration honnête et raisonnable, probablement une réforme du mode d'évaluation du pays.

La taxe sur le sel donne dans l'Inde, 83.500.000 roupies, soit 33 millions de taëls : elle n'est évaluée en Chine que pour 13.500.000 taëls. Il y a place pour une forte augmentation.

Le coût de production varie de 1 1/2 à 8 et 9 cash par catty ; le prix de vente au consommateur de détail varie de 25 à 60 et 70 cash par catty. Prenons le prix de production moyen de 5 cash et le prix de vente moyen de 40 cash pour une consommation de 25 millions de piculs ; en calculant la valeur du cash à 1.600 par taël, nous avons :

Taëls

Total payé par le consommateur 62.500.000
— *au producteur*................. .... 7.800.000
Taxes et profits des marchands, moins le coût
  de distribution 54.700.000

Il en résulte qu'il y a là matière à recueillir beaucoup plus que les 13.500.000 taëls actuellement encaissés par le Gouvernement chinois, car je ne vois pas de raison pour qu'on n'ait pas les mêmes résultats que dans l'Inde : c'est encore une question d'administration.

Une des mesures prises par le Gouvernement chinois pour obtenir des fonds pour la guerre japonaise a été d'imposer un droit supplémentaire de 2 cash par catty sur le prix de vente du sel : si cette somme a été perçue, elle a dû produire, sur une consommation de 25 millions de piculs, 4 millions de taëls environ. Le Gouvernement doit s'estimer heureux s'il reçoit la moitié ou même le quart de cette somme.

La seule autre mesure prise depuis la guerre pour augmenter les revenus a été un décret du 7 septembre 1894, ordonnant aux provinces de lever des droits de licence sur les monts-de-piété, sur les boutiques de vente d'opium au détail et 20 0/0 de *Likin* supplémentaire sur le thé et sur le sucre.

Cet ordre a été discuté par le Gouverneur du Kiang-Si, dans un rapport publié le 29 janvier 1896, dans lequel il dit avoir reçu trop tard les instructions pour la récolte du thé de 1895, mais qu'il les a appliquées, en ce qui concerne le sucre et l'opium.

Le revenu pour les six mois a été le suivant :

Sucre..................... Taëls   1.910
Licences d'opium 10.243
                                      12.153

Soit 25.000 taëls par an. Si la province de Kiang-Si peut servir d'exemple, le revenu supplémentaire provenant de cette réglementation est une bagatelle.

Il n'est pas besoin de l'autorité d'un décret pour augmenter les droits de *Likin*. Les autorités locales peuvent toujours le faire sans autorisation. Ce qui arrive, en réalité, c'est que Pékin insiste pour avoir de plus fortes remises et les autorités les trouvent comme elles peuvent.

Les droits sur le commerce extérieur sont levés d'après un tarif qu'on ne peut modifier sans le consentement des Puissances. Si cela était fait, le tarif des douanes indigènes devrait être modifié de la même façon et toutes les douanes mises sous le même contrôle.

On peut aller plus loin et demander que toutes les taxes affectant le commerce soient réunies dans un seul système.

Il existe actuellement trois et quelquefois quatre catégories différentes de fonctionnaires percepteurs de taxes sur les mêmes marchandises, et il arrive souvent que ces fonctionnaires luttent les uns contre les autres. La province de Canton nous en fournit l'exemple. Il y a : 1° les Douanes maritimes ; 2° les douanes indigènes maritimes sous la direction du *hoppo;* 3° la douane indigène intérieure ou Taïping et autres stations dirigées par les fonctionnaires provinciaux ; 4° les fonctionnaires du *Likin*. Toutes ces quatre classes de fonctionnaires lèvent des taxes sur le commerce pour le même objet. On peut leur ajouter le contrôleur du sel avec tout son personnel d'inspecteurs, collecteurs, surveillants. Il y aurait intérêt à réunir toutes ces administrations en une seule.

Toutes ces considérations sont évidemment très justes, mais pour arriver à l'état de choses désiré par M. Jamieson, il faudrait que la Chine consentît à entrer dans la voie des réformes et que le Gou-

vernement central fût assez fort pour imposer sa
volonté aux autorités provinciales et surtout aux
innombrables fonctionnaires qui vivent de la confusion fiscale actuelle.

Là est la grande question.

.*.

B. — Dépenses publiques

Ce bilan est beaucoup plus difficile à établir que
celui des recettes, car les Gouvernements provinciaux ne donnent généralement pas le détail de
leurs budgets particuliers. En tous les cas, s'ils
adressent, à ce sujet, des rapports spéciaux au
Conseil des revenus — ce qui est fort douteux —
la *Gazette de Pékin* n'en fait jamais mention.

Les rapports que M. Jamieson a utilisés pour
son étude ont trait aux recettes nettes et à la part
que le Gouvernement central reçoit sur ces recettes.
C'est ainsi qu'il a pu établir que le *Conseil des
revenus* et la Maison impériale reçoivent des Gouvernements provinciaux une somme globale de
19.478.000 taëls, provenant :

		Taëls
1°	Taxe sur le riz en nature	5.040.000
2°	Impôts payés en argent..........	7.000.000
3°	Prélèvements supplémentaires ...	7.438.000
	Total...............	19.478.000

Nous avons déjà vu que la part revenant au
Gouvernement impérial de la taxe sur le riz en

nature est surtout destinée à la nourriture et à l'entretien des soldats mandchoux des huit bannières; les 7 millions, provenant des impôts payés en argent dans l'ensemble de l'Empire, servent à payer les fonctionnaires impériaux de Pékin et plusieurs autres dépenses de l'Administration centrale.

Cette partie des recettes impériales est d'abord encaissée par les percepteurs des Gouvernements provinciaux, puis versée au *Conseil des revenus* sous la responsabilité des gouverneurs ou vice-rois. M. Jamieson en a calculé la moyenne annuelle sur les trois années qui ont précédé la guerre sino-japonaise et voici les sources qu'il lui attribue :

	Taëls
Impôt foncier	3.410.000
Impôt sur le sel	1.680.000
Douanes maritimes	890.000
Likin	790.000
Douanes indigènes	230.000
Total	7.000.000

Bien entendu, il ne s'agit ici que de la part encaissée par le Gouvernement central et qui constitue une dépense pour les divers Gouvernements provinciaux.

Mais, en dehors des deux redevances précédentes, que le *Conseil des revenus* tire chaque année des Gouvernements provinciaux, le Gouvernement central a successivement imposé aux trésoriers locaux des prélèvements supplémentaires, s'élevant à la somme totale de 7.438.000 taëls, destinés au service spécial de la Maison impériale et de ses diverses subdivisions.

Dans la liste donnée par le Consul britannique figurent notamment le *Kupen-ping-hsiang*, ou réserve militaire; le *ch'ow-pei-hsiang-hou*, qui se traduit par « provision pour besoins militaires »; puis des augmentations de salaires pour les fonctionnaires civils et militaires impériaux, des fonds pour dépenses centrales nouvelles, etc...

La Maison impériale, dont la dotation normale n'était que de 600.000 taëls en 1854, a obtenu diverses allocations supplémentaires qui portent actuellement cette dotation au chiffre de 1.700.000 taëls.

Le total de 19.478.000 taëls, indiqué ci-dessus, peut être considéré comme le fonds de roulement du Gouvernement central. Mais nous allons voir que ce n'est pas l'ensemble des dépenses impériales proprement dites, car les Gouvernements provinciaux ont à supporter une large part des frais d'ordre militaire que la Chine s'est imposés depuis quelques années

.˙.

Dans les Gouvernements provinciaux, les grands départements de dépenses publiques paraissent être dirigés par une administration locale appelée tantôt *shan-hou-chu* et tantôt *chow-fang*, ou *Haï-fang-chu*. Ces termes signifient « Comité de réorganisation » ou « Comité de défense », parce que ces Administrations ont été instituées après la grande révolte des Taïpings. Elles ont apparemment donné de bons résultats, puisqu'elles ont été maintenues par la suite.

Les trésoriers provinciaux sont ordinairement présidents de ces Comités, mais les détails des services sont confiés à des *taotaïs* attachés, c'est-à-dire à des mandarins inférieurs qui manquent d'emplois lucratifs. Chaque province compte au moins cent de ces fonctionnaires spéciaux.

M. Jamieson a donné quelques exemples de dépenses effectuées par l'intermédiaire de ces Comités provinciaux :

Le *Hai-fang-shan-hou-chu* de la province de Canton a dû s'occuper, en 1889, des dépenses suivantes :

1º Des troupes mandchoues ;
2º Des canonnières gardant la navigation intérieure et des croiseurs ;
3º Des régiments Yung ;
4º De la défense des districts Kin et Lien et des secours accordés à la population de Kioug-Tcheou.
Le total de ces quatre dépenses a été de 1.658.192 taëls ;
5º De l'administration locale ;
6º Des vapeurs ;
7º De l'arsenal et des munitions ;
8º Du collége naval ;
9º De l'école des torpilles ;
10º De l'entretien partiel de la force navale de Kwangan ;
11º De l'école de télégraphie et de la ligne télégraphique entre Yingteh et Lienshan ;
12º Des magasins gouvernementaux et du coût des télégrammes ;

13° Du paiement de l'emprunt extérieur; de la perte encourue par la hausse de l'or; de l'intérêt de l'emprunt Chan-Si et du remboursement de l'achat de fusils Mauser ;

14° De la construction de nouvelles douanes à Kaolong.

Le total de ces dix derniers chapitres a été 888.260 taëls. Soit en tout, pour l'année, 2.526.452 taëls.

L'argent pour faire face à ces dépenses a été obtenu du Trésor provincial, du contrôleur du sel et des recettes du *likin*.

En parlant des relations entre le Gouvernement central et les Gouvernements provinciaux, j'ai établi que le *Conseil des revenus* et la Maison impériale tirent des provinces la somme de 19.478.000 taëls que j'ai considérée comme revenu normal du Gouvernement de Pékin. A côté de cette somme, les provinces doivent de fortes contributions pour les dépenses impériales. Ce sont les suivantes :

1° Le nouveau Conseil d'amirauté (escadre du Pei-yang) ;

2° Construction et entretien du chemin de fer de Tien-Tsin ;

3° Défense de la frontière nord-est (Mandchourie) ;

4° Remises aux dépendances de Kan-Sou et Asie centrale ;

5° Aide à Koui-Tcheou et au Yunnam pour dépenses militaires.

Ces dépenses exigent : la première, 1.637.000 taëls prélevés surtout sur les *likins*; la seconde, 50.000 taëls demandés à dix provinces, soit au total 500.000 taëls; la troisième, 1.848.000 taëls; la cinquième, 1.655.000 taëls. Soit, pour les cinq catégories : 9.840.000 taëls.

Je résume maintenant la dépense totale du Céleste-Empire en rappelant que ces chiffres ne sont qu'une évaluation et en rappelant que les évaluations de recettes s'élèvent aussi à 88.979.000 taëls.

Dépenses budgétaires pour la Chine entière
Exercice 1893

	Taëls
Administration métropolitaine, garnison mandchoue et Maison impériale	19.478.000
Amirauté (escadre du Nord)	5.000.000
Escadre du Sud (y compris les flottes de Fou-Tchéou et Canton)	5.000.000
Forts, canons et défenses des côtes (y compris les frais des troupes étrangères)	8.000.000
Défense de la Mandchourie	1.848.000
Kan-Sou et baie centrale	4.800.000
Aides au Yunnam et à Koui-Tchéou	1.655.000
Intérêts et versements sur les emprunts	2.500.000
Constructions de chemins de fer	500.000
Travaux publics, etc.	1.500.000
Administration des douanes, phares et bâtiments des douanes	2.478.000
Administration générale des 18 provinces (y compris l'entretien des armées provinciales)	36.220.000
Total pour la Chine entière	88.979.000

Il est bien évident, comme le dit d'ailleurs M. Jamieson, que ces chiffres ne sont que des évaluations, mais la rigueur des observations du Consul britannique, et les nombreux documents officiels dont sa parfaite connaissance de la langue chinoise et sa grande expérience des questions financières lui ont facilité l'analyse, nous permettent de croire que ces chiffres donnent une idée suffisante de la réalité des faits.

* *

M. Jamieson est parvenu à dresser les budgets particuliers des dix-huit provinces de l'Empire : Pour le plus grand nombre, d'après les rapports spéciaux publiés par la *Gazette de Pékin* et divers renseignements qu'il a pu recueillir sur place ; pour quelques-unes, par des enquêtes et des évaluations particulières.

A titre de curiosité, nous allons donner ceux des quatre provinces qui ont le plus fort budget :

Province de Kiang-Si (Vice-royauté de Canton,

	Taëls
Recettes	
Impôt foncier perçu par le Trésorier de Nankin..	495.000
— — de Sou-Tchéou	973.000
Tribut en grains payé en argent (Nankin	650.000
— — (Sou-Tchéou)...	1.800.000
Revenu du sel...............................	4.612.000
Likin sur les marchandises.....................	2.520.000
— sur l'opium indigène.....................	250.000
Divers.......................................	400.000
Tota'....	11.700.000
Dépenses	
Remises pour :	
Pékin. Provenant de l'impôt foncier	150.000
— de l'impôt sur le sel........	250.000
— du *likin*....................	230.000
Maison impériale. Droit sur le sel............	200.000
— supplémentaire	220.000
Défense de la frontière nord-est..............	80.000
Amirauté....................................	200.000
Salaires	300.000
Fonds de Kupen	60.000
Remises de riz...............................	2.484.000
	4.174.000
Dépenses locales	7.526.000
Total...........................	11 700.000

Province du Tse-Chouan

	Taëls
Recettes	
Impôt foncier propre........................	750.000
— supplémentaire	600.000
— volontaire......................	1.040.000
Revenu du sel...............................	2.170.000
Likin sur les marchandises	989.000
— sur l'opium indigène	300.000
Divers.......................................	550.000
Total...........................	6.399.000

	Taëls
Dépenses	—
Remises à Pékin	550.000
Défense de la frontière nord-est	270.000
Aides au Kan-Sou	980.000
— au Yunnam	285.000
— au Koui-Tcheou	346.000
Dépenses des fonctionnaires Thibétains	200.000
Total	2.631.000
Dépenses locales	3.768.000
Total	6.399.000

Province de Tse-Kiang

Recettes	
Impôt foncier	1.400.000
— sur les grains	1.482.000
Revenu du sel	900.000
Likin sur les marchandises	1.500.000
— sur l'opium	12.000
Divers	400.000
Total	5.694.000

Dépenses	
Remises à Pékin	2.460.000
Amirauté	437.000
Défense de la frontière nord-est	260.000
Réparations des quais	80.000
Fonds des chemins de fer	50.000
Maison impériale	70.000
Solde et ravitaillement des troupes de terre	1.174.000
Dépenses locales	1.163.000
Total	5.694.000

Provinces de Chen-Si et Kan-Sou

(Y compris les possessions de l'Asie Centrale)

Recettes	
Impôt foncier (Chen-Si)	1.550.000
— (Kan-Sou)	205.000
Revenu du sel	332.000
Likin sur les marchandises	248.000
— sur l'opium indigène	113.000
Divers	250.000
Total	2.698.000
Balance provenant des subsides des autres provinces	3.102.000
Total	5.800.000

	Taëls
Dépenses	—
Coût de l'Administration civile et générale des deux provinces	1.000.000
Dépenses militaires (y compris celles de l'Asie Centrale)	4.800.000
Total	5.800.000

Ces deux provinces sont relativement pauvres, puisque leurs budgets réunis ne laissent qu'un excédent de recettes disponibles de 1.698.000 taëls. Ce qui leur donne une physionomie particulière. c'est qu'elles ont à subvenir aux dépenses militaires des provinces de l'Asie centrale, soit une charge impériale de 4.800.000 taëls, en y comprenant leurs propres dépenses militaires. Leur déficit de 3.102.000 taëls est comblé par les subsides directement fournis par les autres provinces.

C'est naturellement le Gouvernement central qui fixe la provenance et le montant de ces subsides.

A l'aide des chiffres de M. Jamieson, nous avons dressé le tableau suivant qui fixe approximativement les recettes budgétaires, les dépenses locales et les dépenses impériales de chacune des dix-huit provinces de l'Empire :

Résumé des finances chinoises : *Population, recettes officielles totales, dépenses locales et impériales.* Exercice 1893 :

Provinces	Population	Recettes officielles totales	Dépenses	
			Locales	Impériales
	Habitants	Taëls	Taëls	Taëls
Petchili	17.937.000	3.284.000	2.984.000	300.000
Chan-Tong..	36.247.835	3.715.000	1.855.000	1.860.000
Chan-Si	12.211.453	3.550.000	2.010.000	1.540.000
Ho-Nan	22.115.827	3.393.000	1.733.000	1.660.000
Kiang-Sou..	20.905.171	11.700.000	7.526.000	4.174.000
Ngan-Hoei..	20.596.288	2.596.000	1.209.000	1.387.000
Kiang-Si....	24.531.118	3.248.000	1.228.000	2.020.000
Fo-Kien	22.190.556	3.560.000	1.050.000	2.510.000
Tse-Kiang ..	11.588.692	5.694.000	1.163.000	4.531.000
Hou-Pe.....	34.244.685	4.558.000	2.560.000	1.998.000
Hou-Nan ...	21.002.604	3.100.000	2.250.000	850.000
Chen-Si	8.432.103	5.800.000	1.000.000	4.800.000
Kan-Sou....	9.285.377			
Tse Chouan.	67.712.897	6.399.000	3.768.000	2.631.000
Kouang-Tong.	29.706.249	4.800.000	1.124.000	3.676.000
Kouang-Si ..	5.151.327	1.929.000	944.000	985.000
Yunnam	11.721.576	1.595.000	1.595.000	»
Koui-Tcheou	7.669.181	1.356.000	1.356.000	»
Divers......	20.000.000	18.702.000	6.000.000	12.702.000
Totaux ..	403.253.029	88.979.000	41.355.000	47 624.000

Par recettes officielles, il faut entendre les recettes nettes accusées par les trésoriers provinciaux, défalcation faite des frais de perception. Les dépenses locales sont celles que les gouverneurs, vice-rois et mandarins provinciaux *déclarent comme nécessaires :* quant aux dépenses impériales, elles comprennent à la fois les 19.478.000 taëls encaissés par le *Conseil des revenus* de Pékin et toutes les dépenses relatives à la défense nationale que les Gouvernements provinciaux font..... ou font semblant de faire.

Les chiffres de la population, mis en regard de

chaque province, sont tirés du *Statesman Year Book* qui les a empruntés, lui-même, aux publications officielles chinoises les plus récentes. Les cinq provinces les plus peuplées : Tse-Chouan, 67 millions 712.899 h.; Chan-Tong, 36.247.835 h.; Hou-Pe, 34.244.685 h.; Kouang-tong, 29.706.209 h. et Ho-Nan, 22.115.827 h., ont une population de 180 millions d'habitants, égale à la population de la France, de l'Allemagne, de l'Angleterre et de l'Autriche-Hongrie réunies, c'est-à-dire aux 46 0/0 de la population totale de l'Europe.

Il est superflu d'ajouter que la population chinoise s'accroît plus rapidement que la population européenne et la densité de certaines provinces est de beaucoup supérieure à la densité de la France prise comme terme de comparaison.

VII

Le Régime monétaire chinois

En Chine, il n'existe pas de système monétaire avec étalon légal, tel que nous l'entendons en Europe. Chaque province et presque chaque ville a son taël qui diffère, en poids ou en titre, c'est-à-dire en valeur réelle, du taël de la ville voisine.

Dans l'étude si complète des *Monnaies et métaux précieux en Chine* de MM. Tillot et Mil-Pêcheur, que nous avons publiée dans l'*Economiste Européen* en mars 1898, nous relevons, par exemple, les indications suivantes sur les taëls en usage à Tientsin :

Le taël qui sert aux relations commerciales de la ville est le taël Hang ping, qui vaut 4,50 0/0 de plus que le taël de Shanghaï : c'est-à-dire 100 taëls Hang ping = 104,50 taëls Shanghaï.

Puis viennent : 1. Le taël du Ministère des finances; 2. Le Canton taël; 3. Le taël des Douanes Maritimes Impériales; 4. Le taël des Douanes locales; 5. Le taël officiel local; 6. Le taël de la Gabelle; 7. Le taël du Département de la Défense des côtes du Nord de la Chine; 8. Le taël du Gouvernement de Shantung. Ces différents taëls correspondent au taël commercial de Tientsin environ de la façon suivante :

100 taëls n° 1 = 103,36 Hang ping taëls; 100 taëls n° 2 = 104.38; 100 taëls n° 3 = 103,40; 100 taëls

n° 4 = 102,80 ; 100 taëls n° 5 = 103,34 ; 100 taëls n° 6 = 103,20 ; 100 taëls n° 7 = 103,22 ; 100 taëls n° 8 = 103,44 Hang ping taëls.

Enfin, on a admis que le taël des Douanes Maritimes (Haïkwan) correspondait à 104,38 Hang ping, puis on a convenu d'une différence de 0,62 pour arriver à faire payer aux commerçants étrangers 105 taëls de Tien-Tsin (Hang ping) pour 100 taëls de droits à acquitter. C'est tout au moins une simplification de décimales. On a renchéri la chose à l'égard des indigènes et ceux-ci, pour 100 taëls de droits, doivent payer à la douane 106,05 Hang ping taëls !

Cela sert à solder, paraît-il, les frais des Banques chargées de la perception. On admet :

```
100 Hang ping taëls =   103 81 fin
alliage...............     1 19
                        ___________
                        105 00 fin
```

On laisse toutefois la latitude aux récalcitrants de régler les droits sur la base et d'après la cote du Canton taël.

Le Canton taël, c'est-à-dire un certain poids d'argent à un titre déterminé, est, pour ainsi dire, officiel, en ce qui concerne les relations monétaires entre la Chine et les puissances qui ont traité avec elle. Il est, en effet, déterminé ou cité dans presque tous les traités.

D'après les conventions qui l'ont établi, le taël de Canton doit représenter un poids de 37.783 grains, ou 1.215 onces troy, ou 583,20 grains, ou

24,30 pennyweights (traité franco-chinois et anglo-chinois, Shanghaï, novembre 1858).

Ces proportions sont basées sur la convention faite, en 1770, à Canton, entre les subrécargues de l'ancienne *East India Company* et les négociants chinois privilégiés, qui y possédèrent, autrefois, le monopole du commerce avec les étrangers.

Suivant l'article 26 du traité français du 27 juin 1858 et l'article 34 du traité anglais du même mois, le chef de la douane, dans chacun des ports ouverts au commerce, aurait dû recevoir pour lui-même et déposer aux Consulats français et anglais des balances légales pour les marchandises et pour l'argent, ainsi que des poids et des mesures exactement conformes aux poids et aux mesures en usage à la douane de Canton, et revêtus d'une estampille et d'un cachet constatant cette conformité.

Ces étalons étaient destinés à servir de base à toutes les liquidations de droits de douane et à tous les paiements à faire au Gouvernement chinois ; de plus, on devait pouvoir y recourir dans tous les cas de contestation par rapport au poids ou à la mesure des marchandises.

Il n'a rien été fait de tout cela

En vertu de la toute-puissance du *Squeeze*, le Canton-taël n'est ordinairement que de 37,58 gr., ou 1.208 oz. troy, ou 579,84 grains à 925 de fin.

Voici la division normale du taël (poids ou valeur) :

1 taël = 10 mace ; 1 mace = 10 candarins ; 1 candarin = 10 li ; 1 li = 10 hao ; 1 hao = 10 sen ; 1 sen = 10 hon

Taël, mace et candarin sont les appellations adoptées par les étrangers, qui, d'ailleurs, comptent, en général, 1 taël = 100 cents.

On emploie généralement le mot *cash* (sapèque) pour *li* (millième partie du taël).

.˙.

Le taël employé par le commerce international est le taël de Shanghaï courant ou Chauping-taël ; c'est celui dont nous donnons chaque semaine, dans l'*Economiste Européen*, la valeur en or d'après les cours du change. Ces cours varient généralement avec la valeur en or de l'argent métal sur le marché de Londres.

Le taël de Shanghaï pèse 565,78 grains, ou 36,65 grammes, contre 579,84 grains, ou 37,58 grammes pour le taël de Canton.

La conversion du taël de Canton, pris comme base d'évaluation respective du taël de Shanghaï et du Haïkwan donne : 100 taëls Canton = 102,485 taëls Shanghaï ; 100 taëls Canton = 98 taëls Haïkwan ; 100 taëls Haïkwan = 111,40 taëls Shanghaï.

En pratique, c'est la valeur en or du Shanghaï-taël qui détermine la relation des divers taëls chinois avec les monnaies européennes et américaines. En ce qui concerne le taël Haïkwan, uniquement employé pour les règlements des Douanes maritimes, c'est la Direction de ces Douanes qui en fixe arbitrairement la valeur en monnaies étrangères, au commencement de chaque mois, en se basant sur la moyenne du taux du taël de Shanghaï pendant le mois précédent, et en tenant compte aussi de la tendance à la hausse ou à la baisse du marché de l'argent à Londres. Si la valeur moyenne mensuelle du taël de Shanghaï, ou Chauping-taël, a été, par exemple, de 3 fr. 70, le marché de l'argent restant au calme fixe, la valeur affichée du taël Haïkwan sera de :

$$3,70 \times 111.40 = 412 \text{ fr. } 18 \text{ pour } 100 \text{ taëls Haïkwan.}$$

Un négociant européen important un lot de 10.000 francs de marchandises en Chine, taxées par les Douanes maritimes à 5 0/0 *ad valorem*, aura alors à payer pour ses 500 francs de droits :

$$\frac{500}{4,1218} = 121,30 \text{ taëls Haïkwan}$$

ou $121,30 \times 111,40 = 135,13$ taëls de Shanghaï.

MM. Tillot et Mil-Pêcheur ont donné sur l'origine et la fabrication actuelle des monnaies chinoises des détails fort curieux :

A plusieurs reprises et sous l'influence des relations commerciales nouées spécialement par les provinces du Sud avec les Arabes et les Phéniciens, comme avec les Indes, l'Indo-Chine et la Birmanie, les Chinois firent diverses tentatives pour se servir de l'argent en barres ou en lingots apporté par les commerçants de l'extérieur.

Il n'y a, toutefois, que dix siècles environ que le système de l'argent Sycee (lingot contrôlé) fut établi en Chine.

C'est ce système qui, malgré tous ses inconvénients, prévaut encore.

L'argent n'est plus, là, tout à fait une marchandise et ce n'est pas encore une monnaie. Il sert à représenter cette monnaie de compte qu'on appelle le *taël* et qui, sauf à Canton et dans quelques autres ports du Sud, sert de base à toutes les transactions d'une certaine importance.

.·.

L'argent, servant à la fabrication des lingots de Sycée, est importé en barres de l'étranger, au titre 996 ou 998 millièmes, car les Chinois considèrent ce dernier titre comme le degré le plus élevé de fin que l'argent puisse obtenir. Les importations sont généralement effectuées par les banques étrangères qui revendent le métal aux fonderies indigènes.

Ces fonderies ou *bar room*, opèrent soit pour leur compte, soit pour le compte des banques chinoises ; elles ne peuvent se créer sans l'autorisation ou licence des autorités locales, qui n'ont toutefois aucune ingérence dans leur fonctionnement.

Seule, la loi chinoise oppose une répression sévère aux fraudeurs, pour eux et leur descendance.

A Shanghaï, les corporations ont limité à sept le nombre des *bar room* Ces fonderies possèdent chacune six fours Le groupe d'ouvriers attaché à un four peut fabriquer 30 à 35 lingots par jour. Cela représente environ 200 lingots par journée, soit 1.400 pour les sept fonderies réunies. C'est le maximum de production quotidienne pour Shanghaï qui, dans les moments de grands besoins, ne peut ainsi compter que sur la transformation de 70.000 taëls d'argent importé en Sycée, par journée.

Les lingots de Sycée se font tous à Shanghaï ; leur poids varie de 46 à 53 taëls.

Les *Koung Kou* ou essayeurs sont des établissements officiels mais dans les affaires desquels, comme pour les *bar room*, le Gouvernement n'a aucune ingérence. Il y en a dans les principales villes de l'Empire. Shanghaï en possède deux : un pour le marché du nord et un pour le marché du sud.

L'installation est encore plus rudimentaire que pour les *bar room*. Une pièce contenant une table et un encrier, une balance... c'est tout.

Les essayeurs chinois n'emploient, en effet, aucune des méthodes mécaniques ou scientifiques en usage en Europe ou en Amérique Ce sont plutôt des *inspecteurs*, dans le sens d'inspecteurs de matières premières, que des essayeurs.

L'appréciation du titre se fait à vue d'œil en se basant sur des observations, résultat d'une très longue pratique.

On pèse tout d'abord le lingot et on en inscrit le

poids à l'encre de Chine, sur la face intérieure. Après il est inspecté par le *Koung Kou* (on confond en général le nom de l'essayeur et celui de l'établissement). Si le titre est plus fin que celui de Shanghaï, ce qui est généralement le cas, on poinçonne à la main au moyen d'une marque qui indique la majoration de valeur ou *prime* à ajouter au poids inscrit. Un lingot au-dessous du titre serait retourné.

                    Ainsi un lingot pesant taëls.......   49 87
                        poinçonné ou primé à..........   2 70
                        ———
                        aura une valeur de 52 57

Toutefois sa valeur marchande sera supérieure de 2 0/0, en vertu de l'usage qui veut qu'on prenne 98 taëls pour 100 taëls.

Le compte s'établira donc pour une caisse de 60 Sycée :

                    60 Sycee pesant Chauping-taëls..   2.995 00
                        moyenne de la prime par lingot
                        2,70 soit 162 00
                        ———
                        3.157 00

$$\frac{3.157 \times 100}{98} = 3.221,42 \text{ Shanghaï-taëls courant.}$$

Après avoir achevé ses opérations, indiqué le poids et le titre sur le lingot, à l'encre de Chine, le *Koung Kou* retourne les Sycee au *bar room* qui fait ses livraisons en caissettes de 50 à 60 lingots environ.

⁂

D'après Ottomar Haupt *(Histoire monétaire de*

notre temps), la tradition attribue au Sycee chinois l'origine suivante :

Un gouverneur chinois, vivant au Moyen Age et criblé de dettes, imagina un plan pour extorquer de l'argent à ses administrés, sous une autre forme que l'impôt. Dans ce but, il ramassa tout ce qu'il put obtenir de métal précieux et, cela fait, il décréta, sous un prétexte quelconque, qu'à l'avenir 98 taëls d'argent seraient égaux à 100 taëls de monnaie courante. Il avilit ainsi de 2 0/0 la valeur de l'argent formant la monnaie du pays et donna à cet argent le nom de *Sycee* (prononcez *Saïcie*) c'est-à-dire argent fin. Cette dépréciation est encore de règle aujourd'hui et la monnaie qui résulte de cet état de choses s'appelle *valuta de Shanghaï*.

Le Sycee, qui pèse environ 1 k. 840 grammes est d'un maniement très difficile; il ne circule pas dans la masse du peuple, qui emploie surtout la sapèque dont nous parlons plus loin. Les populations de l'intérieur de la Chine ne l'utilisent que pour l'enfouir et le mettre en réserve comme épargne. Le Sycee sert donc surtout aux banquiers et aux administrations comme fonds de garantie et aussi comme moyen de compensation pour la balance des opérations journalières.

Ce dernier emploi est, en somme, la base de toutes les transactions entre commerçants et banquiers chinois.

Les affaires se traitent, en effet, toutes par chèques et en raison de l'absence de valeurs fiduciaires couvertes ou représentées par la moitié ou le quart seulement de leur valeur, comme cela se passe en d'autres pays, les banquiers chinois ont à solder complètement en Sycee la balance des opérations quotidiennes.

Les Banques emmagasinent l'argent dans des caves dont les revêtements sont faits en terre ou en briques réfractaires. Chaque soir, après la clôture des affaires, elles reçoivent ou elles livrent, en lingots, la valeur de la balance de la journée. Ces remises se font par caisses contenant en moyenne 60 lingots et dont on opère le transport au moyen de coolies.

Le montant en Sycee nécessaire au bon fonctionnement des affaires sur la place de Shanghaï peut être évalué à 100 *lackhs* de taëls, soit 10 millions de taëls. Au moment des grandes récoltes, cette provision doit être beaucoup plus élevée.

Les inconvénients de ce régime monétaire s'aggravent quand il s'agit d'envoyer de l'argent dans l'intérieur. Nous savons, en effet, que le Sycee n'a pas le même titre partout. De plus, les *Koung-Kou* de certaines places n'admettent pas la marque de ceux d'autres villes.

Ainsi, bien que Shanghaï admette le *Koung-Kou* ou essayage de Tien-Tsin, ce dernier ne reconnaît pas celui de Shanghaï. De sorte, qu'après avoir fait payer la différence de titre (le taël de Tien-Tsin est d'environ 5 0/0 plus fin que celui de Shanghaï) on refond les lingots en Sycee de Tien-tsin.

En résumé, on peut dire que le Sycee ne circule qu'entre les banques étrangères ou indigènes. Les Chinois règlent, en effet, les étrangers en chèques chinois, à l'échéance de un à dix jours de vue. Ces chèques sont presque toujours remis aux banques à l'encaissement, bien qu'on puisse, si on le désire, en toucher le montant en Sycee ou en dollars. Les traites tirées par les banquiers chinois sur leurs confrères d'autres villes, sont aussi beaucoup usitées. Ces procédés se justifient amplement par les inconvénients inhérents à la circulation des sapèques et du Sycee.

.·.

Les piastres ou dollars d'argent firent leur apparition en Chine dans le courant du seizième siècle. On pense que ce sont les commerçants espagnols établis ou trafiquant aux Philippines qui les introduisirent les premiers dans les provinces du Sud.

Ces pièces étaient alors à l'effigie de Charles d'Espagne, d'où leur vient le nom de *Carolus;* on les appelaient aussi piastres à colonnes.

Le poids des Carolus était de 413,76 grains troy ou gr. : 26,8112 et leur titre 0,896. On peut dire que cette monnaie a presque complètement disparu de la circulation La décision prise, à un certain moment, par le Gouvernement espagnol de les rembourser au prix de 5 pesetas, a déterminé en grande partie leur disparition.

La *piastre mexicaine* est actuellement la plus employée. A Shanghaï, elle est la seule en usage. Son importation se fait surtout par Londres, bien qu'il en soit expédié aussi directement d'Amérique.

Les Chinois mettent un grand soin à l'examen des piastres qui leur sont données en paiement. L'aspect, la couleur et le son leur servent à en déterminer la qualité. Cette appréciation est, du reste, très diverse et telle piastre sera acceptée par un shroff qui sera refusée par un autre.

La piastre mexicaine neuve pèse de 417,5 à 417,75 grains, soit 27,05 à 27,07 gr. au titre de 0,9027.

Pour se mettre à l'abri des contrefaçons, les banquiers chinois ont encore dans le Sud, à Canton principalement, l'habitude de poinçonner les pièces qu'ils ont vérifiées. La piastre prend alors le nom de *chopped dollar*. L'opération, à force d'être renouvelée, arrive à déformer complètement la pièce et finalement à y faire des trous ; elle ne se vend plus alors qu'au poids. Cette coutume tend à disparaître.

A Shanghaï on ne poinçonne jamais les piastres, mais on les marque à l'encre de Chine, au moyen de tampons.

La piastre se divise en 100 cents ou encore en 10 *ko* ou *hao* de 10 *fen* chaque, soit 10 pièces de dix cents.

Il n'existe pas de pièces divisionnaires de la piastre mexicaine. Les monnaies de 50, 20, 10 et 5 cents en usage sont un peu de toutes les provenances : Monnaie de Canton, Fo-Kien, Hou-Pe, Hong-Kong, Japon, etc.

Les Etats-Unis d'Amérique ont essayé de mettre en circulation dans l'Extrême-Orient une piastre *(trade-dollar)*, qui était au titre de 0,900 et un peu supérieure en poids à la piastre mexicaine. Les Chinois ne sont pas novateurs, surtout en matière monétaire, et la tentative échoua complètement. Le remboursement en or, par les Etats-Unis, a achevé de faire disparaître les *trade-dollars*. Ils ne sont plus qu'un souvenir.

D'autres essais ont été faits par les hôtels de monnaies chinois pour acclimater le dollar: par exemple, le *dollar au dragon*, frappé par la Monnaie de Canton.., mais le Chinois, qui connaît son histoire, n'a aucune confiance dans la monnaie officielle de son pays: il aime mieux s'en rapporter au contrôle du commerce et donne toute sa préférence aux Sycees ou aux piastres mexicaines poinçonnées par les banques.

Arrivera-t-on à créer, en Chine, un taël-monnaie frappé d'une façon régulière et à un titre uniforme ou bien généralisera-t-on l'emploi du dollar? C'est une question à laquelle il est difficile de répondre « Cela dépendra, disent MM. Tillot et Mil Pêcheur, d'une foule de circonstances et la principale sera le degré d'ingérence plus ou moins grand que les Européens (lesquels?) auront dans les affaires de ce pays. »

En tout cas, on ne supprimera pas la sapèque. Tout ce qu'on peut espérer est de la voir un jour, uniforme comme apparence et constante dans sa relation avec la monnaie adoptée.

.·.

Si loin que l'on puisse remonter dans l'histoire chinoise, c'est-à-dire vers l'an 2354 avant J.-C., on trouve la sapèque.

A cette époque reculée, le troc était évidemment le principal moyen d'échange pour les transactions commerciales d'une certaine importance. Les grains ou céréales étaient spécialement usités pour le paiement des impôts, redevances, etc.. et les sapèques pour les usages courants

Pendant 40 siècles, ou plus, cette monnaie a été, en Chine, la seule manifestation de pièces frappées. Elle a servi pendant longtemps à tenir tous les comptes dans cet empire plusieurs fois millénaire. Si, à côté d'elle, est venu se placer l'emploi des métaux précieux, elle n'en reste pas moins, dans la plupart des provinces, la seule monnaie en circulation, et presque partout, la seule valeur employée dans les usages courants.

Les sapèques n'eurent pas toujours la forme actuelle. Au début, elles ressemblaient à des bêches, pleines tout d'abord, puis percées d'un trou et ornées d'inscriptions.

Après vinrent les sapèques en forme de couteaux ou de sabres, terminées généralement par un anneau.

Enfin, on donna aux sapèques la forme ronde. C'est, avec quelques différences de grandeur, de forme et d'inscriptions, l'aspect qu'elles ont encore maintenant.

Au moyen d'un lien passé dans le trou carré qu'elles portent toutes au centre, on réunit les sapèques en ligatures d'un nombre déterminé de pièces, devant représenter un taël. Ce nombre est éminemment variable, suivant les époques ou les places.

La ligature théorique, en sapèques normales du poids et de la valeur de 1 li, devrait se composer de 1.000 sapèques. Il est loin d'en être ainsi dans la pratique. Non seulement les sapèques diffèrent entre elles à l'infini, comme poids, surface ou alliages, mais les ligatures varient énormément quant au nombre de pièces dont elles sont composées. Il y a des endroits où, à de certaines époques, on a vu des ligatures de 500 sapèques à peine.

Nous l'avons déjà dit: la sapèque a joué et joue encore de nos jours le plus grand rôle dans la vie chinoise. Presque seule en usage dans les provinces intérieures, elle est aussi, dans les ports ouverts, la base de presque tous les besoins journaliers du peuple.

Elle sert à payer les ouvriers, la nourriture, la plupart des marchandises au détail, etc., etc.

Lorsque, pour une raison quelconque, elle se raréfié et que le prix en augmente (par rapport au taël ou au dollar) il s'en suit une gêne considérable qui va jusqu'à la misère. La disette de sapèques est presque aussi grave que la disette de riz, et peut provoquer aussi la famine.

A Shanghaï, le cours des sapèques est fixé chaque jour en relation avec le taël.

Les sapèques sont faites avec du cuivre et des alliages variés dans lesquels le zinc tient la plus grande place. La fabrication en est opérée suivant un mode déterminé, et dans les endroits désignés par des édits impériaux.

Elles devraient être du poids de un mace chacune et valoir la millième partie d'un taël d'argent à l'étalon du Gouvernement. Dans de telles conditions de fabrication, elles représenteraient environ 75 0/0 de leur valeur nominale. En fait, leur poids et leur titre ont varié à l'infini, on devine dans quel sens, et les falsifications gouvernementales et privées ont été innombrables.

Il a été fait de grandes sapèques représentant 5, 10, 20 unités, mais l'usage en a été très peu répandu ; elles ne furent pas davantage manufacturées d'après l'étalon convenu. A plusieurs reprises, notamment en 1853-54, le Gouvernement essaya de mettre en circulation des sapèques en fer, mais sans aucun succès.

Les sapèques n'étaient pas frappées, mais fondues. L'introduction de machines européennes a, depuis ces derniers temps, modifié en partie cette manière de faire, spécialement à Canton, où les Chinois ont créé un Hôtel des Monnaies qui, au point de vue de la machinerie, tout au moins, est le plus considérable du monde.

Après la guerre sino-japonaise, en raison des cours très élevés du cuivre, l'industrie privée a provoqué la refonte de grandes quantités de sapèques. Ce procédé raréfia cette monnaie à un tel point qu'elle atteignit des cours très élevés, ce qui rendit très difficile les conditions matérielles de l'existence chez les Chinois.

Le Gouvernement, pour remédier à cet état de choses, a ordonné la frappe d'une quantité considérable de sapèques, non seulement à Canton, mais dans toutes les capitales de provinces et même dans d'autres villes, comme à Shanghaï, à l'Arsenal.

.

MM. Tillot et Mil-Pêcheur ont complété leur étude par des renseignements très détaillés sur l'emploi de l'or, l'usage des billets de banques en Chine, renseignements que nous allons résumer d'une manière aussi succinte que possible :

L'or sert-il de monnaie en Chine? Il est difficile de le prétendre. Non seulement il n'a jamais été monnayé sous forme de pièces, mais on ne l'a même jamais traité en lingots analogues au Sycee.

Cependant, quand il sert de moyen d'épargne ou de réserve, soit au Gouvernement, soit aux particuliers, il se rapproche un peu du rôle que l'argent joue en Chine. Dans tous les autres cas, il est traité comme simple marchandise.

Il provient, en général, des provinces du Nord de la Chine, spécialement des placers de la Mandchourie. On en a importé toutefois des quantités importantes de la Sibérie et de l'Asie Centrale. Il arrive sur les marchés de Nieu-Tchwang, Pékin et Tien-Tsin, etc., en petites barres oblongues d'environ 10 *taëls-poids*, chacune. Il est au titre d'environ 0,980. Il ne dépasse jamais le titre de 0,990 et contient souvent un peu d'iridium.

La plus grande partie de l'or est envoyée à Shanghaï, où il trouve de plus grandes facilités d'écoulement, depuis qu'on l'exporte en quantité de cette place.

L'or qui arrive à Shanghaï y est refondu en barres de 10, 50 et 70 taëls-poids et au titre d'environ 0,978.

On sait que les Chinois ont l'habitude, surtout dans l'intérieur, d'enfouir dans leurs maisons ou leurs jardins une grande partie de leur épargne. Pour cet usage spécial l'or, sous un volume réduit, leur est une source précieuse.

Parmi les emplois industriels on peut citer la fabrication des bracelets en or massif dont les Chinois riches ont l'habitude de surcharger les bras des femmes et qui valent de 300 à 500 dollars la paire.

La plus grande partie de l'or est offerte aux Banques européennes qui l'achètent au titre de 0.978 et au cours du jour. Ce taux est basé sur le cours de l'argent. Il en résulte qu'il a subi, cette année, des fluctuations énormes dans les prix.

MM. Tillot et Mil-Pécheur estiment que l'or est très abondant sur le territoire chinois. Les rapports des divers géologues qui ont parcouru ce pays, les nombreux commencements d'exploitation qui ont été tentés à diverses époques ne laissent pas de doute à cet égard.

Seulement les exploitations minières sont entre les mains des mandarins. Elles ne peuvent être faites que par eux ou que sur leur autorisation formelle. Soit par paresse ou soit par incurie, ils ne s'en occupent pas et ils opposent d'invariables fins de non-recevoir aux Européens qui les sollicitent.

Certaines entreprises de ce genre, soit étrangères, soit chinoises, ont été souvent sur le point de se créer ; mais les hautes commissions ou les hautes participations réclamées ou désirées par les mandarins ne leur ont pas permis d'aboutir.

Nous pouvons aussi signaler ici le projet formé par divers Chinois de doter leur pays d'un étalon d'or. Cette idée a été inspirée sans nul doute par l'exemple du Japon. MM. Tillot et Mil-Pêcheur ne la croient pas facilement praticable. Si elle devait recevoir un commencement d'exécution, une des conséquences immédiates serait certainement l'interdiction d'exporter l'or.

. .

En ce qui concerne spécialement la circulation fiduciaire, l'étude que nous analysons ici nous apprend qu'à diverses époques, quand la pénurie du Trésor ou la cupidité des gouvernants forçait aux expédients, on eut recours à l'émission de billets, en papier, en étoffes, etc. Ces billets furent aussi et sont encore émis par des banques ; ils n'ont, dans ce cas, qu'un emploi purement local. Fou-Tchéou est la ville où ils ont été le plus en faveur. Emis par le Gouvernement, ils eurent alors une circulation considérable, exagérée même. On s'aperçut que les émissions de ces billets dépassaient de beaucoup les besoins et leur garantie; aussi tombèrent-ils dans un discrédit complet, un peu semblable à celui qui fut le sort des assignats en France.

Les premiers papier-monnaie datent de la dynastie des Tchéou, 1122 à 255 av. J.-C., mais la falsification du papier-monnaie fit beaucoup pour en arrêter l'essor.

Pendant les trois siècles d'existence que compte bientôt la dynastie mandchoue actuelle, il n'y a que l'empereur Choenn-Tchou, en 1651, qui ait tenté une émission, d'ailleurs peu importante, de papier-monnaie.

Nous terminerons ces remarques en signalant la fantaisie de l'empereur Ou-Ti, de la dynastie des Han, 240 av. J.-C., qui fit faire des billets de banque en peau de cerf; il leur attribua une valeur de 400.000 sapèques chaque.

Il convient de citer aussi les billets de banque de 1 à 100 taëls et de 1 à 100 dollars, émis par la *Chartered Bank of India and Australasia*, et de ceux de 1 à 100 dollars émis par la *Hongkong and Shanghaï Banking Corporation*.

Malheureusement, ces billets ne sont livrés à la circulation qu'en très petit nombre. Pour cette raison, ils **ne peuvent** guère être considérés que comme **une** monnaie **d'appoint.**

En résumé, la Chine n'a pas de système monétaire proprement dit. L'or et l'argent y sont de véritables marchandises et n'ont aucune relation fixe de valeur l'un par rapport à l'autre. Du fait que jusqu'à ces dernières années, la sapèque y a eu seule puissance libératrice absolue, certains économistes ont cru pouvoir en conclure que l'étalon légal chinois était l'étalon de cuivre. Mais ils ont oublié que le Gouvernement n'assigne aucune valeur légale à la sapèque, qu'il n'endosse, en ce qui la concerne, aucune responsabilité de remboursement, et que cette monnaie ne vaut que par l'alliage de cuivre et de zinc qui la compose, absolument comme cela se passe pour le taël et pour les monnaies d'or.

La vérité, c'est que toutes les transactions se font en Chine, en poids de cuivre et en poids d'argent, sans rapport fixe entre les deux métaux monétaires.

Dans un rapport récent adressé par la légation belge de Pékin au *Bulletin Commercial de Bruxelles* (avril 1900), les inconvénients d'un pareil régime sont parfaitement mis en relief :

Le commerçant doit prévoir un double change : l'un sur l'extérieur pour l'achat des produits, l'autre sur l'intérieur pour leur écoulement, et *vice versa* pour les affaires d'exportation. Lorsqu'il achète à Londres des produits payables en or, il se trouve dans la nécessité de tenir compte du rapport entre ce métal et l'argent ou le cuivre, puisqu'il peut être payé à son tour avec l'un ou l'autre.

Les Chinois ont très bien compris, du reste, tous les inconvénients de cette incertitude. Mais ils sont gens à conception simple. Sentant la nécessité de maintenir, de façon artificielle, un rapport plus ou moins constant entre l'argent et le cuivre, ils se sont contentés de diminuer la valeur intrinsèque de la sapèque.

En 1886, un édit de l'empereur Kouang-Su autorisait la frappe de la sapèque dans les monnaies provinciales, au poids de 8 centièmes 1/2 d'un métal composé de cuivre et de zinc par parties égales. La Monnaie de Tien-Tsin frappe actuellement à 2 centièmes 1/2 d'once d'un métal composé de 3/5 de cuivre et de 2/5 de zinc. La sapèque actuelle contient donc en cuivre un peu plus de 1/6 de la sapèque d'il y a treize ans.

Le peuple ne s'est certes pas aperçu de ce changement, adroitement et insensiblement réalisé. Mais l'axiome économique, que la mauvaise monnaie chasse la bonne a trouvé, une fois de plus, son application. Les anciennes sapèques ont disparu de la circulation et ont été refondues à l'intervention des fonctionnaires ou des banquiers.

En terminant, le rapport belge dit :

« Le commerce étranger réclame avec insis-

tance une réforme monétaire ou plutôt l'établissement d'un système monétaire régulier. Il voit
la solution des difficultés présentes dans la création d'une banque d'Etat avec directeurs européens, qui seraient en même temps les conseillers
financiers du Gouvernement. Il ne semble cependant pas que, dans les circonstances présentes, ce
système ait beaucoup de chances d'être accepté
par les autorités chinoises. »

C'est une question très délicate, plus délicate
certainement que celle des Chemins de fer, mais
nous pensons que sa solution ne pourra être utilement examinée qu'après le règlement de la
question politique.

VIII

Les Banques chinoises

Nous avons vu, en étudiant le système monétaire de la Chine, qu'il n'existe pas, dans ce pays, d'étalon légal et que le Gouvernement se désintéresse, d'une manière presque absolue, de tout ce qui a trait à la circulation monétaire. La même indifférence des Pouvoirs publics se manifeste à l'égard du fonctionnement des banques locales ou étrangères, établies à l'intérieur des provinces, ou dans les ports à traités.

Il n'existe, en effet, aucune loi, aucune règlementation spéciale concernant cette industrie : tout individu, toute Corporation, toute Société peut ouvrir un établissement de crédit et émettre des billets de banque : il suffit simplement d'en aviser les autorités locales et de payer la patente établie.

C'est la liberté dans toute l'acception du mot et les Banques ne sont pas même tenues de publier leur situation.

Il faudrait plus d'un volume pour expliquer en détail tous les usages mis en pratique par les banquiers chinois, usages qui varient, d'ailleurs, comme l'unité monétaire, selon les provinces et selon les villes d'une même province. Ce qu'il importe de connaître, ce sont les grandes lignes du fonctionnement des Etablissements de crédit sur le territoire de l'Empire, et, à ce propos, le *Journal de Commerce de New-York* a édité, en 1898, un remarquable ouvrage (*A History of Banking in all Nations*) dont le chapitre consacré à la Chine est intéressant à plusieurs points de vue.

En voici le résumé fidèle :

Organisation des banques chinoises. Le commerce de la Chine est dirigé en grande partie par les banques. Ce sont des institutions privées et les affaires y sont conduites d'après les mêmes principes généraux qui existent dans les autres pays. Elles sont composées d'un ou plusieurs individus avec un nombre égal ou inégal d'actions; elles n'ont quelquefois qu'un nom, quoique les associés soient nombreux. Les banques reçoivent des dépôts à un certain taux d'intérêt et, quand elles prêtent, elles demandent un taux plus élevé. Elles escomptent leurs propres traites et souvent partagent les bénéfices des transactions entreprises par l'emprunteur. Quand les dépôts sont faits payables à la volonté du déposant, un intérêt lui est accordé, quoique pour retirer son dépôt, il doive dûment aviser la banque.

Quand un dépôt est fait, reçu est donné par la banque et les conditions du dépôt sont indiquées sur ce titre. Quand un livre de crédit est fourni, ce qui arrive souvent, il doit être envoyé à la Banque qui y entre les transactions soit au débit, soit au crédit; il doit être soigneusement gardé, car, en cas de perte, il est fort difficile de ravoir l'argent qui n'a pas été retiré.

Un reçu délivré pour l'argent prêté avec les intérêts composé ne serait pas légal, mais l'intérêt peut être ajouté au principal et un nouveau reçu est alors remis pour ce nouveau montant, considéré comme un autre principal sur lequel les intérêts doivent être décomptés. Cette opération se fait mensuellement, annuellement, etc., suivant les accords.

Punitions corporelles pour les défaillants : Quand un débiteur manque à ses engagements, il est puni à coups de bambou : le nombre des coups dépend du montant de la dette et ces coups sont répétés chaque mois, jusqu'à complet paiement. Quelquefois, à la place des coups de bambou, on inflige la prison. La répétition de la peine peut paraître très cruelle; mais pour le Chinois, qui subit la loi de famille imposant la responsabilité de tous les parents, cette mesure est considérée comme un moyen légitime d'obliger le paiement par le débiteur ou par quelqu'un des siens.

Traites. Les traites et billets à ordre circulent de mains en mains et sont payables soit à vue, soit à une date fixe : dans ce cas, ces traites sont régulièrement acceptées. Il y a en circulation une certaine catégorie de billets à ordre qui ne passent pas par les mains de plus de trois ou quatre personnes. La particularité de ce papier, c'est que l'original n'est pas endossé comme chez nous : une feuille de papier se trouve attachée à la traite qui indique le motif pour lequel elle a été transmise à une autre personne, en place d'argent.

A l'échéance de cette traite, une autre particularité se produit : le porteur ne se présente pas chez le signataire, mais chez l'endosseur qui la lui a livrée, et ainsi de suite jusqu'au tiré ; ou bien tous les endosseurs et tirés se réunissent au lieu de paiement et ce moyen est considéré comme le plus simple et le plus efficace.

On voit que ces billets à ordre sont surtout des garanties pour paiement d'argent : l'escompte varie selon la rareté du numéraire ou du crédit, mais il dépasse rarement 1 0/0 par mois. Le moyen usuel pour les transmissions d'espèces est la lettre de crédit ou la lettre de change : le coût de la remise est mesuré d'après la distance qui sépare la banque émettrice du lieu de paiement.

Les affaires de beaucoup de banques sont confinées dans la province elle-même ou les provinces voisines : les relations de peu d'entre elles s'étendent au delà. Mais, quelles que soient les relations entre banques, les rapports sont entretenus avec la plus grande régularité.

Les Banques et le Gouvernement. Les banques de Chine sont tellement opposées à tout rapport avec le Gouvernement que les employés sont exempts de toute responsabilité. Il y a cependant une banque dans chaque province à qui est confiée la garde du trésor du Gouvernement local et la perception des taxes : ces établissements reçoivent une commission de 2 0/0. Mais les banques qui sont considérées comme les plus importantes sont les banques d'escompte et de dépôt. Elles jouissent, au plus haut degré, de la confiance du public et reçoivent les encouragements du Gouvernement.

Les principales sont les banques de dépôt : leurs opérations comprennent l'escompte, les négociations sur lettres de change, des avances sur les propriétés, sur les marchandises et l'échange des métaux précieux. Le nombre de ces banques est difficile à déterminer; mais le Gouvernement favorise leur développement.

Une des grandes ressources d'une banque chinoise est la négociation des lettres de change à long terme, quelquefois à plusieurs années. Mais ces longs termes ne sont pas si fréquents depuis l'établissement des banques étrangères dans les ports à traité; et ces lettres de change ne sont pas acceptées par le commerce extérieur.

Les banques de dépôt ont, en général, un faible capital. Leurs affaires sont confinées à donner un intérêt au solde quotidien des dépôts; mais elles s'engagent vis-à-vis de leurs clients et leur donnent toutes les facilités possibles et leur consentent des avances. En pratique, un client ayant un dépôt peut obtenir, à l'occasion, près du double de la somme déposée, et cela, contre une simple garantie personnelle, sur sa seule signature. Ce genre de prêt est à très court terme : 5 à 10 jours et le taux d'intérêt est quotidien.

Compensations des Banquiers. L'une des opérations — certainement la plus remarquable — des banques chinoises est le système de compensation qui peut être comparé au système existant à Londres, New-York et dans tous les grands centres commerciaux.

Chaque déposant reçoit de la banque un livre à double colonne. Dans l'une de ces colonnes, il porte à son crédit toutes les sommes déposées ; dans l'autre, toutes les transactions qui suivent. Le déposant envoie à la banque ses créanciers pour être payés et chaque soir, à la fermeture des bureaux, son comptable vient avec le livre en question, qui indique les opérations faites. Le lendemain, les comptables de plusieurs banques se rassemblent, indiquent sur leurs livres les sommes à payer ou à recevoir des clients et règlent leurs soldes avec des espèces ou autrement. Ce système de compensation n'est pas sans présenter des difficultés, non seulement entre banquiers et négociants, mais aussi entre employés et employeurs. La méthode présente des avantages en ce sens qu'elle permet d'économiser du temps et de mettre en circulation les économies quotidiennes du commerce. Cependant, quand un resserrement monétaire se produit, les banquiers chinois, comme tous les autres, cherchent non seulement à recouvrer les avances faites aux clients, mais aussi à tirer de leurs confrères les soldes qui peuvent leur être dûs. C'est peut-être dans ce cas que la coutume des banques chinoises présente un avantage sur celle des banques étrangères. Ces coutumes donnent une moyenne de 10 à 15 jours pour le paiement de ces soldes en espèces : ce délai est un palliatif ; ou la crise diminue ou l'opinion publique se rassure car les banques ont eu le temps de demander l'appui des banques des provinces voisines.

Une crise monétaire en Chine est rare cependant ; quand elle se produit, elle est rapidement surmontée. Aux premiers indices d'un trouble financier dans une province, le Gouverneur est autorisé à aider la banque avec des sommes prélevées sur les taxes à sa disposi-ion ; et comme les crises arrivent généralement à la fin de l'année chinoise, il conserve invariablement le produit des taxes jusqu'après cette période.

Les Monts-de-Piété. Les monts-de-piété forment une classe nombreuse et sont tellement liés aux affaires qu'une banque n'est jamais complète sans quelques comptes de prêts à gage. Le commerce du prêt d'argent sur gage est sans doute plus universellement pratiqué en Chine que dans aucun pays. Il est régulièrement organisé en vertu de licences données par le Gouvernement et pour lesquelles certaines taxes annuelles sont payées.

Les classifications, quant à l'importance de l'établissement, sont faites d'après le montant de la taxe payée, de l'étendue des magasins où le commerce est fait. Et ces magasins sont les plus importants d'une ville chinoise. Toutes les marchandises peuvent être acceptées : l'emprunteur paie un certain taux d'intérêt et se soumet à des règlements qui peuvent être modifiés sans condition. Le taux annuel d'intérêt est 36 0/0 par an ; mais en faveur des pauvres, il est réduit à 2 0/0 pendant les mois d'hiver.

Si le gage n'est pas retiré au bout de trois ans, il est vendu en public. Dans certains cas, la période de rachat est plus courte ; les mois de vente sont les 2e, 5e, 8e, 9e et 11e de l'année. Le propriétaire est protégé par des pénalités sévères auxquelles s'expose le prêteur, s'il manque à ses engagements. D'autre part, il ne peut y avoir dissolution de Société sans autorisation légale.

Les Sociétés de prêt d'argent. A côté des monts-de-piété, il y a les Sociétés de prêt d'argent. Elles sont de deux sortes : les unes sont appelées Sociétés recevant des intérêts ; les autres Sociétés ne recevant pas d'intérêts.

Ce sont des Sociétés mutuelles de prêts qui ne consentent des avances qu'à leurs membres.

Les détails que l'on vient de lire sur le fonctionnement des Banques chinoises prouvent que les Célestes ont le sens financier développé à un très haut degré. Nous avons déjà eu l'occasion de le constater dans notre chapitre III (*Le Régime économique et social de la Chine*), et tous les négociants européens qui sont en relations d'affaires avec eux connaissent leur prodigieuse habileté à faire les calculs les plus compliqués de change, d'intérêt et d'arbitrage.

Ils sont, d'ailleurs, les principaux clients des dix grandes Banques organisées à l'européenne et installées dans les ports à traité.

Cinq de ces Banques sont anglaises : 1° La *Hong-Kong and Shanghaï Banking Corporation;* 2° la *Chartered Bank of India, Australia and China;* 3° la *Bank of China and Japan;* 4° la *China Export-Import and Bank C°;* 5° la *Mercantile Bank of India.* Une est allemande : la *Asiatische Bank.* Une est russe : la *Banque Russo-chinoise,* dont notre ancien collaborateur C. R. Wehrung est aujourd'hui co-directeur. Une est française : la *Banque de l'Indo-Chine,* dont le siège social est à Paris. Une est japonaise : la *Yokohama Specie Bank.* Enfin, la dernière est purement chinoise : c'est la *Banque Nationale de Chine.*

Ces Banques ont généralement leur siège social à Shanghaï ou à Hong-Kong et des succursales dans presque tous les ports à traité. Elles font les mêmes opérations que les Banques européennes et américaines et les principales d'entre elles, par exemple : la *Hong-Kong and Shanghaï,* la *Chartered Bank of India, Australia and China,* et la *Banque Nationale de Chine,* publient chaque mois le montant de leur circulation fiduciaire et de leurs réserves en espèces. Ainsi, à la fin d'avril 1900, la première avait une circulation de billets de 42.585.000 francs et 25 millions de réserves en espèces; la seconde 13.310.000 francs de circulation et 8.500.000 francs d'espèces; la dernière 2.250.000 fr. de circulation et 750.000 francs d'espèces.

IX

Le traité de Simonosaki
et ses conséquences économiques.
Le Commerce de la Chine depuis 1893
et sa Dette extérieure.

Le traité de Simonosaki — et les nouvelles concessions territoriales que la Russie, le Japon, la
France, l'Angleterre et l'Allemagne ont obtenues
de la Chine et qui sont les conséquences directes
de ce traité — a singulièrement élargi les brèches
déjà ouvertes à la civilisation occidentale. Il a
rendu possible l'ouverture de douze nouveaux
ports au commerce international, la concession de
10.000 kilomètres de chemins de fer et de nombreuses exploitations minières à des Syndicats
financiers étrangers et, enfin, le libre exercice sur
tout le territoire de l'Empire de la religion catholique officiellement reconnue par le décret impérial
du 19 mars 1899.

Le traité de Simonosaki, en permettant aux
Japonais la création d'industries manufacturières
sur le territoire de l'Empire et en accordant cette
faveur, grâce à la clause de la nation la plus favorisée, aux citoyens de tous les pays ayant des
traités avec la Chine, est bien réellement le point

de départ, pour cet immense pays, d'une période nouvelle qui doit nécessairement aboutir à sa transformation économique et sociale. Il importe donc d'examiner les premiers résultats de cette révolution, de laquelle l'insurrection des Boxers n'est qu'un simple épisode.

Il était évident que ces premiers actes de la nouvelle politique impériale chinoise — ayant pour conséquence visible une profonde modification des traditions, des habitudes, des conditions d'existence et du mode de Gouvernement intérieur de cet immense pays — devaient, fatalement, rencontrer de grandes résistances de la part des lettrés qui y dirigent l'opinion publique.

Dans une excellente étude publiée en décembre 1897, dans les *Annales des Travaux publics de Belgique*, par M. Dufourny, ingénieur en chef, directeur des ponts et chaussées belges, nous lisons :

Ces lettrés, ces mandarins de tous grades, élevés pour la plupart en dehors des idées européennes, privés de toute connaissance pratique, positive, utile, vivant d'un fatras de sciences spéculatives, doctrinales ou historiques, sont et doivent être foncièrement hostiles aux réformes qui s'annoncent et dont l'avènement s'accuse chaque jour davantage.

Ils sentent, par instinct et sans les connaitre, que ces réformes vont ruiner leur prestige et leur situation et les forcer à un travail productif dont ils sont incapables. Ils vont perdre ou voir anéantir ce capital de maximes, d'aphorismes, de sciences creuses et stériles dont ils sont bouffis et qui ont été si dures à acquérir. C'est presque un suicide qu'on réclame d'eux, un sacrilice pour le bien de la généralité, mais trop au-dessus des forces humaines. Aussi les mandarins et les lettrés sont-ils les adversaires résolus des réformes et des conséquences qu'elles doivent entraîner.

Ceci est exact et nous avons vu dans notre Chapitre IV : *La Famille et le Gouvernement chinois*, que la classe des lettrés exerce une immense influence sur les trois autres classes chinoises, parce que son recrutement est essentiellement démocratique, qu'elle est ouverte à tout le monde et que tous les pères de famille ont l'espoir d'y faire entrer un ou plusieurs de leurs enfants.

La question de la révolution économique, que la mise en valeur de la Chine par les capitaux européens doit fatalement imposer à ce pays, est donc très grave, beaucoup plus grave assurément que ne le supposaient ceux qui, au lendemain du traité de Simonosaki, voyaient déjà la grande muraille abattue et le Gouvernement central de Pékin disposé à accepter les « bienfaits de la civilisation européenne ».

M. Dufourny était un de ceux-là, car il disait dans son étude de 1897 :

Depuis la guerre de l'opium, en 1840, jusqu'à nos jours, la centralisation des pouvoirs a fait, en Chine, des progrès incessants et c'était fatal. Pour payer les impôts de guerre, pour organiser des armées, pour construire des forts, pour créer des réseaux télégraphiques, des administrations postales, des lignes de navigation, des chemins de fer, etc., il faut un pouvoir central disposant d'une forte autorité et de ressources importantes et assurées. C'est vers l'organisation de ce pouvoir sauveur que les conseillers de l'Empire dirigent continuellement leurs efforts et ils obtiennent des succès marquants. Ils marchent : Il y aurait à cet égard un chapitre intéressant à écrire, mais qui nous éloignerait trop de notre examen économique et technique.

C'est le Gouvernement central lui-même, ce sont les hauts mandarins de la Cour impériale, qui viennent d'écrire, en collaboration avec les Boxers, ce chapitre intéressant dont parlait M. Dufourny. Il est à prévoir que l'histoire future de la transformation économique de la Chine nous en réservera plusieurs de semblables.

Quoi qu'il en soit, nous avons fait un exposé économique, financier et social du Céleste-Empire, et un historique aussi complet que possible – – eu égard au cadre restreint de notre étude — des relations politiques et commerciales des Chinois avec les étrangers depuis les temps les plus reculés jusqu'à la guerre sino-japonaise : avant d'aller plus loin, il convient de montrer le chemin parcouru depuis le traité de Simonosaki.

._..

Le commerce extérieur chinois se fait exclusivement par navires à vapeur ou navires à voile, et il en sera ainsi tant que les lignes sino-tonkinoises et le Transsibérien ne seront pas ouverts à la circulation. L'augmentation du mouvement de la navigation entre 1893 et 1899 nous donnera donc une première idée du développement de ce commerce extérieur, depuis le traité de Simonosaki :

Mouvement de la Navigation des Ports chinois actuellement ouverts aux étrangers pendant les sept dernières années. (Long cours et cabotage, entrées et sorties réunies.)

Années	Vapeurs		Voiliers		Total	
	Nombre	Milliers de tonnes	Nombre	Milliers de tonnes	Nombre	Milliers de tonnes
1893....	29.761	28.277	8.141	1.041	37.902	29.318
1894....	30.027	28.506	8.036	1.115	38.063	29.622
1895....	28.176	28.683	8.956	1.053	37.132	29.737
1896....	21.452	32.358	9.043	1.132	40.495	33.490
1897....	34.566	32.519	9.934	1.232	44.500	33.752
1898....	43.164	32.896	9.497	1.337	52.661	34.233
1899....	52.720	37.794	12.698	1.473	65.418	39.268

Entre 1893, année qui a précédé la guerre sino-japonaise, et l'année 1899, le nombre des navires à vapeur qui ont trafiqué dans les ports chinois ouverts aux étrangers a augmenté de 77 0/0 et le mouvement général de la navigation de 34 0/0 environ. C'est évidemment un magnifique résultat si l'on observe que les effets de la guerre ont paralysé le commerce chinois jusqu'en 1896 et que ce n'est réellement qu'à partir de cette dernière année que la progression constatée pendant la période s'est manifestée.

On retrouve, d'ailleurs, le même fait dans les chiffres du commerce extérieur et des recettes des douanes maritimes :

Commerce extérieur de la Chine et recettes des douanes maritimes de 1893 à 1899

(Taëls Haikwan)

Années	Recettes des douanes	Importation	Exportation	Total
1893	21.989.300	151.362.819	116.632.311	267.995.130
1894	22.523.605	162.102.911	128.104.522	290.207.433
1895	21.385.389	171.696.715	143.293.211	314.989.926
1896	22.579.366	202.589.004	131.081.421	333.671.415
1897	22.742.104	202.828.625	163.501.358	366.329.983
1898	22.503.307	209.579.334	159.037.149	368.616.483
1899	26.661.460	264.748.456	195.784.832	460.533.288

Les recettes des douanes ont augmenté de près de 25 0/0 entre 1895 et 1899 et le commerce extérieur total de 46 0/0 environ.

D'après M. T. E. Taylor, directeur du département de la statistique chinoise, ce rapide développement doit être attribué à l'influence exercée par l'établissement du réseau ferré sur les transactions dans l'intérieur du pays. Ce sont les places de Nieu-Tchwang et de Tien-Tsin, qui ont bénéficié les premières de l'amélioration des voies de communication, et cela, malgré l'épidémie de peste qui a sévi dans le Nord. On constate que les régions les plus misérables acquièrent de l'activité dès que les trains commencent à circuler et que les produits, dont l'indigène ne songeait pas à se défaire, à cause de la difficulté des transports, entrent aussitôt dans la circulation.

Les trois tableaux suivants, que publie l'*Economiste Européen*, nous donneront la répartition du commerce extérieur et du mouvement général de la navigation entre la **Chine** et les diverses puissances :

A. — Répartition, par pays, du Commerce extérieur Chinois en 1899

Pays	Importations de	Exportations vers	Total
	En taëls Haikwan		
Grande-Bretagne	40.161.115	13.962.547	54.123.662
Hong-Kong	118.096.208	71.845.558	189.941.766
Indes...................	31 911.214	1.731.498	33.642.712
Singapoure et Détroits...	3.646.195	2.231.792	5.877.987
Australie, N^{lle}-Zélande...	272.553	670.078	942.631
Sud-Afrique.............	»	236.613	236.613
Amérique anglaise	1.208.865	259.519	1.468.384
Etats-Unis	22.288.745	21.685.715	43.974.460
Iles Philippines.........	21.641	61.629	83.270
Amérique du Sud	»	2.387	2.387
Continent européen ,Russie exceptée	10.172.398	36.763.506	46.935.904
Russie : Odessa, par mer.	3.233.239	5.343.480	8.576.719
Russie et Sibérie. *ria Kiakhta	»	9.987.706	9.987.706
Mandchourie Russe	289.165	3.225.806	3.514.971
Japon..................	35.896.745	17.251.144	53.147.889
Macao	3.408.516	5.824.487	9.233.003
Cochinchine, Tonkin et Annam.................	1.611.140	945.544	2.556.684
Siam...................	67.347	903.531	970.878
Java, Sumatra..........	629.129	355.310	984.439
Turquie d'Asie. Perse, Egypte, Algérie, etc....	841.850	2.496.982	3.338.832
Corée	807.446	729.418	1.536.864

B. — Répartition, par pavillon, du mouvement général de la Navigation des Ports Chinois en 1899

Nationalités	Tonnage total des entrées et sorties aux ports à traité	Pourcentage par rapport	
		au tonnage	au comm° général
	Tonnes		
Grande-Bretagne.........	23.338.230	59.43	50.67
Amérique	310.107	0.79	0.48
Allemagne......	1.854.246	4.72	5.92
France.................	613.191	1.56	2.44
Hollande...............	5.490	0.01	0.02
Danemark..............	24.470	0.06	0.02
Espagne	4.062	0.01	»
Suède et Norvège........	439.718	1.12	1.21
Russie	361.501	0.92	0.75
Autriche	41.950	0.11	0.17
Belgique	10.870	0.03	0.02
Italie..................	5.416	0.01	»
Japon	2.839.741	7.23	4.89
Pérou.................	»	»	»
Brésil.................	»	»	»
Portugal	45.521	0.12	»
Corée.................	10.164	0.03	»
Puissances sans traité...	14.405	0.04	0.03
Chine	9.349.247	23.81	33.88

Comme on peut le constater, c'est l'Angleterre qui a la part la plus considérable du commerce chinois et, surtout, du mouvement de la navigation des ports ouverts.

Sa part de commerce représente un peu moins de 12 0/0 du commerce total ; mais 50,67 0/0 des marchandises importées en Chine, ou exportées des ports ouverts, ont passé par les navires anglais ; quant au tonnage de ces navires, il représente, de son côté, 59,43 0/0 du tonnage total des mêmes ports.

Cette différence entre les chiffres du commerce et du tonnage anglais provient surtout de ce que le transport de la presque totalité des marchandises à destination ou de provenance américaine est effectué sous pavillon britannique.

Voici, maintenant, la décomposition du commerce extérieur chinois pour les trois années 1893, 1896 et 1899 :

C. — Commerce extérieur de la Chine des Années 1893, 1896 et 1899, par nature de Marchandises

IMPORTATIONS

Nature des marchandises	1893	1896	1899
	(En Taëls Haikwan)		
Opium	31.691.899	28.651.592	35.792.768
Cotonnades	45.137.970	79.243.431	103.465.048
Lainages	4.587.006	5.363.143	4.175.642
Tissus non classés	355.095	376.552	468.894
Métaux	7.198.422	9.759.134	9.208.207
Divers	62.392.921	79.196.142	111.637.897
Totaux des importations	151.362.819	202.589.944	264.741.456

EXPORTATIONS

Nature des marchandises	1893	1896	1899
Coton brut	6.166.182	5.017.899	2.980.373
Vêtements	1.829.597	2.088.482	2.224.253
Soies	38.114.225	42.089.335	82.109.370
Thés	30.558.723	30.156.986	31.469.100
Sucres	2.328.715	1.477.728	3.372.629
Divers	39.634.869	50.250.991	73.629.107
Totaux des exportations	116.632.311	131.081.421	195.784.832

Aux importations, les cotonnades ont augmenté, entre 1893 et 1899, de plus de 58 millions de taëls, et les produits divers, comprenant les machines, les rails et le matériel des chemins de fer construits en 1899, de près de 50 millions de taëls. Nous aurons à constater que c'est surtout l'industrie japonaise et américaine qui ont profité de ces augmentations.

.·.

L'histoire des ports ouverts, ou *ports à traité*, se confond en quelque sorte avec celle du commerce extérieur chinois. Avant 1842, tout ce commerce s'effectuait par un seul port : celui de Canton ; il était le monopole d'une catégorie d'intermédiaires chinois, les *hong marchands* (le mot *hong* signifiant *entrepôt*) auxquels les négociants étrangers devaient nécessairement s'adresser pour acheter les produits indigènes ou vendre les marchandises importées de l'extérieur.

Nous trouvons dans une publication officielle américaine de 1899 : *Returns of Trade at the Treaty ports in China*, un excellent résumé de l'histoire des ports ouverts qui vient à sa place dans ce chapitre.

En 1842, à la suite de la saisie par des mandarins chinois d'une cargaison d'opium transportée par des navires anglais, l'Angleterre déclara la guerre à la Chine et lui imposa par la force ce fameux traité de Nankin de 1842, connu sous le nom de *traité de l'Opium*, en vertu duquel les sujets britanniques furent autorisés à résider dans cinq ports : Canton, Shanghaï, Amoy, Fou-Tcheou et

Ning-Po, et à faire le commerce de toutes les marchandises avec les Chinois.

Les consuls anglais, en résidence dans ces ports, restèrent responsables vis-à-vis du Gouvernement chinois des droits et charges payables par les commerçants britanniques. Cet état de choses a été modifié par l'établissement des douanes maritimes en 1854.

Le 13 juillet 1844, les Etats-Unis obtinrent les mêmes privilèges que l'Angleterre : quelques mois après, le 23 octobre, un traité semblable fut signé avec la France et les ports ainsi ouverts au commerce étranger prirent alors le nom de *ports à traité*, nom qui fut également donné à tous ceux qui vinrent, par la suite, s'ajouter à cette première liste.

Les cinq ports ci-dessus désignés restèrent, pendant dix-huit années, les seuls moyens de communications entre le commerce étranger et l'intérieur de la Chine. Ils étaient tous situés sur la côte : Shanghaï, près de l'embouchure du Hiang-tsé, le plus grand fleuve de la Chine ; Canton, à l'embouchure du fleuve de l'Ouest, le second grand fleuve de l'Empire ; Amoy, Fouch-Tcheou et Ning-Po, à des points intermédiaires entre Shanghaï et Canton.

On remarquera que le Gouvernement chinois n'avait ouvert aucun port dans le voisinage de Pékin, car Shanghaï, le port le plus rapproché, s'en trouve à environ 1.200 kilomètres.

Ce ne fut qu'en 1860 que Swatow, situé entre

Hong-Kong et Amoy, fut ajouté à la première liste
en exécution du traité de Tien-Tsin de 1858 imposé
à la Chine par la France et l'Angleterre. Ce traité
stipulait six autres ports qui furent successivement
ouverts au commerce étranger : Chinkiang et Nieu-
Tchwang en 1861, Kin-Kiang, Han-Kéou et Tche-
Fou en 1862 et Kouang-Tcheou en 1876.

Ces ports rapprochaient sensiblement le commerce étranger de la capitale puisque trois d'entre
eux sont dans le golfe du Petchili; mais on fit
mieux encore car, par la Convention de Pékin de
1860, complément du traité de Tien-Tsin, cette dernière ville située sur le grand canal, à seulement
130 kilomètres de Pékin et à 80 kilomètres de la
côte par le Péï-Ho, fut ouverte aux étrangers.

Le groupe des ports à traité autorisés en 1858
comprenait les premières villes ouvertes aux
étrangers à l'intérieur de l'Empire : Han-Kéou,
capitale du Hou-Pé, ville de 800.000 habitants,
admirablement placée sur le Hiang-tsé, à 1.000
kilomètres de la mer par le fleuve, et Kin-Kiang,
également sur le Hiang-tsé, située entre Han-
Kéou et Shanghaï.

Depuis lors, par l'accord de Tché-Fou en 1876 et
l'article additionnel de cet accord en 1890, par la
convention du Thibet en 1893, par le traité de Simonosaki et par l'accord spécial ntervenu antérieurement à ce traité entre la France et la Chine
(convention de Tien-Tsin de 1889), le nombre des

ports ouverts soit à l'intérieur, soit sur la côte, a été porté à 34.

Ajoutons, pour terminer ce rapide historique, que les ministres étrangers ne furent autorisés à résider à Pékin qu'après 1858 ; ils n'obtinrent le droit de voir l'empereur et de lui parler qu'en 1873, et ce n'est qu'en 1898 que les femmes des ministres étrangers furent reçues par l'impératrice.

Voici la liste des 34 villes ou ports chinois ouverts actuellement aux étrangers, selon l'ordre administratif de la direction des Douanes maritimes et l'orthographe des cartes françaises :

Nieu-Tchwang, Tien-Tsin, Tché-Fou, Kiao-Tchéou, Shung-King, Yi-Chang, Sha-Shi, Yang-Tchéou, Han-Kéou, Kin-Kiang, Wu-Hu, Nankin, Chinkiang, Shanghaï, Su-Tchéou, Ning-Po, Hang-Tchéou, Wen-Tchéou, Santuao, Fou-Tchéou, Tamsui, Tainan, Amoy, Swatow, Wu-Tchéou, San-Shui, Canton, Kaolong, Lappa, Kouang-Tchéou, Pakhoï, Lung-Tchéou, Meng-tze et Szemao.

Les dix ports à traité dont le commerce est le plus important sont les suivants :

Commerce extérieur, recettes des Douanes maritimes et population des dix principaux ports à traité de la Chine.

Ports à traité	Année 1899		Population indigène
	Importations et exportat. réunies	Droits des douanes maritimes	
	Taëls Haïk.	Taëls Haïk.	Habitants
Shanghaï	124.604.719	8.120.845	400.000
Tien-Tsin.............	77.604.562	1.269.804	950.000
Han-Kéou	67.202.061	2.398.929	800.000
Canton	58.641.864	2.016.269	1.600.000
Nieu-Tchwang	48.357.623	928.739	60.000
Swatow	45.151.906	1.658.989	40.000
Tché-Fou.............	28.153.956	681.693	32.500
Shang-King	25.792.453	464.205	250.000
Chinkiang	25.691.928	926.335	135.000
Wu-Hu...............	20.281.849	953.726	78.000

Les chiffres du commerce extérieur comprennent les exportations de toute nature, les importations étrangères et les importations indigènes qui ne payent aucun droit aux Douanes maritimes ; c'est ce qui explique pourquoi les recettes de cette administration dans les différents ports ne sont pas proportionnelles au montant de leur commerce total.

Nous avons déjà expliqué que les résultats de 1899 sont considérablement supérieurs à ceux de 1893 et nous devons ajouter que les ports de Kao-long et Lappa, situés dans le voisinage de Hong-kong, à l'embouchure du fleuve de l'Ouest et ouverts en 1877 par l'accord de Tché-Fou, ont pris depuis 1893 une très grande importance, car dans le tableau spécial que la direction des douanes publié à leur égard, nous relevons un commerce total en 1899 de 56.532.226 taëls pour le premier, et de 13.748.518 taëls pour le second.

Mais le traité de Simonosaki n'a pas eu seulement pour conséquence le développement du commerce extérieur chinois : ayant autorisé la création d'industries manufacturières dans tous les ports ouverts et ayant finalement abouti aux concessions minières et de chemins de fer dont nous aurons l'occasion de parler plus loin, il a favorisé l'immigration étrangère en Chine sur une très grande échelle.

Entre 1887 et 1893, c'est-à-dire pendant une période de six années, le nombre des maisons étrangères établies dans les ports à traité ne s'était augmenté que de 59 unités, et le nombre des étrangers eux-mêmes de 1.622 individus.

Entre 1893 et 1899, l'augmentation des maisons étrangères dans les ports à traité a été de 353 et celle des étrangers de 7.302, soit environ 70 0/0 des chiffres de 1893.

Il est d'ailleurs intéressant de connaitre la proportion dans laquelle chaque nation étrangère a contribué à cet accroissement :

**Population étrangère en résidence dans les ports
à traité de la Chine**

Pays	1893		1899	
	Maisons	Nationaux	Maisons	Nationaux
Angleterre	354	4.163	401	5.562
Japon...............	42	1.017	195	2.440
Amérique...........	30	1.336	70	2.835
Russie.............	12	118	19	1.621
Portugal...........	7	410	10	1.423
France	33	786	76	1.183
Allemagne	81	777	115	1.134
Espagne...........	4	357	9	448
Suède-Norvège......	2	328	2	244
Belgique...........	1	50	9	234
Danemark..........	4	127	4	178
Italie	4	189	9	124
Hollande..........	1	52	9	106
Autriche..........	4	76	5	90
Corée	»	»	»	42
Divers	1	105	»	29
Totaux.......	580	9.891	933	17.193

Ce tableau va nous permettre d'apprécier d'une
manière assez exacte les progrès respectifs que les
diverses nations concurrentes ont faits en Chine,
depuis le traité de Simonosaki.

L'Angleterre a augmenté son effectif commercial
de 47 maisons ou 13 0/0 et de 1.399 nationaux ou
33 0/0; le Japon de 153 maisons ou 364 0/0 et de
1.423 nationaux ou 140 0/0; l'Amérique de 40 maisons ou 133 0/0 et de 999 nationaux ou 75 0/0; la
Russie de 7 maisons ou 58 0/0 et de 1.503 nationaux ou 1.265 0/0; la France de 43 maisons ou
133 0/0 et de 397 nationaux ou 50 0/0 et l'Allemagne de 34 maisons ou 42 0/0 et de 357 nationaux ou 46 0/0.

C'est incontestablement le Japon qui tient la tête de l'augmentation, puis viennent la Russie et l'Amérique. Proportionnellement au nombre des maisons et des nationaux de 1893, l'Angleterre, en 1899, se trouve même distancée par la France et par l'Allemagne.

L'immigration anglaise est donc en recul proportionnellement à celle des pays concurrents, car le nombre des maisons anglaises établies dans les ports à traité qui était, en 1893, de 61 0/0 par rapport à la totalité des maisons étrangères, est tombé à 40 0/0 en 1899; quant à la proportion du nombre des nationaux elle s'est elle-même abaissée de 42 0/0 à 33 0/0 entre les deux dates.

La conséquence de ce recul de l'Angleterre se retrouve, d'ailleurs, dans les chiffres du commerce extérieur chinois :

Commerce extérieur de la Chine et des principales nations du monde en 1893 et 1899 (Importations et exportations réunies) :

Pays	1893		1899	
	Commerce avec chaque pays	% du commerce total	Commerce avec chaque pays	% du commerce total
	Taëls Haïk.	%	Taëls Haïk.	%
Angleterre	39.824.000	14.9	54.123.000	11.7
Russie........	10.268.000	3.7	22.079.000	4.8
Europe (sauf l'Angleterre et la Russie)....	21.071.000	7.8	46.936.000	10.2
Etats-Unis....	17.170.000	6.4	43.974.000	9.5
Japon........	17.190.000	6.5	53.148.000	11.5
Commerce total	267.995.000		460.833.000	

Ainsi, le mouvement commercial de l'Angleterre avec la Chine, qui représentait, en 1893, les 14,9 0/0 du commerce extérieur chinois total, est tombé à 11,7 0/0 en 1899, alors que le mouvement commercial sino-japonais est passé de 6,4 0/0 à 11,5 0/0; celui des Etats-Unis de 6,4 0/0 à 9,5 0/0; celui de l'Europe continentale, sauf la Russie, de 7,8 0/0 à 10,2 0/0, et celui de la Russie de 3,7 0/0 à 4,8 0/0.

On peut faire la comparaison d'une autre manière : entre 1893 et 1899, les transactions commerciales anglo-chinoises n'ont augmenté que de 14.299.000 taëls ou 36 0/0 du chiffre de 1893, tandis que celles entre la Chine et le Japon ont progressé de 35.958.000 taëls ou 209 0/0; celles avec les Etats-Unis de 26.804.000 taëls ou 156 0/0; celles avec l'Europe continentale, sauf de la Russie, de 25 millions 864.000 taëls ou 122 0/0 et celles avec la Russie de 11.811.000 taëls ou 115 0/0.

Si nous faisions la même comparaison entre 1896 et 1899, les résultats seraient encore plus désastreux pour l'Angleterre, car, au cours de cette année, les transactions anglo-chinoises ont été de 55.853.000 taëls sur un commerce extérieur chinois total de 333.671.000 taëls. Pendant la même année, le commerce sino-japonais n'avait été que de 28.769.000 taëls et le commerce sino-américain à peine de 23.053.000 taëls : soit, pour les deux nations, 51.822.000 taëls. Nous venons de constater qu'en 1899 le commerce entre la Chine et l'Angleterre avait été inférieur de 1.730.000 taëls, ou

3.1 0/0, au chiffre de 1896, tandis que le commerce sino-japonais-américain avait atteint 97.122.000 taëls, soit une augmentation de 45.300.000 taëls, ou 87 0/0, par rapport au chiffre de 1896.

Ceci semble prouver que la politique de la *porte ouverte*, qui a si heureusement profité à l'Angleterre tant que ce pays a été le seul grand centre industriel du monde, est en train de se tourner contre elle en Extrême-Orient.

Toute médaille a son revers : le traité de Simonosaki a eu pour conséquence indéniable d'augmenter le commerce extérieur de la Chine et de préluder à son organisation économique et industrielle. Le malheur, pour les Chinois, c'est que leur pays, qui n'avait pas de dette publique avant la guerre sino-japonaise, en a aujourd'hui une, déjà très importante, et qui s'augmentera sans doute de plusieurs centaines de millions de francs quand il faudra régler la note des Boxers.

Tous les grands marchés financiers européens sont intéressés à la question de la dette chinoise, et pour terminer l'analyse des conséquences économiques et financières du traité de Simonosaki, nous croyons nécessaire de résumer ce que nous avons écrit, dans l'*Économiste Européen*, à la date des 4 août 1899 et 20 juillet 1900 :

Avant le traité de Simonosaki, un emprunt or de 5 1/2 0/0 de 6.250.000 francs avait été émis, en 1887, par les soins de l'Allemagne et, en 1894, un emprunt argent 7 0/0, de 40.875.000 francs, avait été contracté par l'intermédiaire de la *Hong-Kong und Shanghaï Bank.*

La dette chinoise subit une rapide augmentation à partir de 1895. Au mois de février de ladite année, un emprunt or 6 0/0 de 75 millions de francs fut émis par l'intermédiaire de la *Hong-Kong and Shanghaï Bank* et, au mois de juillet, deux emprunts de 25 millions de francs chacun furent contractés par la *Chartered Bank of India* et la maison Arnold Karberg et Cie. Sur ces entrefaites, l'indemnité de guerre à payer au Japon ayant été fixée à 200 millions de taëls et l'indemnité due pour la rétrocession du Leaotong à 30 millions, les puissances européennes offrirent leurs bons offices à la Chine pour lui faire trouver cette somme. L'emprunt franco-russe 4 0/0 or (émis en France avec la garantie de la Russie), dont le montant était de 400 millions de francs, s'effectua en juillet ; et l'emprunt anglo-allemand 5 0/0, d'un montant total de 400 millions de francs, eut lieu au mois de septembre 1896.

Pour solder l'indemnité due au Japon, un nouvel emprunt de 400 millions de francs, donnant 4 1/2 0/0 d'intérêt, fut conclu, en mars 1898, par l'intermédiaire de la *Hong-Kong and Shanghaï Bank* et de la *Deutsche Asiatische-Bank.* Ce dernier emprunt offrit ce caractère particulier, qu'il fut non seulement garanti par les recettes des douanes maritimes chinoises, mais encore par certains droits de *likin*, dont la perception fut confiée à l'Inspecteur général des Douanes.

Cette garantie particulière de certains droits de *likin*, ajoutée à des garanties spéciales, fut également donnée à deux emprunts spéciaux 5 0/0 de chemins de fer, conclus en 1898 : l'un de 112 millions 500.000 francs, dont 67 millions ont été émis pour la ligne de Han-Kéou-Pékin, et l'autre de 57 millions 500.000 francs, dit de Nieu-Tchwang.

Les capitalistes français sont particulièrement intéressés au premier de ces deux emprunts, car 133.000 des 225.000 obligations de 500 francs qui le composent ont été émises en France, en Belgique, en Hollande et en Suisse, par l'intermédiaire du Syndicat franco-belge, concessionnaire de cette ligne.

Ce court historique des emprunts chinois nous permet de dresser un tableau complet de la dette actuelle de la Chine, en *francs* :

Emprunts	Date de l'emprunt	Groupe émetteur	Date de l'amortissement	Montant de l'emprunt	Taux d'émission
				Francs	%
5 1/2 % or....	1887	Allemand	1902	6.250.000	"
7 % argent...	1894	Anglais	1914	40.875.000	98
6 % or.......	fév. 95	—	1914	75.000.000	96 1/2
6 % or.......	juil. 95	—	1915	25.000.000	106
6 % or.......	1895	Allemand	1915	25.000.000	96 1/2
4 % or.......	—	Fr.-Russe	1935	400.000.000	99 20
5 % or.......	1896	Anglo-all.	1943	400.000.000	90
4 1/2 % or....	1898	—	1943	400.000.000	90
5 % or (ch. fer)	1898	Fr.-belge	1929	67.000.000	96 1/2
5 % or (—)	1898	Anglo-all.	1945	57.500.000	97

1.496.625.000 *francs*

Ainsi donc, en moins de cinq années, la Chine a contracté 1.450 millions de francs de dette extérieure payable en or, et les principales nations de l'Europe ont participé à l'émission de ces divers emprunts.

L'Angleterre a été plus considérablement intéressée que les autres pays dans ces diverses émissions et c'est ce qui explique que le principal marché des fonds chinois se trouve aujourd'hui à Londres.

Nous avons voulu déterminer l'importance de la charge assumée par la Chine en contractant ces divers emprunts et voici le tableau du service de la dette extérieure chinoise (non compris les deux emprunts de chemins de fer) que nous avons pu dresser :

Service de la Dette Extérieure Chinoise

Total des intérêts et amortissements à payer

Emprunts	Période de l'amortissem^t	Total des annuités
		Taëls
Emprunt 5 $\frac{1}{2}$ % 1887..	1899 à 1902	793.000
— 7 % 1894.....	1899 à 1914	17.784.000
— 6 % 1895.....	1899 à 1915	11.520.000
— 6 % 1895.....	1899 à 1915	11.534.000
— 6 % 1895.....	1899 à 1914	33.587.000
— 4 % 1895.....		
— 5 % 1896.....	1899 à 1943	653.519.000
— 4 $\frac{1}{2}$ % 1898..		
Total...............		728.737.000

L'ensemble du service des huit emprunts ayant été de 22.270.000 taëls pour 1899, il reste à payer aujourd'hui, 706.467.000 taëls, soit environ 2.649 millions de francs. L'ensemble des services annuels s'élèvera à 24.560.000 taëls en 1901, pour atteindre son point culminant en 1905, soit 24 millions 770.000 taëls.

A partir de 1906, les charges annuelles de la dette extérieure chinoise contractée antérieurement à 1899, s'abaisseront graduellement : elles ne seront plus que de 25.700.000 taëls en 1910 et de 20.200.000 taëls en 1915. Entre 1916 et 1932, il ne faudra que 19.190.000 taëls. L'emprunt franco-russe 4 0/0 1895 devant être complètement amorti en 1935, le service de la dette extérieure chinoise sera alors réduit à 13.110.000 taëls.

La dernière annuité de l'emprunt anglo-allemand 5 0/0 1896 est fixée à 1934 : De 1935 à 1942, l'annuité totale s'abaissera à 6.070.000 taëls, pour finir à 1.010.000 taëls en 1943, date à laquelle toute la dette extérieure chinoise actuelle devrait se trouver remboursée.

Nous avons vu que, sauf le dernier emprunt anglo-allemand, qui a en plus une garantie particulière, toutes ces émissions se trouvent gagées par les douanes maritimes chinoises, qui sont elles-mêmes administrées par des Européens et dont les recettes se sont maintenues, jusqu'en 1899, à 22 millions de taëls environ. En 1899, elles ont atteint, pour la première fois, un chiffre supérieur à 26 millions. Les frais d'administration étant d'environ 10 0/0, le rendement net de l'année dernière s'est trouvé ramené à 23 millions et demi de taëls, ce qui représente, assez exactement, le montant du service des divers emprunts contractés jusqu'à ce jour.

Ce fait a une importance capitale parce que la Chine, ayant déjà complètement engagé son unique revenu directement recouvrable par les étrangers, le Gouvernement de Pékin se trouvera dans l'obligation de réaliser de sérieuses réformes intérieures pour contracter de nouveaux emprunts, surtout si, comme tout le fait supposer, les puissances alliées lui réclament une forte indemnité pour les victimes des Boxers et les dépenses qu'elles auront effectuées pour rétablir l'ordre dans l'Empire.

Il est presque certain que cette question servira de prétexte à l'immixtion des puissances dans les finances chinoises, et qu'elle aboutira peut-être à l'organisation d'un contrôle international dans le genre de celui qui fut imposé, en 1876, à Ismaïl-Pacha.

X

Les Chemins de fer de la Chine et le Transsibérien

Dans les excellentes études qu'ils ont publiées dans la *Revue des Deux-Mondes* — et tout récemment en librairie sous le titre de : *La Chine qui s'ouvre*, — MM. René Pinon et Jean de Marcillac ont dit : « C'est pour des profits économiques ou politiques nettement aperçus et depuis longtemps convoités, que les puissances européennes se sont immiscées dans la querelle sino-japonaise ; le conflit terminé, chacune d'elles fit sonner haut ses services et réclama, pour récompense, une part dans l'exploitation du Céleste Empire. »

Nous avons vu, dans notre premier chapitre, ce que le Japon, la Russie, la France, l'Allemagne et l'Angleterre avaient su se faire octroyer : à ces concessions, d'ordre politique ou territorial, sont venues immédiatement s'ajouter les concessions d'entreprises particulières, en tête desquelles figurent les chemins de fer dont la construction et la mise en exploitation sont certainement l'une des causes principales de l'insurrection des Boxers.

Les mandarins chinois ont, en effet, une aversion horrible pour les chemins de fer, car ils conçoivent parfaitement les conséquences économiques — pour leurs pays et pour leur situation personnelle — de ce nouveau mode de transports.

« Du moment — a observé fort justement M. Marcel Monnier dans le *Drame chinois* (1), qu'il vient de faire paraître et sur lequel nous aurons l'occasion de revenir, — du moment où l'organisation du travail, si primitive soit-elle, répond aux exigences du milieu, aux conditions de la vie sociale, aux coutumes et aux besoins de la population, toute tentative ayant pour objet de changer de fond en comble les errements sur lesquels tant de générations ont vécu ne pouvait être acceptée sans lutte. »

L'amusante histoire du premier chemin de fer chinois, la ligne de Shanghaï à Wo-Sung, prouve, par le fait, la justesse de cette observation :

En 1874, des négociants de Shanghaï eurent l'idée d'offrir à l'empereur de Chine le matériel d'une voie ferrée devant relier Tien-Tsin à Pékin. Après six ou huit mois de réflexions, l'empereur, qui s'était d'abord montré favorable au projet, refusa cette offre toute gracieuse. Mais le matériel, commandé en Angleterre, était déjà en route pour la Chine et, en gens pratiques qu'ils étaient, les négociants de Shanghaï décidèrent de l'utiliser en établissant une ligne entre cette ville et le village de Wo-Sung, situé à environ 30 kilomètres au nord de Shanghaï, au-dessus de la barre du Hiang-tsé.

Malgré toutes les difficultés suscitées par les autorités locales, la ligne fut ouverte le 30 juin

____

(1) Le *Drame chinois* (juillet-août 1900), par Marcel Monnier. Librairie Félix Alcan, Paris.

1876... et voici comment le docteur Durand Fardel (1) raconte sa naissance... et sa fin :

Le jour de l'ouverture, six trains circulèrent remplis de Chinois, d'autant plus satisfaits qu'ils circulaient gratis et qu'on leur avait préalablement servi un bon repas aux frais de la Compagnie. Tout d'abord les choses allèrent à merveille. Elles commencèrent à se gâter le 18 juillet, jour où un fermier chinois, s'étant vu refuser le passage de la voie, ameuta à coups de gong tous les passants et conduisit la foule au pillage de la station voisine. Au même moment, un inspecteur de la ligne télégraphique fut entouré et battu par des vagabonds.

Depuis lors, les fonctionnaires locaux commencèrent à manifester une hostilité sourde, et la population, secrètement excitée, montra autant de froideur pour le nouveau système de locomotion qu'elle avait manifesté d'enthousiasme quelques semaines auparavant. Bientôt il fallut interrompre l'exploitation, un homme ayant été écrasé sur la voie. Le vice-roi de Nankin, se refusant à toute transaction, remboursa à la Compagnie le prix de ses terrains et de son matériel, et les débris du chemin de fer de Wo-Sung furent envoyés aux mines de charbon de Formose.

Voilà une réédition de l'histoire, ou de la légende du bateau à vapeur de Papin, qui est assez caractéristique ; ce qui rend l'analogie tout à fait frappante, entre l'état d'esprit des mariniers du Weser du commencement du XVIIIe siècle et les dispositions des Chinois actuels, ce sont les considérations publiées dans la *Gazette de Pékin*, en 1874, pour justifier le refus du chemin de fer par l'Empereur :

« La substitution des railways aux bateaux — disait ce journal officiel — ne réaliserait aucune économie et

____

(1) Supplément du Larousse.

n'aurait d'autre résultat que d'amonceler, aux lieux d'arrivée, des quantités de marchandises dont rien ne garantirait l'écoulement.

Dans les petits pays, où la population est peu développée, de tels changements peuvent être introduits sans grande difficulté, mais il n'en est pas ainsi pour la population si considérable de la Chine. Un royaume peut être comparé à un mécanisme très compliqué. Il faut que le mouvement de chacune des pièces soit réglé de manière à se combiner avec l'ensemble général. Si une partie fonctionnait plus vite que les autres, l'harmonie qui doit exister entre les différents rouages serait détruite et tout serait dérangé. »

Jusqu'au traité de Simonosaki, la question des chemins de fer chinois est restée en sommeil, bien que Li-Hung-Chang, alors vice-roi du Petchili, eût fait construire, en 1885, un petit chemin de fer pour transporter vers la plus prochaine rivière navigable le charbon des mines de Kaï-Ping, dans lesquelles il était fortement intéressé.

Il ne s'agissait encore que d'une ligne purement industrielle et, malgré cela, l'habile et rusé Li n'osa pas l'établir sans l'assentiment formel de la Cour impériale. A cet effet il demanda aux Etats-Unis un tout petit chemin de fer, avec locomotive à vapeur, tender, wagons de voyageurs et de marchandises, rails, plaques tournantes, etc..., le fit d'abord fonctionner dans sa résidence de Tien-Tsin, puis alla le soumettre à Pékin, au prince Chun, père de l'empereur. Le prince Chun, émerveillé du joujou, le fit installer dans le jardin du Palais défendu et le chemin de fer y circula pendant plusieurs jours en présence du jeune empereur, de la régente et à la grande joie des dames de la Cour.

La cause de la ligne de Kaï-Ping fut ainsi gagnée et cette ligne, devenue l'embryon du réseau de la Chine septentrionale, a été ensuite prolongée au sud, jusqu'à Tien-Tsin, et au nord jusqu'à San-Haï-Kouan, port du Petchili, où vient aboutir la grande muraille qui sépare cette province du Sheng-King.

.·.

On peut donc affirmer que les chemins de fer ont été imposés à la Chine par les canons japonais, comme le fut, par les canons anglais et français, l'ouverture au commerce étranger des ports à traité.

Le traité de Simonosaki, signé le 17 avril 1895, entre le Japon et la Chine, ne parle cependant pas des chemins de fer à construire sur le territoire chinois, mais son article 6 comporte, en faveur du Japon, des dispositions d'ordre général extrêmement importantes, dont toutes les nations liées à la Chine par traités (telles que la Russie, la France, l'Angleterre, l'Allemagne et les Etats-Unis) ont immédiatement bénéficié en vertu de la clause de la nation la plus favorisée.

Voici le texte de ces dispositions :

1° Indépendamment des ports et villes déjà ouverts, les sujets japonais pourront résider, commercer, exercer des industries, dans des conditions identiques à celles qui existent déjà dans les villes ouvertes aux étrangers, à : Shashih, dans la province de Hou-Pé ; à Shun-King, dans la province du Tsé-Chouan ; à Su-Tcheou, dans la province du Kiang-Sou et à Hang-Tchéou, dans la province de Tse-Kiang.

Le Gouvernement japonais pourra nommer des Consuls dans ces diverses villes ;

2° La navigation à vapeur pour les navires battant le pavillon japonais s'étendra : d'Yi-Chang à Chung-King sur le Haut-Hiang-tsé, de Shanghaï à Su-Tcheou et à Hang-Tcheou, sur la rivière de Wo-Sung et sur le canal ; ·

3° Les sujets japonais qui achèteront des biens ou des produits à l'intérieur de la Chine, ou qui y transporteront des marchandises importées dans l'intérieur de la Chine, auront le droit, sans payer aucune taxe, de louer temporairement des entrepôts pour y déposer lesdits articles achetés ou transportés ;

4° Les Japonais auront le droit de s'adonner à toute espèce d'industrie ou de commerce dans toutes les cités, villes et ports ouverts de la Chine, ainsi que d'importer en Chine toute espèce de machines, en n'ayant à acquitter que les droits d'entrée stipulés par les traités.

Tous les objets manufacturés en Chine par des Japonais y jouiront, au point de vue des facilités de transport et des impôts ou redevances de toute sorte, des mêmes privilèges que les articles importés en Chine par des Japonais.

Au cas où des clauses supplémentaires seraient nécessaires relativement à ces concessions, elles seront intercalées dans le traité de commerce et de navigation dont il est fait mention dans cet article.

C'était, en somme, le droit accordé aux étrangers d'exercer en Chine toute espèce d'industries, d'y importer toute espèce de machines et d'y obtenir, par conséquent, toute sorte de concessions.

Il faut lire, dans le *Drame Chinois* de M. Marcel Monnier — qui a étudié sur place, et en véritable économiste, les effets de la guerre sino-japonaise — les péripéties de la campagne extraordinaire que les Syndicats financiers et industriels des grands pays civilisés engagèrent alors à Pékin.

Aussitôt la paix conclue, les aventureux pionniers, mobilisés par des syndicats divers, avaient fait irruption dans la capitale chinoise. A la file, ils arrivaient sur les pistes boueuses, qui en charrette, qui à cheval, d'autres à bourrique. Ils s'engouffraient dans la sombre porte de Hata-Mên, puis, tournant court à gauche, poussaient intrépidement à travers les cloaques et les fanges de la rue des Légations. De ma vie je n'oublierai le coup d'œil que présentait à cette époque le modeste immeuble d'architecture chinoise, remanié tant bien que mal à l'usage des Européens, et que signalait, en lettres d'or, aux arrivants l'inscription suivante, inattendue en pareil lieu : « Hôtel de Pékin ! »

Ils étaient là quinze ou vingt de toutes nationalités, accourus dans l'espoir de la curée prochaine, le portefeuille bourré d'avants-projets, plans, devis et autres documents non moins persuasifs. Tous, au demeurant, sur la défensive, chacun épiant son voisin avec des yeux de fauve, dans la crainte de se voir arracher le morceau convoité, concession de mine, de voie ferrée, fourniture d'armes ou monopole quelconque. Ces messieurs, dont plusieurs trimballaient avec eux femmes et marmots, ne manquaient pas de se donner pour de simples globe-trotters ou amateurs de bibelots rares, également jaloux d'admirer la Grande Muraille ou de collectionner des potiches. Toutefois, ils n'excursionnaient guère si ce n'est entre l'hôtellerie et leurs légations respectives, prolongeant peu à peu leur séjour, jamais découragés, armés d'une confiance tenace et répétant en chœur, dans les causeries de la table d'hôte où les convives se communiquent les impressions de la

journée : « La Chine va s'ouvrir ; la vieille Chine s'en
va ! » Cela était énoncé parfois d'un ton mélancolique,
avec le regret de l'artiste qui voit une maison de rapport s'élever sur l'emplacement de la pittoresque bicoque
drapée de lierre et de mousse.

Un an plus tard, après un long voyage dans les provinces du Centre, de l'Ouest et du Sud-Ouest, je retrou-
vais mes gens autour de la table d'hôte pékinoise. Les
physionomies n'exprimaient plus seulement l'espoir
mais la certitude, la joie du triomphe. Celui-ci avait en
poche l'autorisation d'édifier ses usines ou d'exploiter
son filon, celui-là sa concession de chemin de fer en
bonne et due forme. Les moins favorisés parmi ces
messagers de paix emportaient quelque petite commande d'engins de guerre, torpilleur ou mitrailleuse.
Il n'était plus question d'une Chine prête à s'ouvrir ;
on ne parlait plus au futur mais au présent : « La Chine
est ouverte ! »

Il suffit de se rappeler l'histoire de la petite ligne
de Shanghaï à Wo-Sung, que nous avons placée in-
tentionnellement au commencement de ce chapitre,
pour comprendre qu'un pareil changement de régime économique n'allait pas être accepté sans une
énergique résistance dans un pays où ce changement doit fatalement bouleverser un état social déjà
vieux de trente siècles ; porter atteinte aux intérêts
de la classe officielle ; ruiner « des industries déjà
existantes, conduites, il est vrai, suivant des méthodes puériles et disposant d'un outillage su-
ranné, mais, telles quelles, réussissant à faire vivre
une collectivité nombreuse »... et où, enfin, l'action
du pouvoir central est à peu près nulle sur les
parties constitutives de l'Empire ; car, nous l'avons
déjà dit : l'empereur, soi-disant maître absolu de

ses 400 millions de sujets et de leurs biens, y règne, mais y gouverne moins que la reine en Angleterre ou que le président de la République en France.

.·.

Si la question des chemins de fer n'a été véritablement posée en Chine, que par le traité de Simonosaki, les puissances limitrophes en avaient cependant compris l'importance bien avant 1895 : En effet, nous savons que le traité franco-chinois du 9 juin 1885 contient une clause stipulant, que lorsque la Chine se déciderait à construire des voies ferrées, elle s'adresserait à l'industrie française, et l'histoire du Transsibérien nous prouve aussi que l'objectif réalisé par la Russie, le 27 mars 1898, de diriger cette gigantesque voie vers le cœur même de la Chine, a été clairement indiqué par les économistes russes, bien avant la guerre de 1894.

L'annexion au territoire sibérien, en 1858, des vastes régions de l'Amour, de la côte orientale et du pays d'Oussourie, étendit la domination des Tzars, de la Baltique à la mer du Japon. La fondation de Vladivostok remonte au 20 juin 1860, date à laquelle un vaisseau de guerre russe vint prendre possession de la baie de la Corne d'Or, libre de glaces pendant huit mois de l'année ; une misérable caserne et quelques maisons pour les officiers furent les premiers édifices de la ville qui compte aujourd'hui de plus 30.000 habitants et qui serait certainement devenue l'un des ports maritimes les plus importants de l'Extrême-Orient, si le Transsibérien

— dont il est inutile de faire ressortir ici le grand rôle stratégique et économique — était resté dans les données de l'ukase du 17 mars 1891, qui en a décrété la construction.

Cet ukase, terminant la longue série d'études poursuivies depuis plus de vingt années, arrêta le tracé suivant pour le Transsibérien :

En partant de l'ouest, c'est-à-dire de l'Oural : 1re section, dite chemin de fer de la Sibérie occidentale : 1.417 kilomètres de Tcheliabinsk (point terminus du réseau russe proprement dit) à l'Obi par Omsk. — 2e section, dite chemin de fer de la Sibérie moyenne : 1.846 kilomètres de l'Obi à Irkoutsk par Krasnoïarsk. — 3e section, d'Irkoutsk à Myrovsk en contournant le lac Baïkal : 312 kilomètres. — 4º section, dite chemin de fer de Transbaïkalie, jusqu'à Strietensk, point de départ de la navigation de l'Amour : 1.128 kilomètres. — 5e section, dite chemin de fer de l'Amour, de Strietensk à Khabarovsk : 2.133 kilomètres. — 6e section, dite chemin de fer de l'Oussouri, de Khabarovsk à Vladivostok : 765 kilomètres : soit au total 7.601 kilomètres, ou 7.127 verstes, à construire dans un délai qui ne devait pas dépasser douze années.

Le 14 mai 1891, le tsarevitch Nicolas, aujourd'hui empereur, débarquait à Vladivostok pour inaugurer solennellement l'ouverture des travaux de la section de l'Oussouri. Le rescrit impérial qui l'investissait de cette mission commençait en ces termes :

Altesse impériale. Ayant ordonné de commencer la

construction, à travers toute la Sibérie, d'un chemin de fer qui réunira les différentes provinces de ce pays, si richement favorisé par la nature, au réseau ferré de l'intérieur de l'Empire, je vous charge de faire connaître à tous ma volonté, lorsque vous remettrez le pied sur le territoire russe, après avoir visité les pays étrangers de l'Orient. Outre cela, je vous charge de poser à Vladivostok la première pierre dans la section Oussourienne de la grande voie ferrée de Sibérie, dont la construction est autorisée aux frais de l'État, et sous la direction immédiate du Gouvernement...

Le *Guide du Grand Chemin de fer Transsibérien* que le Ministère russe des voies de communication vient d'éditer, à l'occasion de l'Exposition Universelle de 1900, et auquel nous empruntons tous ces détails, ajoute :

C'est ainsi que se résolut la question de la construction du grand chemin de fer Transsibérien, qui avait attiré pendant plus d'un tiers de siècle l'attention du Gouvernement et de la Nation, et cette entreprise nous apparaît comme un des événements historiques les plus importants du siècle qui va s'écouler, non seulement pour notre patrie, mais aussi *pour le monde entier*.

Le 19 mai 1891, à Vladivostok, l'héritier Tsérarévitch, actuellement l'empereur régnant, daigna charger lui-même une brouette de terre et la mener sur la ligne du chemin Oussourien en construction, et posa la première pierre du grand chemin de fer Transsibérien.

Le tracé indiqué par l'ukase du 17 mars 1891 était entièrement établi sur le territoire russe. Les études, sur le terrain de la 5ᵐᵉ section, dite Chemin

de fer de l'Amour, longue d'environ 2.000 verstes,
étudiée postérieurement à l'inauguration du chemin
de fer de l'Oussouri (c'est-à-dire de la ligne de
Vladivostok à Khabarovsk sur l'Amour), révélèrent des difficultés techniques très considérables..... et les ingénieurs russes avaient déjà
reconnu qu'un passage du Transsibérien à travers la Mandchourie procurerait une réduction
de parcours de 550 kilomètres et une grande
économie d'argent, lorsque la guerre sino-japonaise
éclata.

On sait le service capital que la Russie rendit à
la Chine pendant les négociations qui aboutirent au
traité de Simonosaki : la diplomatie russe ne laissa
pas au Gouvernement chinois le temps d'être
ingrat, car, dès le mois d'octobre 1895, elle obtint,
par le traité signé à Pékin entre le comte Cassini,
ministre de Russie, et le Tsoung-li-Yamen, le droit
de faire passer le Transsibérien par la Mandchourie,
et d'occuper militairement cette province pour en
protéger les travaux.

C'était un coup de maître : Les études de la
section du chemin de fer de l'Amour furent immédiatement abandonnées, et en vertu d'une convention conclue le 27 août 1896 entre le Gouvernement
chinois et la *Banque Russo-Chinoise*, les Russes
créèrent la Compagnie du Chemin de fer Chinois
Oriental, ou *Est-Chinois*, dont la ligne magistrale
se détache de l'ancien tracé du Transsibérien,
vers le milieu de la 4me section, pénètre sur le
territoire chinois à Nagodan, traverse toute la
Mandchourie sur un parcours de 1.535 kilomètres,

atteint la frontière russe et gagne la ligne de l'Oussouri à la station de Nikolsk, située à 109 kilomètres au nord de Vladivostok.

La question des chemins de fer chinois était cette fois posée....., mais surtout au profit de la Russie. En effet, par ce nouveau traité, les Russes devenaient maîtres, tant au point de vue militaire qu'au point de vue commercial, de la Mandchourie et des provinces chinoises du Nord, car l'article 3 du traité Cassini leur réservait le droit de construire des voies ferrées de Girin (station de la section mandchoue du Transsibérien) à San-Haï-Kouan, point terminus de la ligne de Pékin-Tien-Tsin, et à Nieu-Tchwang, port à traité situé au nord du golfe du Petchili.

Le traité Cassini était un traité secret ; la Russie fut cependant obligée de s'en prévaloir quand, le 14 juin 1898, le Tsoung-li-Yamen ratifia un contrat intervenu entre le *Hong-Kong and Shanghaï Bank* et la Compagnie chinoise du chemin de fer de Tien-Tsin à San-Haï-Kouan pour le prolongement de cette ligne jusqu'à Nieu-Tchwang.

On sait avec quelle énergie la diplomatie russe défendit sa concession : Elle exigea l'annulation du contrat signé avec la banque anglaise, déclarant qu'en cas de refus les troupes russes étaient prêtes à franchir la frontière chinoise.

Malgré l'offre que fit l'Angleterre de donner à l'empereur de Chine « l'appui de la flotte britannique contre toute agression provoquée par l'observation fidèle d'un contrat librement signé », le

Gouvernement chinois remercia le Gouvernement
anglais......, mais il s'empressa d'ajouter que nulle
puissance ne menaçait la Chine.

C'est finalement avec la Russie que l'Angleterre
dut négocier. On se souvient que, dans les premiers
jours d'août 1898, on crut un moment que les deux
nations allaient se déclarer la guerre. Il n'en fut
rien, heureusement, car l'Angleterre céda sur tous
les points. Elle retira ses prétentions relativement
aux provinces chinoises du Nord que la Russie
enfermait ainsi et définitivement dans sa sphère
d'influence..., mais elle obtenait, en compensation,
des avantages dans le Sud et dans le Centre : concession de la ligne de Canton à Kaolong, reliant
Hong-Kong à Canton ; extension de la ligne de
Pékin à Ho-Nan-Fou déjà concédée à un Syndicat
anglo-italien.

Au mois de septembre 1897, les Allemands occu-
pèrent Kiao-Tchéou et établirent, un peu brutalement, leur sphère d'influence sur la riche presqu'île
du Chan-Tong : Les Russes profitèrent de la ter-
reur que la présence de la flotte allemande dans le
golfe du Petchili provoqua à la Cour de Pékin pour
se faire octroyer *à bail* Port-Arthur et Talien-Wan
(15 mars et 15 avril 1898). L'Angleterre protesta
énergiquement..... mais elle mit la main sur la
rade de Wei-Haï-Weï, à la pointe nord du Chan-
Tong, excellente position navale à l'entrée du golfe
du Petchili, d'où elle peut surveiller à la fois les
Russes à Port-Arthur, les Allemands à Kiao-
Tchéou..... et tout le monde à Pékin

Le traité Cassini fut donc le point de départ des nombreuses concessions de chemins de fer que le Gouvernement chinois accorda aux syndicats étrangers. La plus importante de ces concessions est incontestablement celle du *Grand Central Chinois*, qui doit avoir un parcours total d'environ 2.240 kilomètres et qui mettra Pékin en communication, par voie ferrée, avec Han-Kéou et Canton. La première section de cette immense artère, Pékin Pao-Ting Han-Kéou, a été concédée à un syndicat franco-belge ; elle est actuellement en construction et au 1er janvier 1900 l'exploitation s'étendait déjà sur 135 kilomètres. La seconde section, allant de Han-Kéou à Canton et Kaolong, a été obtenue par un syndicat anglo-américain

La ligne d'Han-Kéou à Pékin nous intéresse d'une manière toute particulière, puisque nous avons, en France, une bonne partie du capital engagé dans sa construction. Nos lecteurs nous permettront en conséquence de répéter, en ce qui concerne son avenir, ce que nous disions dans le n° 401 de l'*Economiste Européen* :

La ligne en question sera la grande artère de la Chine centrale, puisqu'elle coupera les vallées du Hoang-Ho (fleuve Jaune) et du Hiang-Tsé-Kiang (fleuve Bleu). Au nord, elle se rattachera à la ligne de Tien-Tsin à Nieu-Tchwang et au réseau russe de la Mandchourie ; au sud, à la ligne projetée de Han-Kéou à Canton. Sur elle, viendront forcément se greffer, à

droite et à gauche, les embranchements appelés à
desservir les régions minières du Hou-Pé et du Chan-Si.

Au terminus septentrional, Pékin et Tien-Tsin ont
ensemble plus de 2 millions d'habitants ; au terminus
méridional, Han-Kéou, Wu-Chang et Han-Yang ont une
population agglomérée de plus de 3 millions d'habitants. Dans un rayon de 10 kilomètres de chaque côté
de la voie, on trouve une population de 20 millions
d'habitants et il est hors de doute que la zone d'influence du chemin de fer s'étendra bien au delà de ces
10 kilomètres. On peut donc prévoir que le transport
des voyageurs entrera pour une forte proportion dans
le chiffre des recettes.

Quant au mouvement des marchandises, il ne sera
pas moins intense et pourra égaler celui des lignes les
plus productives de l'Europe ; la ligne reliera les provinces les plus riches de l'empire au fleuve Bleu,
qui est navigable pour les navires de 3.000 et 4.000
tonneaux jusqu'à Han-Kéou. Le mouvement du port
de cette localité est déjà, annuellement, de 3 millions
de tonnes ; si on y ajoute le mouvement du batelage
vers l'intérieur, on constate que Han-Kéou est un des
plus grands ports du monde et, en Asie, le centre de
l'échange des produits indigènes contre les produits
étrangers.

La diplomatie russe a fortement appuyé la demande du syndicat franco-belge, et c'est grâce à
elle que toutes les difficultés suscitées par les
Anglais ont pu être écartées. La raison de cette
bienveillance c'est que les Russes avaient le plus
grand intérêt à ce que l'exploitation du grand col-
lecteur de la Chine centrale fût confiée à des capitalistes « amis et alliés ». C'est ce qui explique
l'énergie qu'ils ont déployée à contrecarrer la tentative d'ingérence des banques anglaises dans l'entreprise et les manœuvres des agents britanniques.

MM. René Pinon et Jean de Marcillac ont fait un historique très intéressant de ces négociations et il n'est pas inutile de connaître les détails qu'ils ont donnés sur la manière dont les concessions de chemins de fer sont accordées en Chine.

A part la Mandchourie, le Chan-Tong et le Yunnam, où les lignes seront la propriété des Russes, des Allemands ou des Français qui les construisent — quittes à être ensuite *rachetées* par des syndicats chinois — les étrangers ne peuvent désormais obtenir que des *concessions temporaires*, destinées à leur rembourser les frais d'établissement et à garantir l'amortissement de l'emprunt; ils sont, non point propriétaires de la ligne, mais de simples prêteurs munis de certaines garanties.

En général, les choses se passent de la façon suivante : les Chinois pouvant seuls désormais obtenir une *concession définitive*, un syndicat indigène se forme à cet effet. Mais, s'il possède bien l'influence indispensable à la réussite de cette intrigue — dans ce pays où tout n'est que faveur et concussion — par contre, il manque des fonds et de l'expérience nécessaires pour mener à bien l'entreprise. Il se trouve amené à s'entendre avec un syndicat étranger qui se charge de construire la ligne au moyen d'un emprunt émis en Europe et garanti par le Gouvernement chinois. Celui-ci en assure le paiement des intérêts (5 0/0 or) et le service d'amortissement non seulement par les revenus généraux de l'Empire, mais tout d'abord par l'affectation spéciale des produits de la voie ferrée dont l'exploitation est confiée au syndicat étranger pendant toute la durée de l'emprunt (20 ans généralement).

Pour être valables, toutes les clauses de ce contrat entre les deux groupes financiers indigène et étranger doivent être approuvées par l'*Administration centrale des Chemins de fer*, créée en juin 1898, sous la direction de Ouang-Ouen-Chao (ancien vice-roi du Petchili), puis sanctionnées par un édit impérial que le Tsoung-li-

Yamen notifie ensuite aux Ministres à Pékin des puissances chez lesquelles l'emprunt est émis.

Ainsi fut conclu et ratifié le contrat qui a chargé le syndicat franco-belge de la plus grande partie de la ligne de Lou-Koutschiao (près Pékin) à Han-Kéou : la concession (définitive) de cette voie ferrée fut accordée le 20 octobre 1896 à la *Compagnie des Chemins de fer chinois* fondée sous les auspices des vice-rois du Petchili et du Hou-Kiang et du directeur de cette Compagnie, le fameux Sheng-Hsuan-Huaï, au capital d'environ 45 millions de francs.

Grâce aux fonds dont elle disposait et à une entente spéciale avec la Banque russo-chinoise, elle put immédiatement faire construire pour son compte le premier tronçon (Pékin Pao-Ting-Fou).

Le reste de la ligne fut confié au syndicat franco-belge par contrat du 26 juin 1898, ratifié par le Fils du Ciel le 11 août et notifié les 17 août et 1er septembre de la même année aux ministres de Belgique et de France. Outre la garantie des revenus impériaux, le Gouvernement chinois s'engage à affecter d'abord les produits de la voie ferrée — qui doit être achevée en 1903 — à l'amortissement de l'emprunt en 20 années, pendant lesquelles le syndicat franco-belge sera chargé de l'exploitation.

En cas de désaccord dans l'exécution du contrat, le ministre de France sera pris comme arbitre.

Nous devons nous réjouir d'avoir pu, en dépit de tous leurs efforts, vigoureusement secondés par sir Claude Mac-Donald, évincer les Anglais de cette ligne importante qui, prolongée par la voie Han-Kéou Canton, sera, comme on l'a dit, le *Paris-Lyon-Méditerranée* de la Chine : comme la nôtre, la voie chinoise sera à la fois une voie de transit, un chemin de très grande communication entre les deux parties, nord et sud, du Céleste-Empire.

Ajoutons que le Syndicat franco-belge — qui

s'appelle en réalité la *Société d'études de Chemins de fer en Chine* — a créé, en représentation de l'emprunt autorisé de 112.500.000 fr., 225.000 obligations de 500 fr., sur lesquelles 133.000 furent émises en France et en Belgique, le 19 avril 1899, au taux de 482 fr. 50.

En moins de quatre années, la Chine a ainsi concédé plus de 10.000 kilomètres de chemins de fer, qui peuvent se répartir en six groupes principaux :

1° Le réseau de la Mandchourie et du Shen-King, ou *Est Chinois*, appartenant aux Russes. Il comprend 1.535 kilomètres pour la portion du Transsibérien à construire en territoire chinois et environ 850 kilomètres pour la ligne descendant sur Nieu-Tchwang et Port-Arthur, et pour la ligne de raccordement de Nieu-Tchwang à San-Haï-Kouan, point terminus de la ligne Tien-Tsin à Pékin.

Tout ce réseau peut être considéré comme en état de construction ; plus de 500 kilomètres sont déjà achevés et on admet généralement qu'avant 1905, les wagons russes pourront circuler sans interruption de Saint-Pétersbourg à la Grande muraille de Chine.

Nous disons jusqu'à la Grande muraille de Chine, parce qu'il faudra nécessairement effectuer un transbordement à San-Haï-Kouan, les voies russes ayant un écartement de 1 m. 524, alors que les voies chinoises sont construites à la voie normale européenne de 1 m. 435

Le trajet entre Saint-Pétersbourg et Pékin sera environ de 10.090 kilomètres, ainsi décomposé :

De Saint-Pétersbourg à Tcheliabinsk, point de départ du Transsibérien : 2.847 kilomètres ; de Tcheliabinsk à la frontière chinoise, y compris la traversée du lac Baïkal : 4.823 kilomètres ; de la frontière chinoise à San-Haï-Kouan : 1.940 kilomètres ; enfin, de San-Haï-Kouan à Pékin : 480 kilomètres.

Avec une marche moyenne de 45 kilomètres à l'heure — ce qui n'est pas excessif — on pourra se rendre alors en 9 jours et 8 heures de Saint-Pétersbourg à Pékin.

S'il faut en croire le *Guide du Grand Chemin de fer Transsibérien*, le prix du voyage entre Moscou et Vladivostok, soit 8.000 verstes environ, ne coûtera, par train de grande vitesse, que 114 roubles en 1re classe avec lits, y compris les droits perçus au profit de l'Etat. En appliquant ce tarif au trajet Saint-Pétersbourg-Pékin, ce serait une dépense d'à peine 365 fr. de chemin de fer, à laquelle il faudrait ajouter environ 135 fr. pour frais de nourriture et divers, soit au total 500 fr.

Actuellement, le trajet, par bateau, de Londres à Shanghaï seulement, exige de 34 à 36 jours et coûte environ 1.800 fr. en cabine de 1re classe.

Cette simple comparaison justifie les espérances des créateurs de cette entreprise colossale.

2° *Le Nord de la Chine* : c'est la ligne de 480

kilomètres actuellement en exploitation entre Pékin, Tien-Tsin, Takou et San-Haï-Kouan.

3º Le *Grand Central Chinois* : Il comprend la ligne de Pékin à Pao-Ting, la ligne de Pao-Ting à Han-Kéou, la ligne d'Han-Kéou à Canton et Kaolong. formant l'artère principale de 2.240 kilomètres. non compris les embranchements sur Siang-Yang et Sian-Fou qui s'en détacheront à l'Ouest. et qui auront environ 900 kilomètres.

4º Le *Réseau Maritime*, embrassant la ligne de Tien-Tsin à Chinkiang : 780 kilomètres ; les lignes allemandes du Chan-Tong. allant de Kiao-Tchéou à Wei-Hui et Tsi-Nan-fou : 688 kilomètres: et les lignes anglaises du bas Hiang-tsé. allant de Shanghaï à Nankin : 288 kilomètres, de Ning-Po à Hang-Tchéou et Su-Tchéou : 320 kilomètres, et de Pu-Kou à Sin-Yang : 432 kilomètres.

5º Le *Réseau de pénétration du Tonkin* : Ce sont les lignes projetées du Tonkin à Nanning fou : 352 kilomètres ; comprenant la ligne de Langson à Nan-Ning : 160 kilomètres. et celle de Pakhoï à Nan-Ning : 192 kilomètres. Puis les lignes du Yunnam dont la longueur en territoire chinois n'est pas encore déterminée.

6º L'*Extension du réseau Birman*, qui peut atteindre 500 kilomètres jusqu'au Yunnam.

L'ensemble du réseau chinois comprend donc. à l'heure actuelle. près de 10.000 kilomètres de lignes concédées sur lesquelles près de 6.000 étaient en construction ou sur le point de l'être. lorsque l'insurrection des Boxers a éclaté.

XI

Le Coup d'État du 22 septembre 1898
et l'insurrection des Boxers

L'insurrection des Boxers a surtout sévi dans les provinces situées autour de Pékin : Le Petchili d'abord, puis le Sheng-King au Nord ; le Chan-Si à l'Ouest ; le delta du Peï-Ho ; le Chan-Tong et le Ho-Nan à l'Est et au Sud. Or, il suffit de jeter un coup d'œil sur la carte récemment dressée par M. F. Bianconi pour constater que c'est justement dans ces provinces où se trouvent les chemins de fer déjà ouverts à l'exploitation : ligne de Pékin à Tien-Tsin Takou, ligne du nord de Takou à San-Haï-Kouan avec prolongement sur Nieu-Tchwang, et l'amorce nord du Grand central Pékin Han-Kéou, dont près de 200 kilomètres, entre Pékin et Paoting-fou, étaient exploités, lorsque l'insurrection a éclaté.

La ligne de la Mandchourie méridionale (*Est-Chinois*) partant de San-Haï-Kouan à l'Ouest, de Nieu-Tchwang à l'Est, et allant joindre la section mandchoue du transsibérien au hameau de Girin (ou Kharbin d'après les cartes russes), point où le Transmandchou traverse le Soungari, était presque terminée jusqu'à Moukden, la ville sainte de Mandchourie (1), et de nombreux chantiers étaient ouverts dans toute la région, ainsi d'ailleurs que dans le Ho-Nan. sur le tracé du Grand central, et dans la province de Chan-Tong, où les Allemands et les Anglais construisent la ligne de Kiao-Tchéou à Tsi-Nan avec prolongement de cette dernière ville sur Tien-Tsin, par une voie qui suit le grand canal sur un parcours de plus de 200 kilomètres.

Les renseignements recueillis sur l'origine de l'insurrection établissent que ce sont les concessions arrachées au Gouvernement chinois après la signature du traité de Simonosaki : — concessions de chemins de fer et de mines, nouveaux ports ouverts aux étrangers, prise en possession de Kiao-Tchéou par l'Allemagne, de Port-Arthur et de Ta-lien-Wan par la Russie, de la baie de Hang-Tchéou-Wan par la France, de la baie de Wei-Haï-Weï par l'Angleterre et, enfin, reconnaissance de la religion chrétienne en Chine, — qui ont fait entrer en scène cette terrible association des *Boxers* dont on ignorait l'existence il y a à peine deux ans.

Nous avons expliqué au cours de cette étude, et dans nos précédents articles de l'*Economiste Européen*, le rôle que jouent les Sociétés secrètes dans

---

1. Moukden est la plus grande ville de Mandchourie et la capitale de la province de Leaotong. Elle occupe le sommet d'une éminence située à environ 600 kilomètres au nord-est de Pékin. Elle fut le siège de la souveraineté mandchoue avant la conquête, et l'on voit encore dans son voisinage les tombeaux des princes ancêtres de la dynastie régnante. Dans l'enceinte de son rempart quadrangulaire flanqué de hautes tours et de son mur d'argile plus amplement développé (il a 13 kilomètres de circonférence) se presse une population de 150.000 âmes

la vie politique du Céleste-Empire. Nous avons dit que « toutes, à l'occasion, .sont préparées à l'action révolutionnaire. Le peuple n'ayant aucun recours contre les fonctionnaires et l'administration, il y existe comme un « droit sacré de rébellion » qui est peut-être l'un des traits les plus immuables de l'immuable empire. La rébellion aux yeux des Chinois est une nécessité, un procédé naturel de réclamation, un système de représentation, un droit enfin. Or, ce droit s'exerce, le plus souvent, par les Sociétés secrètes ».

En ce qui concerne leur organisation et leur fonctionnement. M. Maurice Courant a publié dans les *Annales des Sciences politiques* (1er trimestre 1899) une monographie très documentée dont une analyse sommaire intéressera certainement nos lecteurs.

Contrairement à ce qui existe en Europe, l'État chinois exerce son action non sur des citoyens isolés, mais sur des organismes complexes, ayant une histoire plus ou moins établie et des tendances plus ou moins connues. Ces groupes, selon les circonstances, s'opposent les uns aux autres ou se soutiennent mutuellement ; les individus qui les composent ont entre eux et avec l'ensemble de la population chinoise, des relations dont la somme constitue la vie sociale de la Chine.

Le fait qui domine cette vie, c'est, par voie de conséquence, le fonctionnement des associations : jeunes ou vieilles, secrètes ou publiques, morales ou économiques, religieuses ou profanes. Il en est d'urbaines et de rurales, de locales et de provinciales ; les unes sont formées d'hommes paisibles, d'honnêtes commerçants, les autres de gens sans aveu : aux unes, on appartient par droit de naissance, aux autres, par affiliation, et, dans cette diversité, **M. Maurice Courant** a choisi quelques exemples qui jettent un jour très curieux sur cette question toute d'actualité.

L'une des plus curieuses parmi les associations est celle des mendiants : nombreux dans toutes les villes de Chine, ils ont éprouvé le besoin de se soutenir les uns les autres, et ils réussissent, par leur organisation, à régulariser leurs gains. A Pékin, ils exploitent méthodiquement la ville par bandes de quatre ou cinq, se partageant les quartiers suivant les jours du mois ; il est inutile de les chasser, ils reviennent toujours, déguenillés et couverts de plaies, jusqu'à ce qu'ils aient obtenu l'aumône à laquelle ils prétendent ; si l'on appelle la police, en admettant qu'elle intervienne, ils se vengent par des tracasseries sans fin, voire par l'incendie. Pour se débarrasser d'eux, il n'est qu'un moyen, traiter de gré à gré avec leur chef et lui payer un abonnement : ce chef a sur eux toute autorité, il a juridiction sur tous ceux de son quartier ; il leur distribue deux fois par mois par personne deux à trois cents sapèques et une livre de petits pains cuits à la vapeur ; il fait bâtonner les récalcitrants par ses commis. La dignité de chef des mendiants qui, paraît-il, existait déjà à la capitale il y a dix siècles, est depuis le XVII° siècle héréditaire dans plusieurs familles auxquelles les autorités urbaines ont partagé les quartiers de la ville et qui, grâce aux abonnements, ont leur subsistance largement assurée ; elles sont d'ailleurs tenues pour viles et exclues des examens. L'une de ces familles, celle des Tchao, qui réside dans le quartier oriental de la ville tartare, a amassé une fortune considérable et vit dans le luxe, avec de nombreux serviteurs.

Dans les villes de province, l'organisation est analogue, et un journal de Shanghaï en citait récemment une aux portes de laquelle le chef des mendiants vient de faire bâtir une élégante maison de plaisance. Quelle aide ces troupes déguenillées, avec leurs cadres tout prêts, peuvent fournir aux

fauteurs de désordre, je n'ai pas à y insister : elles ne sont
pas, d'ailleurs, ennemies quand même de l'ordre et ne
demandent qu'à mendier honnêtement leur nourriture. Ce ne
sont ni l'armée ni la police qui pourraient supprimer ces
bandes misérables, produit d'un état social vicieux, puisqu'elles ne suffisent pas non plus contre un autre fléau, les
bandes de voleurs qui infestent les grandes routes, le voisinage des villes, les carrefours fréquentés et qui, d'habitude,
ont toute licence de se livrer en paix à leurs opérations. Ce
n'est pas que l'Occident soit exempt non plus d'industriels de
ce genre : mais on y voit rarement à l'heure actuelle des
bandes dont le chef est connu, ménagé ouvertement par les
plus hautes autorités, tenir la campagne, piller ceux des
habitants qui leur déplaisent, protéger les autres, surtout
contre les mandarins, rentrer ensuite tranquillement dans
leurs foyers pour recommencer à la saison suivante, et cela
pendant des années. C'est ce qui se passe au Seu tchhoan,
par exemple, à l'heure où j'écris. Chez les voleurs aussi,
nous trouvons une société, une organisation ; elle n'est pas
connue, mais je vois la preuve de son existence dans la régularité et l'honnêteté de leurs rapports avec ces compagnies
d'assurance pour le transport de l'argent qui versent aux
bandes classées tant pour cent sur leurs opérations et auxquelles tout le monde a recours, sauf le Gouvernement.

Sur le rôle des innombrables associations de
marchands dont nous avons parlé à notre Chapitre III, M. Maurice Courant dit :

Dans chaque ville, les patrons de chaque branche commerciale forment une corporation qui a sa caisse commune,
ses syndics administrant les fonds et servant d'arbitres entre
les associés, son culte particulier dont les sacrifices réunissent à époques fixes toute la corporation avec les commis.
La corporation est ainsi une aristocratie qui se recrute parmi
la masse des gens de boutique, c'est une oligarchie au milieu
d'un peuple. Ce corps, dépourvu de caractère officiel, très
rarement mentionné dans les textes de loi, tenant son existence, si je puis dire, du droit coutumier, privé et non écrit,
joue le rôle de nos tribunaux de commerce, conseils de
prud'hommes, chambres de commerce, syndicats profes-
sionnels. Il s'en faut de beaucoup que les règles des corpo-

rations soient identiques, nées de l'initiative privée, indépendamment les unes des autres, dans des localités différentes, en des circonstances diverses, elles ont toute la complexité des créations populaires.

. . . .

La corporation défend les intérêts communs : si l'un des membres a un procès d'une portée générale, elle l'aide à le soutenir de son influence et de ses fonds ; en temps de troubles, de crise monétaire, elle fait prudemment fermer les boutiques. Les moyens employés supposent aussi une décision prise, une énergie qui exécute : si un membre refuse de payer une amende, de se soumettre au règlement, on le garde à vue jusqu'à soumission ; dans des cas plus graves, s'il s'agit d'en finir avec un insoumis que l'on veut chasser, avec un nouveau venu que l'on ne veut pas admettre, on a recours au boycottage. Le condamné est mis en quarantaine, il n'a aucun rapport avec tous les autres membres de l'association, on trouve moyen de le décrier dans le public, au besoin on baisse les prix momentanément : il n'est personne qui puisse résister longtemps. Contre les mandarins, si les représentations respectueuses ont échoué, les corporations recourent à la grève, application du même principe. L'an dernier, le préfet de Tsi nan, au Chan tong, prétend arrêter la baisse de l'argent et fixer le taux du change en sapèques : les banquiers ferment leurs portes et, pour faire reprendre les affaires, il faut l'intervention du gouverneur, qui donne tort à son subordonné.

Un autre genre d'associations qui, dans les villes chinoises, existent presque en aussi grand nombre que les associations de marchands, sont les associations provinciales.

Pour le Chinois, la patrie n'est pas l'empire, mais la province, plutôt encore le district d'où il est originaire : quelle que soit l'unité de la langue écrite et savante, de l'éducation, des principales traditions, des coutumes dans leurs traits généraux, le Chinois, en quittant sa province, trouve un dialecte différent, parfois vraiment une langue différente : les coutumes quotidiennes, les divinités, les fêtes traditionnelles sont autres en grande partie : l'homme du Koang tong que la vie amène au Chan si, y est aussi dépaysé que le Napolitain transplanté à Lille ou à Mayence et, comme il arrive entre nations européennes diverses, le Chinois du nord n'a pas assez de moqueries pour le *Man tseu*, le barbare du midi, qui le lui rend bien et l'appelle un *Ta tseu*, un Tartare. Quitter la province natale c'est émigrer à l'étranger, dans un milieu presque toujours hostile : car le Chinois méprise et craint tout ce qu'il ne connaît pas : le protectionnisme moral, industriel, appliqué au travail est pour lui un dogme et s'exerce non seulement de province à province, mais de district à district. Dans une localité donnée, les étrangers (je veux dire les gens des autres provinces) que réunit la communauté d'origine, sont naturellement amenés à se grouper pour faire face à la malveillance générale; parmi eux, les plus nombreux sont naturellement les marchands que leur profession même fait sortir du pays : on y rencontre aussi des artisans et beaucoup de ces gens qui, n'ayant pas d'industrie spéciale, louent leurs bras pour des travaux de force : le Chan tong fournit au nord de la Chine un contingent important de manœuvres exerçant des métiers faciles, pénibles, peu rétribués ; comme nos Limousins, un bon nombre retourne au pays chaque année à l'époque du chômage hivernal, et presque tous, après avoir amassé un léger pécule, y vont finir leurs jours. Enfin, formant la tête de l'association, il y a des mandarins de tout rang : car le mandarin se rencontre partout, sauf dans sa province natale, où la loi lui interdit l'accès des charges, et partout il porte le souvenir de son origine, l'amour du sol où il est né, l'attrait pour les vrais compatriotes.

Quand une association provinciale est assez riche, elle élève un temple qui devient un dépôt pour les cercueils. Le Chinois désire, en effet, et par-dessus tout, reposer dans son sol natal, auprès de ses ancêtres. S'il meurt pauvre, hors de sa province, son cercueil restera au temple national jusqu'à ce que ses parents, prévenus de son décès, l'aient fait revenir; et si ces parents sont eux-mêmes trop pauvres pour supporter les frais du transport, c'est un compatriote plus fortuné ou, à son défaut, l'Association elle-même qui s'en chargera.

Enfin, les associations ou syndicats agricoles, que nous sommes si fiers d'avoir créés en France voilà une dizaine d'années, fonctionnent en Chine, et d'une manière générale, depuis plus de dix siècles :

L'agriculteur sédentaire ne demeure pas plus isolé que le marchand établi au loin; comme l'un a sa corporation, l'autre a sa commune; et puisque la masse du peuple chinois est formée d'agriculteurs, les communes rurales, bien que moins importantes prises séparément, et moins visibles aussi que les corporations et les associations provinciales, ont dans le corps social un rôle qui n'est pas moins grand. Ces communes ont eu sans doute une vie plus longue déjà que celle des corporations : de celles-ci, en effet, je n'ai trouvé aucune mention un peu nette avant le xvi° siècle, tandis que les premières ont commencé de se former au xi°, sous l'impulsion de quelques-uns des philosophes de l'école des Song. Certains de ces sages, et des plus grands, les frères Tchcheng, Tchou-Hi, ont écrit des préambules pour les contrats d'union de quelques communes : car ces associations se sont formées par contrat librement consenti entre les intéressés, sans intervention de l'autorité, sans charte octroyée par un seigneur ou débattue avec lui, comme il arrivait pour nos communes occidentales; elles ne revendiquaient pas les droits appartenant à des supérieurs, elles se bornaient à unir les ressources de leurs membres. Les préambules nous les montrent principalement comme des sociétés de prévoyance et de secours mutuels, en même temps que de moralisation; des familles voisines se réunissent par cinq ou par dix, se promettant « de s'exciter à la vertu, de reprendre mutuellement leurs fautes, d'user des rites dans leurs rapports, de se venir en aide dans la détresse »: on ouvre trois registres pour y inscrire les noms des membres, leurs bonnes actions, leurs fautes; on choisit des « quinteniers », des dizeniers; les associations s'agrègent par dix avec un centenier; celles d'un même village ou de plusieurs villages voisins se forment en commune avec un syndic, qui est d'habitude un ancien fonctionnaire, un lettré, un vieillard. La commune prend pour centre une bonzerie ou un temple taoïste, dont les divinités lui servent de patrons; elle a ainsi la consécration du culte, essentielle aux yeux du peuple, mais elle est avant tout un organisme civil, qui fait la police de ses membres et de son territoire, qui édifie son grenier et son école publics.

D'après M. Maurice Courant, l'esprit de solidarité, qui est certainement le trait le plus saillant du caractère chinois, et qui a donné naissance aux innombrables sociétés, associations ou corporations qui couvrent le territoire du Céleste Empire, découle, à son tour, de l'organisation de la famille chinoise, qui est elle-même une véritable communauté :

Le culte familial commun sert de consécration à la propriété familiale commune ; l'éminente dignité du père, qui est aujourd'hui le sacrificateur, qui sera demain le dieu, imprime à son autorité un caractère sacré. Telle est la plus primitive des associations chinoises ; peut-être a-t-elle précédé la société elle-même ; c'est en elle qu'est né et que se forme à nouveau chaque jour cet instinct de solidarité dont j'ai parlé. Toutes les autres associations se sont inspirées de cet exemple, mais aucune ne l'a égalé, car aucune n'a pu avoir pour lien ce culte naturel des ancêtres ; la religion qu'elles se sont donnée est extérieure à leur principe, aucun pouvoir n'a pu en émaner, aussi ont-elles presque totalement méconnu la nécessité même d'une autorité.

Fondée sur l'unité du culte, la famille est susceptible d'un accroissement indéfini, chaque fils devenant chef d'une maison qui à son tour se divise en branches et en ramifications. Dans la famille ainsi étendue, dans le clan, ou dans la tribu, pour mieux dire, le privilège d'aînesse, persistant dans le culte, donne la primauté à la branche aînée : jadis admis avec une force presque égale à celle de la puissance paternelle, il avait constitué une société aristocratique, le territoire était alors divisé entre un petit nombre de tribus, dont les chefs étaient seuls maîtres du sol, souverains et grands prêtres. En affaiblissant ce privilège de plus en plus, les circonstances politiques et sociales ont, dans la majeure partie de l'Empire, fait disparaître les tribus ou ne les ont pas lais-

sées se constituer : c'est **pourtant** vers cette forme sociale
que tend toujours le paysan, l'homme de toute la Chine, qui
est resté le plus proche de l'antiquité.

Et **M**. Maurice Courant ajoute, en terminant sa
très remarquable étude :

L'existence de tous ces organismes, les principes sur lesquels ils reposent, indépendance réciproque, solidarité dans
chacun séparément, autorité issue du culte dans la famille
et le clan seuls, partout ailleurs gouvernement de la masse
par elle-même, sans votes, **sans majorité ni minorité**, avec le
minimum d'ordre nécessaire pour qu'il n'y ait pas anarchie,
tout cela explique, en partie seulement, la faiblesse du Gouvernement chinois et sa lenteur à se mouvoir. C'est avec ces
associations que doit compter l'Etat chinois, obligé à se mo-
derniser par le contact avec le monde moderne ; les unes sont
un principe de stabilité et d'inertie, les autres de transformation ; les forces étaient en équilibre depuis plus de trois
siècles : aujourd'hui que l'équilibre est rompu par les actions
extérieures, nul ne peut prévoir quand et comment il se ré-
tablira.

Nous nous sommes étendu sur cette question
des associations chinoises, parce que les détails qui
précèdent exposent nettement les principes sociaux
qui régissent, depuis des milliers d'années, cette
collectivité de 400 millions d'individus, que les
Européens voudraient, en quelques mois, façonner
à leur usage.

La secte des Boxers, qui a organisé l'insurrection actuelle, semble s'être créée dans le Chan-
Tong pour contrebalancer l'influence des missionnaires chrétiens dont le nombre des prosélytes
augmentait d'année en année dans cette province.

Contrairement aux tendances de la secte du *Nénufar blanc*, qui fomenta l'insurrection de 1794, de la secte de la *Triade*, qui organisa celle de 1812, du parti des *Taïpings*, qui faillit s'emparer de Pékin en 1854, etc.... la secte des *Boxers* n'est pas antidynastique.

A l'origine son caractère était plutôt philosophique et religieux, mais sous l'influence des événements qui suivirent la guerre sino-japonaise — parmi lesquels Mgr Auzer, vicaire apostolique allemand du Kouan Tong, a placé en première ligne, la prise en possession de Kiao-Tchéou par la flotte allemande — et grâce aux encouragements et à l'appui qu'elle reçut des princes et mandarins xénophobes mandchous, qui avaient exécuté le fameux coup d'État du 22 septembre 1898 (dont la conséquence fut la mise en tutelle du jeune empereur Kouang-Su et le retour au pouvoir de la vieille impératrice Tsou-Haï), elle devint terriblement agressive à l'égard de tous les étrangers, sans distinction de religion ou de nationalité, et son action s'étendit rapidement du Chan-Tong au Ho-Nan, au Chan-Si, au Petchili, au Sheng-King et à la Mandchourie méridionale.

Le point de départ de l'insurrection actuelle remonterait donc au coup d'État du 22 septembre 1898.

. .

L'empereur Tsaï t'ien, que l'Europe connaît par

le nom qui qualifie son règne : *Kouang-Su*, (ou : continuation de la splendeur), est né à Pékin le 2 août 1872. Il est le fils du prince Chun, septième fils de l'empereur Tao-Kouang. L'impératrice Tsou-Haï, sa tante, l'adopta et exerça la régence de 1881, date à laquelle Kouang-Su devint empereur, jusqu'à sa majorité survenue le 4 mars 1889.

D'après les Européens qui ont pu l'approcher, Kouang-Su est bon et intelligent, mais il a une santé précaire et un caractère très faible. Pendant la guerre sino-japonaise, et surtout au cours des négociations laborieuses qui ont précédé et suivi le traité de Simonosaki, il a pu, malgré l'ignorance relative dans laquelle ses ministres l'ont sans doute laissé sur la vérité des événements, entrevoir les causes réelles de la faiblesse de la Chine.

Il s'est assez nettement rendu compte, par les mémoires qu'il reçut alors, par ses conversations avec les ministres étrangers, par l'entrevue qu'il eut au Palais d'Été le 15 mai 1898 avec le prince Henri de Prusse, etc..., que la Chine avait de puissants rivaux et que, pour se défendre contre leurs prétentions, pour maintenir l'intégrité de son territoire et de ses institutions, elle devait réaliser, dans l'ordre politique, fiscal et militaire, de grandes réformes. Il chercha à étudier les traits les plus saillants de la civilisation européenne, et prit dans ses conseils les mandarins qu'il considérait comme les plus aptes à entrer dans ses vues.

C'est après l'entrevue du 15 mai 1898 que parurent, dans la *Gazette de Pékin*, les premiers décrets relatifs aux réformes projetées.

Déjà, en 1897, l'empereur avait transmis au Tsoung-li-Yamen un mémoire du commissaire chinois des chemins de fer, Sheng-Hsuan-Haï, qui conseillait : 1° La suppression des armées provinciales et leur remplacement par une armée impériale organisée et instruite à l'européenne; 2° l'abolition du *likin* ou droit de douane intérieur et son remplacement par une majoration de 10 0/0 des droits de douane maritime ; 3° la frappe officielle d'un taël d'argent et d'un taël d'or, c'est-à-dire l'établissement d'une monnaie légale chinoise ; 4° la création d'une banque d'État.

En dehors de ces quatre questions dont la réalisation devait, d'après l'auteur du mémoire, mieux assurer la défense de l'Empire et développer considérablement la production et l'exportation des produits indigènes, Sheng parlait encore de la mise en valeur des richesses minières de l'Empire, de l'engagement d'instructeurs militaires étrangers dans chaque province, de la modification graduelle du système actuel d'examen, ou, si cela était impossible, de la création d'écoles basées sur le système européen et d'examens portant sur les arts et sciences de l'Occident.

Sous l'influence des idées nouvelles, qui s'affirmaient dans l'esprit du jeune empereur, le Tsoung-li-Yamen fit un rapport presque complètement favorable :

Le licenciement des troupes régulières était approuvé en principe et toutes les provinces devaient prendre des mesures pour réformer leurs armées d'après la méthode européenne. Quant au *likin*, son mode de perception devait être corrigé, mais il ne pouvait être aboli souverainement, car la question de l'augmentation des droits de douane maritime ne devait être résolue que d'accord avec les Puissances. La création d'une banque chinoise d'État était approuvée et la frappe immédiate de « taël-dollars » autorisée; 100.000 seraient mis en circulation pour commencer afin de voir l'effet de cette mesure. L'établissement, dans les provinces, d'écoles pour l'enseignement des sciences européennes était également approuvé : enfin, chaque vice-roi et gouverneur devait faire immédiatement un rapport sur la nécessité d'établir une école militaire dans sa capitale. Quant aux deux universités dont l'établissement était autorisé à Pékin et Shanghaï, le ministère des revenus leur fournirait chaque année les ressources nécessaires.

Cette première tentative de réformes n'eut pas de résultat immédiat, car les autorités provinciales ne tinrent aucun compte des ordres de l'empereur. Nous en trouvons la preuve dans un décret impérial publié au commencement de juin 1898 par la *Gazette de Pékin :*

« Dernièrement, disait l'empereur, un décret a été publié, ordonnant aux autorités provinciales d'éviter les concussions dans la perception du *likin*, et de renvoyer les régiments territoriaux inutiles qui ne font que sucer le sang des budgets provinciaux. Les réponses envoyées au décret n'ont pas traité ces deux questions vitales; rien n'a été fait pour découvrir le nombre exact des soldats inutiles et les choses vont aussi mal que précédemment.

« En particulier, la pratique qui consiste à porter de faux effectifs dans les rôles des régiments; la corruption existant dans les bureaux du *likin* et du sel; les sinécures accordées à des fonctionnaires favorisés doivent cesser et la dépense doit rester dans les limites fixées pour tous les départements. »

Le 12 juin, le ministre d'Allemagne à Pékin demanda au Tsoung-li-Yamen la concession d'une ligne de chemin de fer de Tien-Tsin à Chinkiang, demande qui provoqua une grande irritation dans le Petchili et la région nord-ouest du Chan-Tong, car le tracé de cette ligne doit suivre le grand canal et porter un grave préjudice à la population riveraine, qui vit presque exclusivement des transports fluviaux.

Le 6 juillet, un nouveau décret ordonna au Tsoung-li-Yamen de créer, à Pékin même, un bureau des brevets pour l'encouragement des inventions.

A peu près à la même époque, l'administration des douanes impériales publia un règlement par lequel les eaux intérieures de la Chine étaient ouvertes à tous les bateaux chinois ou étrangers qui auraient été spécialement enregistrés pour ce commerce dans les ports à traité. C'était un acte que les Puissances sollicitaient en vain depuis de longues années et dont la haute importance est facile à concevoir.

Li-Hung-Chang, à qui les défaites de l'armée et de la marine chinoises pendant la guerre sino-japonaise, avait fait perdre la vice-royauté du Petchili et ses plus lucratifs emplois, était parvenu à rentrer en grâce auprès du jeune empereur et à reprendre une place prépondérante au Tsoung-li-Yamen. On attribuait ce retour de faveur aux idées de réformes qu'il avait rapportées de son voyage en Europe et qu'il avait su faire partager à l'empereur.

Fut-il irrité de l'influence considérable que Kang-You-Weï, chef reconnu du parti de la Jeune-Chine et réformateur dans toute l'acception du mot, exerça sur l'esprit de Kouang-Su après la prise en possession de Kiao-Tchéou par les Allemands? ou comprit-il, par la sourde résistance qui s'organisait dans les provinces et qui se manifestait avec une intensité croissante à la Cour même et dans la famille impériale, que le plan de réformes n'aboutirait pas sans une violente réaction? C'est ce que l'on ne saura sans doute jamais. Quoi qu'il en soit, Li-Hung-Chang passa brusquement dans l'opposition... et l'empereur s'empressa de le destituer (7 septembre) et de le remplacer par Kang-You-Weï lui-même.

Aussitôt une série de décrets parurent dans la *Gazette de Pékin*, relativement aux réformes décidées par l'Empereur.

Dans le premier, Kouang-Su donnait à ses sujets des explications très détaillées sur les raisons qui lui avaient dicté le plan de réformes et sur la nécessité de le réaliser au plus vite pour le bien de l'Empire. Il y déclarait expressément qu'une étude approfondie de la civilisation occidentale lui avait montré que cette civilisation était, sur plusieurs points, supérieure à la civilisation chinoise et qu'il était déterminé à adopter pour l'Empire ce qu'elle avait de bon et à rejeter ce qu'elle avait de mauvais.

Il terminait en demandant au peuple son concours direct pour contrebalancer la faiblesse du Gouvernement impérial et pour rendre la Chine forte et respectée de tous.

Ce décret fut suivi, dès le lendemain, d'un édit accordant à tous les chinois, à quelque rang social qu'ils appartinssent, le droit d'adresser des pétitions à l'Empereur, droit qui jusqu'alors n'était dévolu qu'à la classe privilégiée des lettrés.

Un troisième décret ordonna ensuite aux autorités provinciales, dans tout l'Empire, de régulariser leur mode de perceptions fiscales, de dresser chaque mois et de publier leurs comptes de recettes et de dépenses.

Enfin, le 18 septembre 1898, l'Empereur ayant probablement appris que les décrets insérés dans la *Gazette de Pékin* ne recevaient pas une publicité suffisante dans les provinces, donna l'ordre formel que ses édits fussent affichés dans tous les lieux publics du territoire, afin que la population se rendit compte de ses véritables intentions et des efforts qu'il faisait pour le bien de tous ses sujets.

Ces projets de réformes, venant après les multiples concessions accordées aux étrangers — qui avaient elles mêmes provoqué une violente irritation sur plusieurs points du territoire et suscité de graves désordres —, furent le prétexte de la fameuse révolution de palais du 22 septembre 1898, qui détrôna le malheureux Kouang-Su et le replaça sous la tutelle de sa terrible tante, la vieille et énergique impératrice douairière Tsou-Haï, l'âme de la résistance et de la haine aux étrangers.

Les princes et les mandarins mandchoux, instigateurs du coup d'Etat, firent immédiatement rappeler Li-Hung-Chang par Tsou-Haï et annuler tous les décrets promulgués par Kouang-Su depuis le 7 juillet. Le Pouvoir impérial passa ainsi des mains d'un jeune souverain, respectueux des traités et ennemi des intrigues, à celles d'une vieille hystérique, pour qui les conventions n'ont jamais eu aucune valeur.

.·.

Le réformateur Kang-You-Weï ne dut son salut qu'à la fuite et à son embarquement sur une canonnière anglaise : mais le parti de la réaction mandchoue ne se contenta pas de détruire l'œuvre à peine ébauchée par Kouang-Su : il visa plus haut et plus loin, car les documents contenus dans le **Livre Jaune**, que M. Delcassé vient de faire publier sur les affaires de Chine, prouvent jusqu'à l'évidence que la révolte des Boxers, exclusivement dirigée contre les étrangers, est son œuvre.

En effet, le premier de ces documents est un rapport de M. Bonin, vice-résident de France, chargé d'une mission dans l'Asie Centrale, qui rend compte — à la date du 20 mai 1899 — d'une entrevue qu'il venait d'avoir avec le roi mongol des Ordos, tributaire de la Chine :

Au moment du départ, le roi me fit savoir en particulier qu'on raison des troubles prochains qu'il prévoyait il lui serait difficile, malgré sa bonne volonté, d'assurer la protection et d'empêcher la destruction des stations catholiques établies sur son territoire pour cette année et l'an prochain et qu'il demandait, le cas échéant, à ce qu'on ne l'en rendît pas responsable. Je lui promis de faire parvenir l'avis qu'il me donnait ; je ne le crois pas négligeable, en raison de la situation de celui qui le donne, de ses relations avec la dynastie mandchoue et de la façon dont il est renseigné sur la marche des événements par les journaux de Pékin et de Shanghaï qu'il reçoit régulièrement au fond du désert. Cet avertissement coïncide avec les bruits de soulèvement général et prochain contre les Européens et les chrétiens, que j'ai recueillis à l'autre extrémité de la Chine et dont les troubles du Sse-tch'ouan, sans parler des attentats personnels que j'ai eu à subir, ont été les prodromes.

Le 13 mars 1900, M. d'Anthouard, chargé d'affaires de France à Pékin, en l'absence de M. Pichon, écrivait à M. Delcassé :

Le 4 janvier, un décret publié par la *Gazette de Pékin*, annonçait, d'après un télégramme du gouverneur Yuan, le meurtre d'un missionnaire anglais au Chan-Tong, et prescrivait au gouverneur de cette province de dénoncer immédiatement les mandarins coupables de négligence dans l'exercice de leur devoir de protection, ainsi que de rechercher et châtier les assassins. Ce décret fut bientôt (11 janvier 1900) suivi d'un autre visant les malfaiteurs qui se réunissent et fondent des associations dans un but de désordre ou de persécution religieuse.

Mais cet édit, au lieu d'être un élément de pacification, ne tarda pas à devenir, par l'interprétation qui lui fut donnée, une source de nouveaux dangers. Il y était dit, en effet :
« Ces temps derniers, de fréquentes affaires de Missions se
« sont produites. On prétend, le plus généralement, que les
« coupables sont des brigands affiliés à des sociétés, et l'on
« demande qu'ils soient soigneusement recherchés, arrêtés
« et punis sévèrement. Cela nous amène à penser que, parmi
« les sociétés, il y a une distinction à faire. Ceux-là qui,
« gens agités, vont chercher dans une association le groupe-
« ment qui leur permettra de fomenter des troubles, ceux-là

« ne peuvent, à la vérité, échapper au châtiment. Ceux qui,
« gens de bien et respectueux de leur devoir, s'exercent au
« maniement des armes, afin d'être en mesure de défendre
« leur personne ou leur famille, ou encore qui groupent plu-
« sieurs villages pour leur permettre de défendre mutuelle-
« ment leurs territoires, n'agissent cependant à la vérité que
« dans une pensée de protection mutuelle ».

Ainsi que le voit Votre Excellence, les termes du décret
étaient singulièrement vagues et élastiques ; plus encore, ils
étaient à double entente, et nous en eûmes presque aussitôt
la preuve par la recrudescence d'audace et d'activité des
sociétés secrètes du Chan-Tong. Celles-ci, en effet, dont le
but avoué était le maniement des armes, la pratique de la
boxe et autres exercices physiques, prirent de suite texte du
dernier paragraphe du passage cité plus haut pour se prétendre non seulement protégées, mais soutenues et encoura-
gées par la Cour elle-même. Confinées jusque-là dans le
Chan-Tong, elles en vinrent à envahir le Petchili, où la mission des jésuites de Ho-Kien-fou eut la première à subir ses
méfaits.

**Le 20 avril 1900, M Pichon, rentré à Pékin,
adressait, de son côté, la dépêche suivante à notre
Ministre des Affaires étrangères :**

L'aveugle hostilité du Gouvernement de l'Impératrice contre
tous les étrangers est manifeste. La souveraine est entourée
de mandarins qui sont en général choisis parmi les plus
ignorants des choses du dehors et les plus passionnés contre
tout ce qui sort des traditions chinoises. Sa faveur est
acquise à ceux qui poussent à tout refuser aux représentants des Puissances. Elle vient encore d'accorder une haute
dignité à Kang-yi, son conseiller principal, qui est un des
plus acharnés contre les Européens et qu'elle a mis à la tête
du plus important des six Ministères de l'Empire.

Les sociétés secrètes n'ignorent pas ces dispositions, et
celles d'entre elles qui ne rêvent que le bouleversement
sont toutes prêtes à en profiter. Elles peuvent, à un moment
donné, provoquer des émeutes sanglantes.

Pékin, le 14 mai 1900.

Je demande une audience au Tsoung-li-Yamen pour fair

des remontrances énergiques et réclamer des mesures correspondant à la situation, mais l'état général est rendu très délicat par l'hostilité déclarée du gouvernement de l'Impératrice contre tous les étrangers. Nous sommes, en particulier, en présence du parti pris évident d'entraver par tous les moyens la construction du chemin de fer ; je viens d'être amené à protester, d'accord avec M. de Giers et par note identique, contre le refus d'exécuter le contrat du chemin de fer du Chan-Si. Au Petchili les désordres continuent : un village chrétien entre Pao-Ting-fou et Pékin a été brûlé et massacré hier. A Pékin même pour la première fois depuis longtemps, des placards menaçants contre les étrangers sont affichés et distribués.

Pékin, le 20 mai 1900.

L'état de fatigue où je me trouve par suite des affaires qui m'assaillent de tous côtés me permet à peine de vous rendre compte de la situation grave créée par les émeutiers qui ont envahi le Petchili. Depuis les faits énoncés dans mon rapport du 20 avril, la crise ne fait que s'accentuer. Pao-Ting-fou, Tien-Tsin et Pékin sont entourés par des bandes de convulsionnaires et de fanatiques qui se grossissent de toute la population vagabonde et surexcitée, et, sous l'action de meneurs influents qui les subventionnent, volent, pillent, incendient et tuent sur leur passage. C'est aux catholiques et aux protestants chinois qu'ils s'en prennent pour le moment. Ils ont détruit le village de Kao-lo (situé dans la sous-préfecture de Lai-choui-hien), où ils ont massacré et brûlé vifs soixante-dix chrétiens indigènes du vicariat de Mgr Favier. Ils ont attaqué et incendié d'autres villages avoisinants où ils ont également fait des victimes parmi les fidèles des missions anglicane, américaine et française. Ils forment actuellement autour de la capitale de l'Empire un cercle qui se resserre de plus en plus. On prétend qu'ils sont déjà entrés dans la ville au nombre d'une dizaine de mille. Ils ne dissimulent pas que leur objectif est de se débarrasser de tous les étrangers. Ils affichent et distribuent des placards poussant à l'anéantissement des missions religieuses et à une insurrection générale contre les résidents européens et américains. Ils fixent dans ces écrits ou imprimés les dates auxquelles ils comptent exécuter leur menaces. Ils tiennent des conciliabules et des réunions, forment des attroupements sur la voie publique et s'organisent ouvertement en vue d'un soulèvement. Ils portent des drapeaux avec des inscriptions qui signifient : « Nous combattons par ordre impérial pour le salut de la dynastie ».

Tous les avertissements, toutes les indications, toutes les protestations, toutes les réclamations dont j'ai saisi le Tsoung-li-Yamen concurremment avec plusieurs de mes collègues étrangers, n'ont pu déterminer le Gouvernement chinois à prendre les mesures suffisantes. M. du Chaylard a multiplié ses démarches auprès du Vice-Roi de Tien-Tsin pour obtenir que des troupes soient envoyées sur les points du Petchili où des désordres étaient le plus à craindre. Le Vice-Roi est un homme bien intentionné qui a fait ce qui dépendait de lui, mais qui, ne trouvant pas dans le gouvernement central l'appui nécessaire, n'a pas osé donner à ses soldats les ordres catégoriques qui auraient mis terme à la rébellion.

Et les mêmes dépêches de M. Pichon annonçant le développement graduel de l'insurrection et l'inertie voulue du Gouvernement impérial se succèdent jusqu'au 12 juin 1900, date à laquelle les communications télégraphiques furent interrompues entre Pékin et Tien-Tsin.

Du 20 juin au 14 août, les légations de Pékin furent assiégées par les troupes impériales et échappèrent miraculeusement au massacre général des étrangers, y compris les femmes et les enfants, ordonnés par le Gouvernement impérial lui-même.

Nous regrettons de ne pouvoir donner *in extenso* l'émouvant journal que M. Pichon a écrit sur ces cinquante-cinq horribles journées. pendant lesquelles 480 étrangers de toute nationalité — dont 65 furent tués et 142 blessés — eurent à lutter contre la faim, l'incendie, les fusillades. la canonnade, les mines, et à subir les assauts furieux de 5.000 à 6.000 soldats réguliers chinois ou Boxers ; mais nous croyons pourtant indispensable de reproduire les conclusions du préambule qui précède ce journal, car ces conclusions sont en quelque sorte l'épilogue du premier chapitre :

Le moment n'est pas venu de fixer les responsabilités engagées dans ce drame horrible que couvrent encore tant d'obscurités. Ce qu'on peut dire dès maintenant, c'est que le rôle principal y a été joué par trois personnages dont les noms sont à retenir et dont le châtiment ne saurait être trop sévère : le prince Tuan, père de l'héritier présomptif du trône; le général Tung-Fou-Siang, commandant des troupes du Kan-Sou, connu pour une hostilité sauvage contre tout homme civilisé, et le grand secrétaire d'État Kang-Yi. En dehors de ces meneurs de haute marque, il y a eu des comparses d'un rang moins élevé et d'une influence moins grande, comme Liping-heng, ancien gouverneur du Chan-Tong, révoqué sous la pression allemande lors de la prise de Kiao-Tchéou; le prince Lan, frère de Tuan, et le prince Tchouang, qui avait été désigné pour enrôler et diriger les Boxers.

L'action du triumvirat formé par Tuan, Tung-Fou-Siang et Kang-Yi s'est exercée dictatorialement sur l'impératrice, dont je suis loin d'excuser ou d'atténuer les entreprises, mais qui n'a été, sous ses allures autoritaires, qu'un instrument à la disposition de ces fanatiques imbéciles. On peut dire que, du 20 juin au 15 août, Pékin a été gouverné officiellement par les Boxers, qui s'y sont livrés aux pires brigandages, volant, pillant, assassinant les chrétiens ou les habitants paisibles qui refusaient de prendre part ou de payer tribut à leurs orgies. Ces actes se sont accomplis au milieu d'une anarchie sans pareille, les pillards tirant les uns sur les autres, et les soldats se combattant réciproquement pour se disputer les meilleures proies.

Les leçons infligées par les victoires européennes (la prise de Tien-Tsin surtout) et par l'approche de l'armée internationale, ont, par intervalles, jeté le trouble et le désarroi dans l'entourage de la souveraine. L'infatuation des mandarins qui s'étaient crus de taille à faire la guerre au monde, a reçu le contre-coup de nos succès et s'en est plusieurs fois ressentie. L'élément modéré, personnifié par le prince King, et le tiers-parti, dont Yong-Lou semble avoir été l'incarnation, ont essayé de réagir contre les odieuses folies qui conduisaient l'empire aux catastrophes. Mais le courage n'est pas ce qui distingue les hauts mandarins chinois, et ceux-là mêmes qui comprenaient le péril n'osèrent pas faire ce qu'il fallait pour le conjurer. Ils s'arrêtèrent à mi-route, préférant avoir les mains ensanglantées et laisser les légations sous la menace des mines et des barricades, plutôt que de s'exposer personnellement à la vengeance des fous furieux auxquels l'impératrice obéissait. Ils avaient, d'ailleurs, sous les yeux, des exemples faits pour entretenir cette lâcheté : quatre membres du Tsoung-li-Yamen, et un ministre de la maison impériale, furent exécutés peu de jours avant l'entrée de nos troupes, à l'endroit où l'on coupe la tête aux criminels de droit commun. Parmi les victimes de ce supplice que le raffinement barbare de ses auteurs avait rendu plus infamant qu'aucun autre, deux Hu-King-Tching, ancien ministre à Pétersbourg et à Paris, et Su-Yong-Yi, étaient principalement coupables d'avoir fait acheter un cercueil pour le ministre d'Allemagne, assassiné sur l'ordre exprès de Tung-Fou-Siang. Les trois autres (Yuan-Tchang, Lien-Yuan et Li-Chan) étaient accusés de tiédeur dans les tentatives de massacres dont les étrangers étaient l'objet.

La docilité avec laquelle l'impératrice se prêtait à ces représailles impressionnait ceux qui redoutaient d'en être victimes à leur tour. De là le caractère instable et équivoque de l'armistice, qui nous a néanmoins permis d'atteindre vivants le terme de nos épreuves. De là de sourdes luttes entre les divers partis représentés au pouvoir, lutte dont nous pouvions constater les effets par le degré de violence des attaques que nous avions à repousser. Suivant que le prince Tuan et ses acolytes étaient plus ou moins confiants dans leur dictature, ou que le prince King et, à un degré moindre, Yong-Lou, se sentaient ou non rassurés, nous étions plus ou moins en butte à la fusillade ennemie. Ce sont ces alternatives de persévérance et de défaillance dans le mal qui ont contribué à l'échec de l'attentat organisé par un Gouvernement qui prenait sur lui d'ordonner le massacre général des étrangers vivant dans sa capitale, en particulier de tous les membres du corps diplomatique, sans excepter les femmes et les enfants.

Pichon.

La nouvelle de l'heureuse délivrance des léga-

tions a été accueillie avec une immense joie par
tout le monde civilisé, mais cette joie — si naturelle qu'elle fût — n'a pas eu cependant pour cause
unique la profonde pitié que l'horrible situation
des Ministres, de leurs femmes, de leurs enfants,
de leurs employés et de leurs soldats d'escorte,
avait inspirée à chacun de nous pendant près de
deux mois : elle a eu aussi comme motif le sentiment très net qu'un danger immédiat de complications redoutables pour l'Europe, venait d'être
écarté.

XII

Qui exploitera la Chine ?

Jusqu'à la guerre sino-japonaise, la pénétration étrangère en Chine avait surtout profité à l'Angleterre et à la Russie. Nous savons, en effet, qu'avant 1893 l'Angleterre, soit par ses importations directes, soit par celles des Indes et de sa colonie de Hong-Kong, détenait la majeure partie du commerce extérieur chinois, et que la population étrangère des ports à traité était composée, pour près de la moitié, de sujets britanniques. Quant à la Russie, ses intérêts étaient plutôt d'ordre politique, mais l'histoire de ses progrès en Extrême-Orient nous a montré le chemin qu'elle avait su parcourir en quelques années.

L'entrée en lice des Japonais, et leurs victoires sur l'armée et la marine chinoises, ont profondément modifié la situation respective de l'Angleterre et de la Russie, et on a pu croire, un moment, que la question de l'exploitation de la Chine allait être exclusivement résolue en leur faveur.

La Russie comprit le danger et son habile intervention, à l'heure psychologique, lui permit, non seulement de conserver le bénéfice des avantages précédemment acquis, mais de s'assurer, dans le Nord de la Chine, la situation prépondérante qu'elle visait depuis de longues années.

L'Angleterre a été moins heureuse : elle a bien essayé, comme toujours, de brouiller les cartes pour faire tourner les événements à son profit, mais sa diplomatie a complètement échoué et on peut dire aujourd'hui que le traité de Simonosaki a été le point de départ de la décadence de son influence politique et de son commerce en Chine.

Le traité de Simonosaki, dont le Mikado a dû subir les conditions relativement modérées par crainte d'une guerre avec la Russie, n'a certainement pas répondu à toutes les espérances des Japonais.

Ce peuple, qui se qualifie lui-même d'Anglais de l'Extrême-Orient, possède toutes les qualités nécessaires pour jouer un rôle prépondérant dans la transformation économique de la Chine et il n'est pas douteux que ses hommes d'Etat ont espéré, et espèrent certainement encore, y prendre la place des Mandchoux qui, malgré leur faiblesse numérique (environ 8 millions d'individus) dominent et contrôlent cet immense pays depuis trois siècles.

Les Japonais ont adopté la civilisation chinoise vers le cinquième siècle de l'ère chrétienne et la civilisation européenne depuis seulement une quarantaine d'années, mais les immenses progrès économiques qu'ils ont réalisés pendant cette dernière période, et la facilité avec laquelle leur ancien régime politique et social a pu se modifier et se plier à toutes les conditions de leur grande révolution de 1868, étaient un premier indice de leur force : Leurs succès de 1894 révélèrent au monde leur véritable puissance et leurs projets d'avenir.

Pendant la guerre, leurs ministres et leurs journaux déclarèrent *urbi et orbi* qu'ils n'avaient à l'égard de la Chine que des idées généreuses.

« Les Japonais (1) doivent aux Chinois leur civilisation, ils ont avec eux de grandes affinités. L'ensemble compliqué des idées, des instincts, des façons d'être, d'agir et de penser qui constituent l'âme chinoise est pour nous une énigme indéchiffrable; les Japonais en ont la clé. Sinon de même race, du moins de même famille, ils ont sur leurs frères jaunes la supériorité que donne un caractère plus élevé et une intelligence plus ouverte. Le Chinois n'est guère mû que par la piété filiale et la cupidité; le Japonais a un idéal plus noble : il est ardemment patriote et toujours prêt à sacrifier avec joie sa fortune et sa vie pour la gloire de son pays. Il est, en outre, merveilleusement servi par cette admirable faculté d'assimilation qui, aux avantages de la race, lui a permis d'ajouter ceux que l'Europe doit aux progrès d'une civilisation scientifique et industrielle. »

Nous verrons, en effet, dans le chapitre suivant. l'extraordinaire rapidité avec laquelle les Japonais se sont assimilés les grandes lignes de la civilisation européenne, qu'ils ignoraient totalement avant

---

(1) *La Chine qui s'ouvre* : MM. René Pinon et Jean de Marcilla.

1853, date à laquelle l'escadre américaine du commodore Perry pénétra dans la baie d'Yédo pour exiger la conclusion d'un traité de commerce et l'ouverture de deux ports japonais au commerce américain. En attendant, nous devons constater qu'ils ne nourrissent à l'égard des Chinois aucun sentiment de haine ou de jalousie.

Ils ont compris, depuis qu'ils sont initiés aux conceptions politiques des nations civilisées, que la Chine, dans l'état d'anarchie politique et de léthargie sociale où elle se trouve, deviendra fatalement la proie de ces nations, comme elle a été, tour à tour, la proie des Mongols et des Mandchoux; et ils rêvent — depuis qu'ils ont acquis le sentiment de leur nouvelle force — de devenir l'âme et le cerveau de cet immense corps chinois, de ce colosse inerte dont le brusque réveil peut changer la face du monde.

.·.

On a beaucoup discuté sur les dispositions des Japonais à l'égard des étrangers, mais il convient de reconnaître qu'on n'a pas encore de données bien précises sur leurs véritables sentiments. Il est indéniable qu'ils ont adopté et appliqué avec ardeur toutes les formules politiques, économiques et industrielles de nos pays, mais il n'est pas bien certain qu'en se donnant notre civilisation ils se soient franchement *déjaponisés*.

Certains voyageurs, qui n'ont vu du Japon que le côté artistique et n'ont recueilli leurs impressions que dans la société des lettrés de Tokio ou dans celle des industriels et commerçants japonais de la côte maritime, affirment que les sujets du Mikado veulent absolument devenir semblables aux Européens; mais ceux de nos compatriotes qui ont habité ce pays pendant plusieurs années ne sont pas tout à fait de cet avis.

Un de nos amis, qui a longtemps occupé de hautes fonctions consulaires au Japon, nous disait récemment que, selon lui, les Japonais n'ont ouvert leurs ports et n'ont adopté la civilisation occidentale que parce qu'ils se sont nettement rendu compte, dès leur premier contact avec les vaisseaux de guerre américains, anglais, français et russes, qu'avec leur ancienne organisation politique et sociale ils ne pouvaient résister aux attaques des étrangers.

Ils se sont imposés, il est vrai, de grandes réformes pour acquérir la puissance militaire qu'ils avaient constatée chez leurs agresseurs, mais ils n'ont sacrifié à la civilisation occidentale ni leurs institutions familiales, ni leurs traditions religieuses, et malgré les immenses progrès matériels qu'ils ont réalisés depuis trente ans, ils ont voulu rester, au point de vue moral, des Japonais de l'ancien régime.

Plus fins politiques que les Chinois, ils dissimulent habilement leur état d'âme, car ils savent à merveille qu'il leur reste encore beaucoup à faire pour traiter de pair avec les grandes nations de l'Europe et les Etats-Unis, mais ils s'attachent avec

un soin jaloux à ce que le développement économique et financier du pays ne se fasse qu'au
profit de Japonais et par les Japonais.

Contrairement à ce qu'on aurait pu attendre d'un
peuple qui semblait s'être lancé à corps perdu dans
toutes les innovations modernes, à chaque grand
résultat obtenu, la nationalisme japonais, pris
dans le sens étroit, se ressaisit et s'affirme plus
énergiquement.

Ainsi, par exemple, au lendemain de la restauration du Mikado, ce sont des Européens ou des
Américains qui ont initié les Japonais à l'industrie
des chemins de fer, construction et exploitation ;
qui les ont aidés à organiser leur service postal et
télégraphique, qui leur ont enseigné les nouvelles
méthodes de production industrielle et d'organisation administrative et financière auxquelles le
pays doit ses rapides et immenses progrès économiques ; qui leur ont fourni leurs premiers instructeurs militaires, leurs premiers ingénieurs Enfin,
c'est un Français, M. Georges Bousquet, qui leur
a préparé leur code civil, et un autre Français,
M. Boissonnade, professeur agrégé de la Faculté de
Paris, qui a créé et dirigé la première école japonaise de Droit... et pourtant les Japonais se sont
empressés d'éliminer, mais poliment et sans brutalité, les étrangers de tous les postes qu'ils occu-
paient, dès qu'ils ont cru pouvoir se passer de leurs
services.

Dans tous les pays nouvellement ouverts à l'industrie, c'est par le capital que les intérêts de
l'étranger viennent s'associer à l'activité nationale.

Les Japonais ont bien voulu se laisser initier aux
secrets de l'industrie moderne, mais ils ont énergiquement refusé d'y associer le capital étranger... et
à l'heure actuelle — malgré une modification de
détail dont nous parlerons au prochain chapitre —
tous les actionnaires de leurs banques, de leurs
chemins de fer, de leurs filatures, de leurs usines
métallurgiques et de leurs mines, doivent être, de
par la loi, et sont effectivement, de nationalité japonaise.

Leurs victoires sur les Chinois les ont définitivement mis au rang des nations occidentales et, grâce
à des négociations fort intelligemment conduites par
leur jeune diplomatie, les Japonais ont pu s'affranchir du privilège de l'exterritorialité qu'ils avaient
dû accorder aux nations étrangères au moment de
l'ouverture de leurs ports. Pour conquérir cette indépendance nationale, le Gouvernement du Mikado
avait promis d'ouvrir absolument le pays au commerce international et de permettre aux étrangers
de s'y établir et d'y acquérir des propriétés, au
même titre que les Japonais eux-mêmes. Les nouveaux traités consacrant la suppression de l'exterritorialité, et celle des tribunaux consulaires et des
municipalités étrangères dans les ports ouverts qui
en étaient la conséquence, ont été mis en vigueur
depuis 1899... mais les étrangers n'ont pas obtenu
le droit de possession des terres. Ils ont la faculté
de commercer librement sur tous les points du territoire en se conformant aux lois du Japon... mais
ils ne peuvent y devenir propriétaires dans le vrai
sens du mot.

Enfin, un dernier détail qui a sa signification :
Pendant les premières années de la Restauration,
tous les fonctionnaires du Gouvernement prirent
le costume européen ; cette innovation qui, logique-
ment, aurait dû se généraliser avec les progrès du
pays, a été, au contraire, abandonnée au fur et à
mesure que la puissance nationale du Japon s'affirmait. Le mouvement rétrograde s'est surtout
accentué après le traité de Simonosaki, et aujour-
d'hui, il n'y a plus que les membres de la Cour, les
Ministres et les hauts fonctionnaires en relation
avec les ambassadeurs étrangers, qui portent habituellement la redingote européenne.

.

Les Japonais n'ont pas préparé la guerre de 1894
dans le secret espoir de s'emparer de la Chine,
comme les nations européennes l'ont fait pour leurs
colonies : leur rêve était en apparence plus modeste. Maîtres de la Corée, qui ne se trouve qu'à
200 kilomètres de leurs côtes et de la presqu'île du
Leaotong, qui commande, avec Port-Arthur, le
golfe du Petchili, ils pouvaient espérer prendre
la direction politique de la Cour de Pékin et d'associer, par des liens étroits d'intérêts communs à
l'égard des étrangers, les destinées du Céleste Empire à celles de l'Empire du Levant.

Ce programme, ou tout au moins ce désir, a été
nettement formulé dans la presse et au Parlement
japonais, en 1892 et 1893, pendant le ministère du

marquis Ito, qui préparait le Japon à la guerre. Il
reçut un commencement d'exécution après les défaites de l'armée chinoise, mais on sait comment
il fut contrecarré par l'intervention de la Russie,
à laquelle vinrent se joindre la France et l'Allemagne.

Le traité de Simonosaki ne laissa au Japon que
l'île de Formose et une indemnité de guerre de 200
millions de taëls, plus 30 millions de taëls pour la
rétrocession de la presqu'île du Leaotong qui est
finalement passée sous le contrôle de la Russie.

Le Japon, malgré sa guerre victorieuse, ne
pourra donc pas exploiter la Chine à lui tout seul,
et bien qu'il ait considérablement développé, depuis 1896, son armée et sa marine de guerre, il
devra, comme par le passé, compter avec les puissances étrangères... et surtout avec la Russie.

C'est, en effet, ce dernier pays, qui, de toutes
les nations européennes, est appelé à tirer le plus
de profit de la transformation économique de la
Chine, et en voici les raisons lumineusement ré-
sumées dans le livre de MM. René Pinon et Jean
de Marcillac :

Après avoir expliqué qu'il n'existait pas de
contraste violent entre la race slave et la race
jaune, et qu'à la différence des Anglais, dont la
morgue et la brutalité diplomatique étaient exé-
crées par les Célestes, la souplesse et la patience
moscovites avaient su, depuis longtemps, inspirer
confiance à l'apathie chinoise, ces auteurs ajou-
tent :

« L'intimité de la Chine et de la Russie a des causes plus profondes. Les Chinois ont le sentiment très net de leurs intérêts. *Or, entre les intérêts russes et les intérêts chinois, il n'y a pas opposition, il y a similitude.*

« L'Angleterre, les Etats-Unis, l'Allemagne n'ont qu'un but : faire de la Chine un immense débouché pour les produits de leur industrie, lui imposer, au besoin par la force, leurs marchandises. Au contraire, la Russie et le Japon cherchent à faciliter l'exportation, en Europe, des produits chinois.

« Du péril prochain (*le péril jaune*), la Russie est loin d'être effrayée. Grâce à son chemin de fer, elle sera l'intermédiaire entre la Chine productrice et l'Europe consommatrice. Son industrie naissante n'aura pas à souffrir de la concurrence de la main-d'œuvre jaune ; au besoin, elle saura l'employer pour inonder l'Europe de produits à bon marché. Pays de culture et d'élevage, les provinces russes ne produisent rien de ce que fournit la Chine ; elles ont tout avantage a être mises en contact avec l'innombrable population du Céleste-Empire ; l'immense courant d'échanges qui, par la nouvelle voie ferrée, s'établira entre la Chine et la Russie, portera la vie et la prospérité dans la steppe sibérienne ; en exploitant la Chine, les Russes, du même coup, mettront en valeur la Sibérie ; ils en feront rapidement l'un des plus grands centres de production agricole du monde. Au développement économique de la Chine, la Russie n'a donc rien à perdre et tout à gagner. »

Ces considérations expliquent, à merveille, la politique indulgente et protectrice de la Russie à l'égard du Gouvernement impérial chinois ; elle ne veut pas le démembrement de la Chine, ni de changement radical dans son régime politique, parce qu'elle a obtenu, sans tirer un seul coup de canon, de précieux avantages effectifs que toute modification violente de l'état de choses actuel pourrait compromettre. Elle désire, évidemment, l'apaisement des troubles politiques qui agitent le pays, et l'établissement de relations normales et pacifiques entre les populations chinoises et les étrangers, mais elle a trop intérêt à une rapide transformation économique de la Chine pour s'opposer au régime de la *porte ouverte* réclamé par l'Angleterre, les Etats-Unis, l'Allemagne et la France, car elle sait à merveille qu'elle sera la première à bénéficier de ce régime.

De ce qui précède, il semble donc résulter que la Chine est fatalement condamnée à recevoir « les bienfaits de la civilisation européenne » et que l'exploitation de ses forces productrices ne sera pas l'apanage d'une seule nation.

Ce sont les Russes qui, par leur situation géographique et économique, et les concessions territoriales obtenues depuis le traité de Simonosaki, profiteront le plus réellement de la transformation ; puis viendront les Japonais, dont le voisinage immédiat, la similitude de mœurs et de race, les brillantes facultés d'assimilation, et la profonde connaissance des usages et coutumes du pays,

permettront de prendre une place prépondérante
dans l'industrie, la banque et le commerce extérieur chinois.

Le traité de Simonosaki a pu renverser leurs
espérances de suprématie politique en Chine, mais
il les a fortement assis sur le terrain économique et,
pour s'en convaincre, il suffit de rappeler qu'entre
1893 et 1899 le nombre des maisons japonaises
établies dans les ports à traité, a augmenté de 153,
soit 364 0/0 du chiffre de 1893, et que le mouvement commercial sino-japonais s'est élevé de
17.190.000 taëls à 53.148.000 taëls, soit une augmentation de 213 0/0, alors que pendant la même
période l'Angleterre — qui a eu le quasi monopole
de l'exploitation commerciale de la Chine jusqu'en
1893 — a vu le nombre de ses maisons progresser
seulement de 47 unités et son mouvement commercial de 14.299.000 taëls, ne représentant qu'une
augmentation de 13 0/0 et 35 0/0 des chiffres de
1893.

Dans les préliminaires de son journal du Siège
des légations, M. Pichon, notre ministre à Pékin, a
reconnu et rendu hommage à la parfaite connaissance de la Chine par les Japonais.

Après avoir déclaré que si l'armée internationale
était arrivée à Pékin 24 heures plus tard elle n'aurait probablement plus trouvé aucun Européen vivant, M. Pichon a ajouté :

« Je dois dire pour être tout à fait juste, que l'intervention des Japonais nous a été tout spécialement favorable. C'est eux qui, connaissant le

mieux la Chine et les Chinois, ont donné aux troupes alliées les informations les plus sûres et les plus véridiques ; eux qui ont, pendant le siège, réussi à faire parvenir à Tien-Tsin des courriers qui portaient des nouvelles précises de notre situation désespérée ; eux qui ont fait décider la marche en avant sans attendre des renforts, après le combat de Peï-Tang, où les troupes françaises se sont brillamment montrées. Ce sont les Japonais qui ont été chargés au premier rang, avec l'appui du détachement italien et avec des marins volontaires français et anglais, de la défense des chrétiens chinois que nos faibles forces ont arrachés à une mort encore plus menaçante pour eux que pour nous-mêmes. Ils se sont acquittés de cette tâche avec un courage au-dessus de tout éloge et avec une remarquable intelligence, et le colonel Shiba, qui les commandait, a été l'un des officiers dont les qualités ont été les plus appréciées. »

Et le journal du Siège constate ensuite que, sur 25 hommes, officiers compris, que comptait le détachement japonais à Pékin, 5 de ces hommes ont été tués et 20 blessés.

Les Japonais, trop à l'étroit sur leur petit territoire (la densité de leur population, sauf la grande île septentrionale de Yezo ou Hokkaïdo, est de 145 habitants par kilomètre carré, alors qu'elle n'est que de 72 en France, de 101 en Allemagne, de 111 en Italie et de 129 en Angleterre) se porteront en masse vers cet immense pays neuf, situé seulement à quelques heures de mer de leurs ports, et deviendront ses premiers manufacturiers et ses véritables colonisateurs. Quant à l'Angleterre, aux Etats-Unis, à l'Allemagne et à la France, leur rôle se bornera probablement à fournir à la Chine son outillage de la première heure... et des modèles pour ses industries nouvelles.

Mais les Chinois, que deviendront-ils dans toute cette affaire ? Resteront-ils toujours une quantité négligeable et ne seront-ils pas finalement les véritables exploitants de la Chine ? C'est ce qu'il nous reste à examiner.

XIII

L'Histoire recommence

L'intégrité territoriale de la Chine sera respectée ; aucune atteinte ne sera portée au *statu quo* établi dans ce pays depuis le traité de Simonosaki, mais le Céleste Empire — malgré la résistance de ses mandarins — devra subir la transformation économique que les puissances veulent lui imposer. Voilà la synthèse des négociations actuellement engagées à Pékin.

L'article 1ᵉʳ de l'accord anglo-allemand, dont le texte vient d'être publié, ne laisse aucun doute sur ce dernier point :

C'est un intérêt international, à la fois permanent et commun, que les ports sur les fleuves et le littoral chinois restent libres et ouverts au commerce *et à toute autre forme légitime d'activité économique* pour les nationaux de tous les pays sans distinction, et les deux Gouvernements d'Angleterre et d'Allemagne s'engagent pour leur part, à maintenir cette liberté sur tout le territoire chinois aussi loin qu'ils peuvent exercer leur influence.

La Russie approuve cette manière de voir, car,

le 28 octobre dernier, le Gouvernement russe répondait :

Le point 1er de cet accord, stipulant que les ports situés sur les fleuves et sur le littoral de la Chine, partout où les deux Gouvernements exercent leur influence *restent libres et ouverts au commerce*, peut être accueilli favorablement par la Russie, cette stipulation ne portant aucune atteinte au *statu quo* établi en Chine par les traités existants.

Le Gouvernement français avait, d'ailleurs, devancé l'Angleterre et l'Allemagne sur ce terrain particulier, puisque, à la date du 31 octobre, M. Delcassé répondait à la communication du texte de l'accord anglo-allemand :

Le Gouvernement de la République a, dès longtemps, manifesté son désir de voir la Chine *s'ouvrir à l'activité économique du monde entier*. De là l'adhésion empressée qu'il a donnée ce mois dernier à une proposition du Gouvernement des Etats-Unis dictée par la même préoccupation. Son sentiment à cet égard ne s'est pas modifié.

C'est une seconde édition de la transformation économique du Japon qui commence, et la résistance à la pression extérieure, que la classe dirigeante chinoise a opposée dans le passé, et opposera certainement encore dans l'avenir, rappelle, à s'y méprendre, la période de l'histoire du Japon comprise entre 1853, date de l'ouverture des ports d'Hakodaté et de Simoda au commerce américain, et le 6 décembre 1868, jour où le Mikado, reprenant

le pouvoir effectif, que ses ancêtres avaient abandonné pendant de longs siècles aux Shoguns,
sorte de Maires du Palais, proclamait l'abolition
de l'ancien régime féodal japonais, donnait solennellement audience, à visage découvert, aux représentants des puissances étrangères réunis à Tokio,
et déclarait le Japon ouvert au commerce étranger.

Avant d'en arriver à cette révolution, les puissances avaient dû, comme pour la Chine, faire
parler la poudre :

En 1854, les flottes du commodore américain
Perry et de l'amiral anglais Stirling pénétrèrent
dans la baie de Yédo et obtinrent, *manu militari*,
les premières concessions; en 1857, les Etats-Unis
imposaient au shogun Yesada l'établissement
d'une légation à Yédo, mais le Shogun et le prince
Hikone, son premier ministre, qui avaient signé
le traité, furent assassinés par deux patriotes qui
expédièrent la tête du ministre au Mikado avec
cette inscription : « Ceci est la tête d'un traître qui
« a violé les lois saintes du Japon en admettant
« les étrangers dans le pays » (1).

Des attaques contre les étrangers se produi-
saient journellement, et le Gouvernement shogunal,
dont l'activité et le prestige avaient été considérablement affaiblis par l'arrivée des Européens, était
dans l'impuissance de punir les coupables.

En 1861, la légation anglaise fut assaillie par
une bande de conjurés qui portaient tous sur eux

____

(1) *Le Japon vrai*, par Félix Martin (1898).

la déclaration écrite suivante : « Nous faisons le sacrifice de notre vie pour tranquilliser l'esprit de S. M. le Mikado ! » Les soldats anglais qui gardaient la légation la défendirent héroïquement et sauvèrent le personnel. Sept des agresseurs furent tués, mais l'agitation gagna de proche en proche.

« Dès lors, dit M. Félix Martin, la lutte était engagée entre les deux pouvoirs, entre le Shoghun et le Mikado : celui-ci personnifiant la politique traditionnelle de l'isolement, la défense du sol sacré du Nippon contre l'invasion des barbares de l'Occident; celui-là représentant aux yeux des patriotes japonais la coupable connivence du pouvoir avec l'étranger, l'abandon des principes qui avaient fait jusqu'à ce jour la grandeur et la force du pays. »

L'entourage du Mikado qui désirait le renversement du pouvoir shoghunal, ou tout au moins son amoindrissement, profita des circonstances pour gêner sa politique, pour paralyser son action et, au mois de mars 1863, le Mikado remplaça le Shoghun dans le Gouvernement d'Yédo, par un patriote ardent, le prince Mito, à qui il donna l'ordre « de rassembler ses partisans pour chasser complètement les étrangers et pour les balayer au loin comme la poussière, avec un balai ».

On sait ce qu'il en advint : Le 7 mai 1863, les marins français, sous les ordres de l'amiral Jaurès, débarquèrent à Yokohama et le 20 juillet suivant notre escadre bombarda les forts japonais de Simonosaki. Le 15 août, l'escadre anglaise bombarda la ville de Kayosima et le 7 septembre, les escadres combinées, franco-anglo-hollandaise, prirent et détruisirent tous les forts et magasins militaires de Simonosaki.

Le Japon dut céder et subir la loi des plus forts ; mais, chose singulière, ce furent les partisans les plus farouches de l'isolement, c'est-à-dire les adversaires acharnés de la politique tolérante du Shogun, qui devinrent les plus ardents apôtres de la Révolution. Le Shogunat fut renversé... et l'insurection commencée au cri de « mort aux étrangers » aboutit finalement, comme nous le disions plus haut, à l'abolition du régime féodal, à la restauration du Mikado — brusquement devenu le représentant du nouveau régime — et à l'acceptation absolue de la civilisation européenne.

Pourquoi ce revirement subit ? Parce que la majorité de la classe privilégiée japonaise : Daïmios, Hattamatos, Samouraïs et Ronines (seigneurs féodaux, officiers nobles, hommes d'armes, intendants des seigneurs féodaux, ou officiers sans maîtres), qui jouait au Japon le même rôle que la classe mandarinale en Chine, avait fini par comprendre, après les événements militaires de 1863, que toute résistance à la pénétration étrangère était désormais impossible, et qu'elle, (la classe privilégiée), avait plus à gagner qu'à perdre au changement que cette pénétration imposait dans le régime politique et social du pays.

Nous verrons plus loin quelles en ont été les conséquences économiques.

Après la guerre de 1895, l'empereur chinois Kouang-Su et quelques-uns des plus intelligents mandarins de son entourage se sont parfaitement rendu compte des causes de la faiblesse de la Chine et de la supériorité du Japon, jusqu'alors méprisé. Ils ont nettement compris que c'était à la civilisation européenne, adoptée par leurs rivaux depuis seulement vingt-cinq années, que les Chinois devaient leurs défaites.

Ce qui le prouve, ce sont les réformes que Kouang-Su essaya de réaliser au commencement de 1898, et ayant pour objet : de remplacer les armées provinciales par une armée impériale organisée et instruite à l'européenne ; de modifier le régime fiscal intérieur ; de corriger les pratiques de l'administration mandarinale ; de réglementer la navigation intérieure de la Chine dans le sens de la liberté commerciale ; d'accorder à tous les Chinois le droit d'adresser au souverain des pétitions, droit dont la seule classe des lettrés avait jusqu'alors le privilège, etc...

Et ce qui l'établit encore mieux, c'est le fameux décret du 15 septembre promulgué après la destitution de Li-Hung-Chang, et dans lequel l'Empereur déclarait expressément « qu'une étude approfondie de la civilisation occidentale lui avait montré que cette civilisation était, sur plusieurs points, supérieure à la civilisation chinoise, et qu'il était déterminé à adopter, pour l'Empire, ce qu'elle avait de bon et à rejeter ce qu'elle avait de mauvais. »

La révolution par en haut réussit au Japon, parce qu'avant 1868 ce pays, de régime essentiellement féodal, était fortement centralisé sous l'autorité omnipotente des Shoguns qui y gouvernérent pendant de longs siècles au nom du Mikado.

Il suffit donc, aux auteurs de la Restauration, de supprimer le Shogunat pour faire passer entre les mains du Mikado la haute puissance administrative et militaire dont ils se servirent, ensuite, pour briser toutes les résistances et pour imposer leur volonté à la nation.

L'empereur Kouang-Su, dont l'esprit fut évidemment hanté par le souvenir de la révolution japonaise et des merveilleux résultats qu'elle avait produits, échoua dans sa tentative de réformes, parce que la Chine est décentralisée à l'excès, que l'autorité de l'empereur n'y est guère que nominale, et que l'état social et politique de cet immense empire ne permet pas aux idées nouvelles de s'y propager rapidement et d'y être comprises dans leur véritable signification.

Mais l'écrasement de l'insurrection des Boxers, organisée par les auteurs du coup d'Etat du 28 septembre 1898, la prise et l'occupation de Pékin par les troupes alliées, la fuite de la Cour impériale à travers les provinces centrales, et surtout l'obligation dans laquelle la Chine va être placée de s'ouvrir entièrement aux étrangers, sont des événements de nature à secouer l'apathie du peuple chinois et à modifier l'état d'âme de ses mandarins.

On peut donc admettre que si, à la suite des négociations actuellement engagées à Pékin, l'empereur Kouang-Su reprend le pouvoir effectif, son plan de réformes ne rencontrera plus la même op-

position qu'en 1898, et que, sous l'influence énergique des trafiquants et industriels étrangers, et en
particulier des Japonais, la Chine subira rapidement la grande transformation économique que
tous les Gouvernements européens semblent dé-
sirer.

Nous avons dit, dans le chapitre précédent,
qu'avec les Russes c'étaient les Japonais qui
profiteraient le plus de la transformation, parce
qu'ils étaient dans le voisinage immédiat de la
Chine et que leurs brillantes facultés d'assimilation, et la parfaite connaissance qu'ils avaient des
usages et des coutumes du pays leur permet-
traient, très vite, de prendre une place prépondérante dans l'industrie, la banque et le commerce
chinois.

Ce qui rend cette hypothèse parfaitement admis-
sible, ce sont d'abord les résultats qu'ils ont obtenus depuis la signature du traité de Simonosaki,
soit au point de vue commercial proprement dit,
soit au point de vue de leur infiltration en Chine,
puis enfin ce qu'ils étaient en train de faire, pour
assurer leur prépondérance économique dans le
Céleste Empire, quand l'insurrection des Boxers a
éclaté.

En effet, notre ministre à Tokio a signalé, vers
la fin de l'année dernière, la fondation au Japon
d'une Association dite *économique* qui, par la
composition de ses membres, les travaux qu'elle
avait en vue et le champ sur lequel elle allait éten-

dre ses études, méritait de ne point passer inaperçue :

Cette nouvelle Association a pour but d'étendre les ressources qu'offre la Chine à l'expansion japonaise, au triple point de vue financier, commercial et industriel. Elle a à sa tête le marquis Karoda, les vicomtes Enomoto et Soga et d'autres personnages jouissant au Japon d'une situation considérable. Les principales Sociétés financières, commerciales et industrielles du Japon lui sont affiliées.

On adjoindra à l'Association des spécialistes, hommes d'expérience technique, ingénieurs et traducteurs, suivant les besoins des études et des travaux. Elle pourra, si elle le juge à propos, admettre dans son sein telles Sociétés ou corporations publiques et privées qu'il lui plaira.

Les dépenses de l'Association seront supportées par les Compagnies ou Sociétés qui la composent. En cas de besoin, on s'adressera à l'Etat.

Cette Association a déjà réalisé une partie du programme que les journaux japonais exposaient au lendemain du traité de Simonosaki et qui peut se résumer ainsi : « Puisque nous n'avons pu « prendre la direction politique de la Chine, colo- « nisons-la à notre profit ». Cette colonisation est commencée, elle se poursuivra avec la participation plus ou moins active, plus ou moins directe des autres nations civilisées, à l'abri des nouvelles garanties en faveur des étrangers que les puissances vont imposer au gouvernement chinois, et pour montrer ce que la nouvelle Chine — avec les ressources incalculables de son sol, les qualités d'assimilation de ses habitants, leur sobriété, leur endurance au travail et leur amour du gain — peut devenir au point de vue économique, il nous suffira de rappeler ce que le nouveau Japon est lui-même devenu en quelques années.

XIV

La transformation économique du Japon

La progression du commerce extérieur d'un pays neuf donne, assez fidèlement, la mesure de son développement économique.

Si, voulant organiser son industrie naissante, ce pays ne veut pas faire appel aux capitaux étrangers — et c'est le cas du Japon — il faut que le montant de ses exportations s'accroisse proportionnellement à la valeur de l'outillage et des objets nécessaires à l'industrie indigène achetés à l'étranger; sans cela le pays perdrait rapidement son numéraire et l'activité économique s'y trouverait aussitôt paralysée.

Les Japonais, jusqu'à ces derniers mois, n'avaient jamais voulu permettre aux étrangers d'employer leurs capitaux dans le pays que sous forme de prêts ou d'avances. L'*Economiste Européen* rappelle que les étrangers ne pouvaient devenir actionnaires des Compagnies de chemins de fer, des Banques ou des Sociétés industrielles japonaises; il a fallu la crise monétaire intense, qui sévit au Japon depuis son passage à l'étalon d'or en mars 1897, pour modifier légèrement cet état de choses. Le Gouvernement, en effet, vient d'autoriser les Sociétés à accepter le transfert de leurs actions en faveur d'étrangers, mais cette autorisation n'a été donnée qu'à titre d'expérience et il est probable qu'elle sera retirée le jour où les ressources monétaires du pays lui permettront de revenir au *statu quo ante*.

Malgré son refus d'employer les capitaux étrangers, le Japon a pu développer son outillage industriel avec une rapidité prodigieuse et les chiffres suivants de son commerce extérieur, pour les vingt dernières années, vont nous indiquer les résultats obtenus :

Commerce extérieur du Japon de 1880 à 1900

Années	Exportations	Importations	Balance commerciale
	Yens	Yens	Yens
1880	29.873.400	41.101.937	− 11.728.537
1881	33.003.624	35.308.685	− 2.305.061
1882	39.499.934	32.844.334	+ 6.655.600
1883	38.516.100	32.014.550	+ 6.501.550
1884	38.984.640	32.156.404	+ 1.828.236
1885	37.146.692	32.710.057	+ 4.436.635
1886	48.870.522	37.637.138	+ 11.233.384
1887	52.407.681	51.690.770	+ 700.911
1888	65.767.101	65.549.200	+ 217.901
1889	70.179.893	66.236.019	+ 3.943.874
1890	56.687.034	81.836.575	− 25.149.541
1891	79.595.533	63.851.132	+ 15.744.401
1892	91.178.553	75.952.344	+ 15.226.209
1893	90.419.900	89.355.338	+ 1.064.571
1894	113.308.937	121.677.263	− 8.368.266
1895	136.112.178	129.260.578	+ 6.851.600
1896	117.842.761	171.674.474	− 53.831.713
1897	163.135.077	219.300.772	− 56.165.795
1898	165.753.753	277.502.156	−111.748.403
1899	214.929.894	220.401.926	− 5.472.032
1900	204.207.873	287.341.006	− 83.133.133

En vingt années, l'ensemble du commerce extérieur japonais a donc augmenté de 597 0/0, les
exportations de 595 0/0 et les importations de
598 0/0. On chercherait en vain, dans l'histoire économique universelle, l'exemple d'un pareil résultat pour les exportations. Les deux nations qui,
pendant cette période de vingt années, ont le plus
développé la vente de leurs produits indigènes sur
les marchés étrangers, sont les États-Unis et
l'Allemagne; les premiers ont vu, entre 1880 et
1899, leurs envois à l'extérieur augmenter de
55 0/0; quant aux exportations allemandes, leur
majoration n'a pas dépassé 31 0/0.

Et il ne faut pas s'y tromper, c'est en produits
manufacturés que cette augmentation des exportations japonaises s'est effectuée, car leur proportion,
dans les exportations totales, qui était à peine de
40 0/0 en 1880, atteint aujourd'hui 82 0/0.

C'est donc avec des marchandises indigènes que
le Japon a payé à l'étranger les machines et les
matières premières nécessaires à son développement industriel. Après la guerre contre la Chine, il
a fait un nouvel effort qui s'est traduit par un
accroissement considérable de ses importations,
mais l'analyse de son commerce nous montre que
ce sont surtout des machines et du coton brut qu'il
a achetés en plus grande quantité à l'étranger. Les
nouvelles machines servent à travailler le coton
car, pour ne prendre que cet exemple, le nombre de
broches mises en œuvre par les filatures japonaises
est passé de 318.781 en 1893 à 1.086.721 en 1899.
La conséquence naturelle de cette augmentation

de yens, c'est-à-dire 775 millions de francs. La longueur des lignes en cours d'exécution s'élève à environ 3.200 kilomètres.

Pendant l'exercice 1899-1900, les recettes totales des chemins de fer japonais ont atteint 98.581.800 francs, avec une longueur moyenne d'exploitation de 5.266 kilomètres, ce qui représente une recette kilométrique d'environ 19.000 fr. par kilomètre.

C'est un résultat considérable, si l'on tient compte du bas prix des tarifs japonais. En effet, les voyageurs de 1re classe y payent seulement 0 fr. 048 par kilomètre, ceux de 2e classe 0 fr. 032 et ceux de 3e classe 0 fr. 016.

En appliquant ces tarifs au trajet de Paris à Lyon par exemple (512 kilomètres), le voyage en 1re classe ne coûterait que 24 fr. 57, contre 57 fr. 35 ; celui en 2e classe 16 fr. 38, contre 38 fr. 70 et celui en 3e classe 8 fr. 19, contre 25 fr. 25.

On s'explique ainsi la part énorme que les recettes des voyageurs fournissent dans le trafic total des chemins de fer japonais, car pendant l'exercice 1899-1900, sur une recette d'ensemble de 98.581.800 fr., les recettes de voyageurs figurent pour 63.107.000 fr., soit un peu plus de 64 0/0.

En France, au contraire, sur 100 francs encaissés par nos Compagnies, les voyageurs fournissent à peine 32 francs.

.·.

LA PRODUCTION ET LA CONSOMMATION DE LA HOUILLE. — La transformation industrielle du Jaa été d'abord un arrêt presque complet de l'importation au Japon du coton travaillé et un développement formidable de l'exportation des filés de coton japonais. En 1893, l'année qui a précédé la guerre, cette dernière exportation s'élevait à peine à 2.400.000 fr. ; en 1899 elle a dépassé le chiffre de 73.500.000 francs.

.·.

CHEMINS DE FER. — Les chemins de fer sont les auxiliaires nécessaires du développement industriel. En 1880, le Japon ne possédait que 73 milles de chemins de fer en exploitation, c'est-à-dire un réseau total d'environ 117 kilomètres. En 1893, à la veille de la guerre sino-japonaise, son réseau en exploitation atteignait 3.010 kilomètres, dont 885 kilomètres à l'Etat et 2.125 aux Compagnies privées. A la fin de 1899, l'ensemble des voies ferrées japonaises en exploitation dépassait 5.850 kilomètres.

Au 31 mars 1900, fin de la 32° année de la nouvelle ère japonaise, il existait au Japon 14 Compagnies avec un capital total de 170 millions de yens et en ajoutant à cette somme les dépenses effectuées par le Gouvernement pour son réseau particulier, on trouve que le capital engagé au Japon pour l'industrie des chemins de fer dépasse 250 millions de yens. Mais si l'on tenait compte des dettes des Compagnies (capital-obligations) et du capital de celles dont les lignes ne sont pas encore en exploitation, on atteindrait facilement le chiffre de 300 millions pon n'a pu se faire si rapidement que grâce à la richesse des gisements carbonifères de son soussol. Dans son dernier rapport, M. Steenackers, consul de France à Yokohama, donne au sujet du développement de la production houillère japonaise des renseignements qui peuvent donner à réfléchir aux Anglais et aux Américains :

« Sans remonter, dit-il, plus loin que l'année 1877 (époque de l'insurrection de Satsuma, à la suite de laquelle la marine de guerre et de commerce a pris une importance subite, par le fait de l'achat de nombreux bâtiments) on trouve que la production des houillères, pour ladite année, s'élevait seulement à 500.000 tonnes.

« L'exploitation, à cette époque, devint une des entreprises jouissant du plus de faveur et on ne négligea pas les mines du Hokkaido et de Kiouchiou, régions réputées les plus riches en combustible ; l'activité apportée à ces nouvelles entreprises augmenta dans des proportions telles, qu'en vingt ans, le Japon en était arrivé à décupler les quantités de houilles extraites en 1877. Le tableau suivant fera connaître le prodigieux développement pris par les travaux d'exploitation houillère japonaise depuis ladite année :

Années	Rendement en tonnes	Valeur en yens	Augment. par rapport à 1877
1877	499.106	»	Unité de 100e
1882	929.213	2.180.040	185
1887	1.746.296	2.284.561	349
1888	2.007.669	2.166.452	401
1889	2.420.756	4.749.456	484
1890	2.598.114	6.159.681	519
1891	3.168.875	7.183.875	633
1892	3.176.840	5.460.245	632
1893	3.317.104	6.794.305	663
1894	4.261.218	9.531.370	852
1895	4.766.670	11.494.129	923
1896	5.019.690	13.126.246	1.003
1897	5.888.157	20.708.262	1.177

La progression a continué en 1898 et 1899; à la fin de cette dernière année, le nombre total des mines de charbon en exploitation au Japon était de 1.766, et leur production, pour 1899, n'a pas été inférieure à 6.300.000 tonnes, représentant, au prix moyen de l'année, une valeur totale de 44 millions de yens ou 113.500.000 francs. Sur cette production, il a été exporté 15.116.477 yens de charbon à l'étranger, soit environ 39 millions de francs.

Il est presque superflu de constater que la progression de la production houillère au Japon y a coïncidé avec le développement de son industrie manufacturière, de son réseau ferré et de sa marine marchande à vapeur.

En 1880, il n'y avait au Japon qu'une vingtaine d'usines à vapeur, ayant à peine 1.500 chevaux-vapeur de force, consommant quelques milliers de tonnes de houille par année et n'employant pas plus de 20.000 ouvriers. Au commencement de 1900, le nombre des usines à vapeur japonaises dépassait 3.200, disposant d'une force totale de 65.000 chevaux-vapeur, consommant annuellement près de 2 millions de tonnes de houille et employant une population ouvrière d'environ 300.000 individus.

En examinant les résultats du commerce extérieur japonais de 1895 — qui n'avait pas encore bénéficié du nouvel outillage importé au Japon après la guerre sino-japonaise — le correspondant du *Financial News* à Yokohama écrivait à ce journal :

Le Japon a, sans doute, un avenir commercial important, mais il s'écoulera une longue période avant qu'il devienne un rival redoutable pour l'Occident. Il n'a pas les industries du fer et de l'acier, qui sont les principales ; ses charbonnages ne donnent par an que 3 millions de tonnes en moyenne et l'on assure que, même dans les circonstances les plus favorables, cette moyenne ne pourrait être augmentée d'un million de tonnes.

Les chiffres précédents et les résultats obtenus par l'industrie métallurgique japonaise depuis 1896 donnent un éclatant démenti aux appréciations du journaliste anglais.

En 1895, la production sidérurgique japonaise ne dépassait pas 25.000 tonnes par année. Depuis cette époque, cette production a presque quadruplé et on vient, tout récemment, d'édifier à Yamatura une nouvelle aciérie, montée à l'américaine, qui pourra produire à elle seule 30.000 tonnes de rails d'acier par année, 10.000 tonnes de barres en acier Bessemer, 25.000 tonnes de tôles, 15.000 tonnes de profilés et 5.000 tonnes de barres en acier Martin.

Nous savons, d'ailleurs, les progrès considérables que les Japonais ont réalisés pour la construction des navires à vapeur. Ils sont actuellement en mesure de se passer de l'étranger et de construire eux-mêmes les bâtiments nécessaires à l'extraordinaire développement de leur marine marchande et on prévoit qu'avant quelques années ils pourront mettre sur chantier des navires de guerre du plus fort tonnage dont ils fabriqueront l'armement, comme ils fabriquent déjà les fusils et les canons pour leur armée de terre

.˙.

LA MARINE MARCHANDE ET LE MOUVEMENT MARITIME DU JAPON. — Par sa situation géographique, le Japon est surtout un pays maritime, il est donc rationnel qu'il ait augmenté sa marine marchande en même temps que ses moyens de transports intérieurs, et que son commerce maritime ait suivi le développement de sa flotte marchande ; mais, ce qui est positivement extraordinaire, c'est la rapidité et l'importance de ce développement.

Voici un tableau tiré de la statistique officielle des douanes japonaises qui va nous en donner une première idée :

Effectif de la Marine marchande japonaise de 1891 à 1899

1er janvier des années	Navires à voiles		Navires à vap.		Totaux	
	Navires	Tonn.	Navires	Tonn.	Navires	Tonn.
1891	865	51.880	586	93.812	1.451	145.692
1892	835	50.137	607	95.588	1.442	145.725
1893	779	46.031	642	102.301	1.421	148.332
1894	749	44.967	680	110.205	1.429	155.172
1895	722	43.511	745	169.414	1.467	212.925
1896	702	41.471	827	213.221	1.529	254.692
1897	644	41.445	899	233.942	1.543	275.387
1898	715	45.227	1.032	273.409	1.747	318.636
1899	1.914	170.894	1.130	477.430	3.044	648.324

En huit années, le tonnage total de la marine marchande japonaise a donc augmenté de 502.632 tonneaux ou 345 0/0. Mais sur ces chiffres les nadires à vapeur représentent, à eux seuls, une part ve 383.618 tonneaux donnant à leur augmentation particulière une proportion de 409 0/0.

C'est surtout en grands steamers, construits en Angleterre, en Allemagne et aux États-Unis, que la flotte marchande japonaise s'est accrue depuis 1893; la statistique du *Bureau-Veritas*, qui n'enregistre que les vapeurs de 100 tonneaux et au-dessus le démontre d'une manière irrécusable. Pour l'exercice 1893-1894, cette statistique ne comptait au Japon, que 179 navires d'un jaugeage total net de 88.838 tonnes, soit un tonnage moyen de 496 tonnes par navire enregistré; au contraire, pour l'exercice 1899-1900, le nombre des navires japonais enregistrés a atteint 332 unités et leur jaugeage total net 282.549 tonnes, ce qui donne une moyenne effective de 851 tonnes par navire enregistré.

Pendant ce même exercice 1899-1900, la moyenne du tonnage net des bateaux à vapeur enregistrés par le *Bureau-Veritas* a été de 982 tonneaux pour la France, 1.079 pour l'Italie, 1.122 pour la Hollande, 1.239 pour l'Angleterre et 1.297 pour l'Allemagne. Pour l'ensemble de la marine marchande à vapeur européenne la moyenne de l'exercice 1890-1900 s'est établie à 1.083 tonneaux par navire enregistré.

Si nous nous en rapportons à la statistique officielle que notre Ministère du Commerce vient de publier, d'après les documents des douanes des divers pays du monde, et de laquelle nous avons tiré le tableau précédent, nous constatons qu'au 1er janvier 1894 la flotte marchande à vapeur française était à celle du Japon comme 45 est à 10. Au 1er janvier 1899, les deux flottes étaient à peu près à égalité ; au 1ᵉʳ janvier 1901 (en tenant compte des livraisons qui ont été faites en 1899 et 1900), la flotte à vapeur japonaise doit dépasser la nôtre de 20 0/0 au moins.

Voici, d'ailleurs, un petit tableau qui mérite quelque attention.

Tonnage de la marine marchande des grands pays maritimes du monde aux 1ᵉʳ janvier 1894 et 1899

(Milliers de tonneaux)

Pays et années		Tonnage des navires			Différ. des tonnages entre 1894 et 1899		
		Voiliers	Vapeurs	Total	Voiliers	Vapeurs	Total
					%	%	%
Angleterre	1894	3.013.4	5.734.9	8.748.3			
	1899	2.366.5	6.608.6	8.975.1	— 21	+ 15	+ 3
Etats-Unis	1894	2.641.8	2.183.2	4.815.0			
	1899	2.377.8	2.371.9	4.749.7	— 10	+ 9	— 1
Allemagne	1894	698.3	823.7	1.522.0			
	1899	601.1	1.038.4	1.639.5	— 14	+ 26	+ 8
France....	1894	396.6	498.8	895.4			
	1899	414.6	485.6	900.2	+ 5	— 2	+
Japon.....	1894	44.9	110.2	155.1			
	1899	170.9	477.4	648.3	+ 282	+ 333	+ 318

Ainsi, pendant cette courte période de cinq années, le tonnage effectif de la flotte marchande à vapeur japonaise a augmenté de 367.200 tonneaux de jauge, alors que l'augmentation de la flotte anglaise elle-même n'a été que de 873.700 tonneaux, et que celles des Etats-Unis, de l'Allemagne et de la France réunies n'ont pas dépassé 390.000 tonneaux. Nous pouvons ajouter que la comparaison sera encore plus décisive avec les effectifs au 1ᵉʳ janvier 1901.

Ce qui a surtout favorisé l'accroissement de la marine à vapeur et de la construction navale au Japon c'est la loi promulguée au commencement de 1895 sur les primes à la construction et à la navigation.

En vertu de cette loi, des primes à la construction de 20 yens par tonneau de jauge et de 5 yens par cheval-vapeur, sont accordées à tout navire construit dans les chantiers japonais à l'aide de matériaux d'origine japonaise. Les navires, dont des étrangers seraient co-propriétaires, n'ont pas droit à ces primes.

Cette dernière clause implique l'exclusion absolue du capital étranger dans les entreprises de navigation japonaise.

Les primes à la navigation sont variables selon la vitesse et la jauge des navires : Les plus faibles représentent environ 0 fr. 65 par mille parcouru et les plus fortes — applicables aux grands steamers filant plus de 14 nœuds — atteignent 1 fr. 55 par mille.

Il semble que la loi de février 1896 a atteint le double résultat que le Gouvernement japonais voulait en obtenir : 1° développement des chantiers maritimes indigènes ; 2° accroissement immédiat du nombre des grands navires de la flotte marchande pouvant être affrétés en cas de guerre. En effet, il existe, aujourd'hui, au Japon 17 docks-chantiers organisés pour construire ou réparer les navires à vapeur des plus grandes dimensions, et la flotte marchande, absolument nulle il y a vingt ans, comptait déjà l'année dernière : 116 bateaux de 1.000 à 3.000 tonneaux, 17 bateaux de 3.000 à 6.000 et 12 bateaux de 6.000 à 7.000 tonneaux.

La conséquence de ce développement se retrouve dans le tableau suivant :

Mouvement des Ports japonais (entrées et sorties réunies) en 1893, 1896 et 1898 :

Décomposition du tonnage	1893	1896	1898
Japonais :			
Nombre de navires.	2.052	2.512	3.911
Tonneaux	694.002	983.658	1.774.643
Étrangers :			
Nombre de navires.	2.626	3.726	2.068
Tonneaux	3.633.919	5.767.636	5.140.380
Total :			
Nombre de navires.	4.678	6.238	6.000
Tonneaux	4.327.921	6.761.304	6.915.023

En 1893, la part de la marine japonaise, dans le mouvement général des ports du Japon, était de 44 0/0 pour le nombre des navires et de 16 0/0 pour le tonnage effectif. En 1896, année où la loi fut votée, cette part s'était respectivement abaissée à 40 0/0 et 15 0/0 ; mais en 1898 nous la trouvons subitement relevée à 56 0/0 et 26 0/0 ; et s'il faut en croire les prévisions des journaux de Yokohama, le tonnage de la marine japonaise a dépassé 40 0/0 en 1899 et atteindra peut-être 50 0/0 en 1900.

D'ailleurs, pour donner une idée encore plus précise de l'énorme extension du trafic maritime japonais, il nous suffira de reproduire la valeur du commerce annuel, pendant les cinq dernières années, de Kobé, le grand port du sud du Japon, et de Yokohama, le grand port du nord.

*Valeur du commerce maritime de Kobé et de Yokohama
de 1895 à 1899 inclus*

(En yens)

Années	Kobé	Yokohama	Total des deux ports
1895	101.406.381	140.887.463	242.293.844
1896	122.864.400	134.499.906	257.364.315
1897	162.149.910	177.537.839	339.687.749
1898	198.253.443	191.326.574	389.580.017
1899	195.610.216	184.738.827	380.349.043

Les effets de la loi de février 1896 se retrouvent dans le tableau ci-dessus, car, entre 1895 et 1899, la valeur du commerce des deux ports ci-dessus a augmenté de 350 millions de francs, soit 57 0/0 du total de 1895.

.·.

LES INDUSTRIES SÉRICICOLES ET COTONNIÈRES. — Le cadre de cette étude ne nous permet pas de suivre, dans tous ses détails, le développement de l'industrie japonaise ; il nous paraît cependant intéressant de rappeler, par quelques chiffres caractéristiques, l'importance qu'ont prises en quelques années les industries de la soie et du coton au Japon.

*Exportation des Soies grèges japonaises
de 1879-1880 à 1899-1900*

En balles de 61 kilogr. environ

	En Amérique	En Europe	Total
1879-1880	5.175	12.725	17.900
1884-1885	11.145	14.255	25.400
1889-1890	20.320	15.180	35.500
1894-1895	28.750	22.650	51.400
1898-1899	30.773	19.879	50.652
1899-1900	34.822	21.368	56.190

D'après la statistique japonaise, la valeur et le poids en catties (604 grammes) de la soie grége japonaise depuis 1893, s'établissent ainsi :

Années	Catties exportées	Valeur en yens	Valeur en francs
1893	3.712.213	28.167.411	72.671.920
1894	5.484.059	39.353.156	101.531.142
1895	5.810.046	47.866.257	123.494.943
1896	3.918.994	28.830.602	74.382.953
1897	6.919.861	55.630.460	143.526.587
1898	4.837.329	42.047.411	108.482.320
1899	5.946.910	62.627.720	161.579.518

En convertissant les catties en kilos et les yens en francs, ce tableau indique que la valeur du kilo de soie grége exportée du Japon a été de : 32 fr. 41 en 1893; de 30 fr. 65 en 1894; de 35 fr. 19 en 1895; de 31 fr. 42 en 1896; de 34 fr. 34 en 1897; de 37 fr. 13 en 1898 et enfin de 44 fr. 98 en 1899.

Mais, depuis une dizaine d'années, les Japonais se sont mis à tisser la soie, tout aussi bien pour leur consommation intérieure que pour l'exportation, et voici les résultats extraordinaires auxquels ils sont arrivés :

Production, consommation locale et exportation des étoffes de soie, tissées au Japon, de 1892 à 1899

(Milliers de yens)

Années	Exportations à l'étranger	Consommation locale	Production totale
1892	7.929	11.419	19.348
1893	7.975	15.802	23.777
1894	12.058	20.480	32.538
1895	15.338	31.024	46.362
1896	12.034	41.984	54.018
1897	13 229	49.434	62.663
1898	16 329	55.517	71.945
1899	20.713	61.000	81.713

La principale espèce des tissus de soie fabriquée pour l'étranger, d'après les modèles importés d'Europe, s'appelle la *haboutaï*. En 1892, l'exportation de ces tissus n'atteignait pas 1 million de yens, ou 2.580.000 fr.; à partir de 1896 elle s'est successivement élevée à : 1896 : 18.194.000 fr.; 1897 : 24.589.000 fr.; 1898 : 31.103.000 fr.; 1899 : 40.764.000 fr.

En outre, les tisseurs japonais fabriquent, pour la consommation indigène, des étoffes soie et coton qui commencent à être appréciées, car cette production, qui ne dépassait guère 8 millions de yens en 1894, approche, aujourd'hui, de 20 millions de yens.

Les progrès de l'industrie cotonnière japonaise ont été encore plus extraordinaires que ceux de l'industrie séricicole. Quelques chiffres le prouveront :

Importation du coton brut au Japon

Milliers de catties

Années	De la Chine	Des Indes	Des États-Unis	Pays divers	Totaux
1893........	50.184	36.592	6.160	809	93.835
1894........	51.783	43.473	12.057	102	108.416
1895........	82.172	48.885	11.906	315	143.468
1896........	43.672	104.781	18.704	711	167.868
1897........	49.112	136.684	34.774	960	221.529
1898........	29.559	147.116	77.017	1.676	255.359
1899........	25.148	222.927	85.062	14.093	347.230

En 1893, l'importation du coton brut au Japon

n'était que de 566.760 quintaux métriques valant
15.295.000 yens, ou 39.462.000 francs ; en 1899,
elle s'est élevée à 2.097.269 quintaux, d'une valeur
totale de 61.366.000 yens ou 158.324.000 francs.

L'importation du coton brut, destiné à être
transformé en filés par les filatures japonaises, a
naturellement arrêté l'importation des filés étrangers.

Dans son dernier rapport, M. Harmand, ministre de France à Tokio, après avoir constaté —
d'après une étude de la *Revue économique japonaise* — que les importations des filés de coton indiens au Japon étaient tombées de 62.220 balles
en 1889 à seulement 250 balles en 1899, ajoutait :

« Comme nous savons, par d'autres statistiques
officielles, que la consommation japonaise, loin de
rester stationnaire, a suivi une marche toujours
ascendante, surtout depuis 1889, nous sommes nécessairement amenés à conclure à un développement extraordinaire de l'industrie des filés de
coton. Non seulement le Japon n'est plus tributaire de l'étranger pour ses filés, mais il en exporte
une grande quantité en Chine ».

En effet, il suffit de jeter un coup d'œil sur le tableau suivant, pour comprendre l'importance de
ce développement :

Développement de l'industrie cotonnière au Japon de 1889 à 1899

Années	Nombre de filatures	Nombre de broches	Nombre d'ouvriers	Exportation des filés de coton	
				Milliers de catties	Milliers de yens
1889.....	28	215.190	8.400	»	»
.....	»	»	»	»	»
1893.....	40	381.781	25.448	316	59
1894.....	45	580.074	35.058	3.359	956
1895.....	47	580.945	40.086	3.533	1.034
1896.....	63	757.196	42.846	12.975	4.029
1897.....	74	790.567	52.583	42.035	13.490
1898.....	73	926.990	64.367	68.834	20.117
1899.....	78	1.086.721	67.573	102.361	28.521

Toute médaille a son revers : le grand développement de l'industrie japonaise a provoqué un relèvement très sérieux de la main-d'œuvre ouvrière, car la population du Japon est à peine la dixième de celle de la Chine, et l'effort colossal qu'on lui a si brusquement demandé au point de vue industriel (chemins de fer, mines, marine marchande, industries diverses), était hors de proportion avec les bras dont elle disposait.

Voici, en conséquence, la progression des salaires payés aux ouvriers de l'industrie cotonnière :

Salaires des ouvriers et ouvrières employés dans les filatures japonaises et prix de la tonne de charbon :

	Ouvriers	Ouvrières	Prix de la tonne de charbon
	Yens	Yens	Yens
1889	0.171	0.081	4.20
1895	0.180	0.099	4 90
1896	0.197	0.120	5.39
1897	0.229	0.136	6.77
1898	0.253	0 152	5.12
1899	0.280	0.180	7.50

Les prix de 1899 (traduits en francs) ne représentent encore que 0 fr. 72 centimes pour la journée des ouvriers, 0 fr. 46 centimes pour celle des ouvrières et 19 fr. 35 pour la tonne de charbon. Ce sont des prix dont les filateurs français s'accommoderaient volontiers.

Mais l'inconvénient que nous venons de signaler pour le Japon, et qui s'explique par la faiblesse relative de sa population, mettra évidemment un bien plus grand nombre d'années à se produire à l'intérieur de la Chine, car nous savons que la main-d'œuvre y est en quelque sorte illimitée.

L'industrie de la laine n'a pas encore pris au Japon une importance bien considérable, parce que les japonais et les habitants des pays voisins ne sont pas de grands consommateurs de tissus en laine. Nous devons cependant faire observer que l'importation de la laine brute au Japon, qui était à peine de 425.000 yens en 1893, augmente progressivement d'année en année et qu'elle figure pour 4.324.000 yens au commerce de 1899. Elle a donc décuplé en six années.

. .

Objets divers. — Le Japon importe aujourd'hui pour environ 8 millions de yens de *pétrole*, car ce système d'éclairage s'est généralisé, même dans les centres ruraux, avec une rapidité surprenante. Le pétrole importé provient de Russie et d'Amérique; il existe cependant d'importantes sources pétrolifères sur la côte ouest de l'île Nippon, dans le ken de Nügata et leur exploitation vient de recevoir, comme celle des mines de charbon, une très vigoureuse impulsion.

Deux chiffres le prouveront : d'après les statistiques officielles, la production pétrolifère indigène, qui était à peine de 180.445 kwan-mé (3 kil. 756 gr.) en 1888, soit 678 tonnes, a dépassé 700.000 kwan-mé ou 2.630 tonnes en 1898.

Les *Assurances* sont d'importation récente au Japon, mais la statistique suivante va nous indiquer les progrès qu'elles y ont réalisés en huit années :

Les Assurances contre l'incendie au Japon de 1892 à 1899

Années	Nombre des Compagnies	Polices en cours	Sommes assurées	Primes payées
		Unités	Yens	Yens
1892.........	1	4.808	4.915.000	73.108
1893.........	2	11.437	12.631.000	159.451
1894.........	3	19.653	21.502.000	351.060
1895.........	3	23.776	23.797.000	367.494
1896.........	4	33.269	42.133.000	534.428
1897.........	6	56.365	73.391.000	898.949
1898.........	6	74.488	108.099.000	1.204.847
1899.........	7	88.871	142.486.000	1.507.586

Il n'existait pas au Japon de *Bourse* pour les valeurs mobilières avant 1878. A cette date, un petit marché fut organisé à Tokio surtout pour la négociation des fonds d'Etat japonais. Après la guerre de 1894-95, et en raison de l'énorme développement des Sociétés japonaises par actions dont nous parlerons plus loin, la Bourse de 1878 devint manifestement insuffisante et on décida la construction d'un vaste édifice organisé a l'européenne.

Lors de l'inauguration de la nouvelle Bourse de Tokio, qui eut lieu avec un éclat extraordinaire vers le milieu de l'année dernière, le *Tokio Evening News* publia une statistique de circonstance, indiquant le nombre des actions traitées à terme, chaque année, sur ce marché depuis sa fondation :

Années	Nombre d'actions	Années	Nombre d'actions
1878.......	171	1880.......	873.674
1882.......	3.601	1884.......	1.830.918
1886.......	703.383	1888.......	3.731.790

Il ne s'agit, nous le répétons, que des actions traitées à *terme*. Les opérations sur les rentes et les obligations japonaises ne sont pas comprises dans cette statistique, ni les opérations au *comptant* sur l'ensemble des valeurs indigènes pratiquées par les nombreuses banques (2.032 à la fin de 1899) existant au Japon.

.·.

LA CRISE DE 1897-1898. — Comme tous les pays jeunes, le Japon a eu sa crise de croissance ; au lendemain de la guerre, une fièvre de créations nouvelles fit surgir des milliers d'entreprises de toute nature, dont beaucoup n'avaient que la spéculation pour objectif. Pendant la seule année 1896, il fut déclaré pour 339.840.000 yens (capital nominal) de Sociétés nouvelles et on calcula qu'à la fin de cette même année, le capital de toutes les Sociétés japonaises, toutes créées depuis moins de 20 années, atteignait la somme globale de 939.540.000 yens ; mais, comme l'exclusion des actionnaires étrangers desdites Sociétés obligeait leurs fondateurs à s'adresser uniquement aux capitalistes japonais, la plupart des nouvelles entreprises se trouvèrent, par suite de l'insuffisance du numéraire national, dans l'impossibilité de réaliser plus du quart du capital souscrit.

On crut, un moment, que le passage du Japon à l'étalon d'or pourrait porter remède à cette situation :

« Le but évident de cette réforme que rien ne faisait prévoir — a dit M. Félix Martin (1), qui était au Japon au moment où elle a été décidée — est de permettre au Japon d'offrir aux capitaux européens des valeurs d'État remboursables en or, avec des intérêts payables en or, et d'attirer ainsi leur confiance. Le projet de loi, présenté par le comte Matsukata, à la Diète, le 1er mars 1897, voté le 11, en une seule séance par la Chambre, ratifié le 23 par la Chambre des Seigneurs, fut sanctionné le 26 par le Mikado et promulgué le 29. La discussion très sommaire à laquelle il donna lieu devant la Diète fit ressortir la profonde ignorance des députés, dont pas un ne connaissait le premier mot de la question. Dans son discours, le comte Matsukata se renferma dans des allégations vagues ou des considérations sentimentales, se bornant à dire que la mesure qu'il proposait était imposée par l'expérience. »

La vérité, c'est que, malgré son aversion pour

____

(1) *Le Japon vrai.*

le capital étranger, le Gouvernement japonais
avait fini par comprendre que l'indemnité de
guerre, sur laquelle on comptait pour restaurer la
circulation monétaire intérieure, serait absorbée,
et au delà, par les dépenses d'ordre extérieur que
comportait le programme d'extension de sa puissance maritime et militaire, voté par la Diète japonaise dans la session de 1896, et par les achats
à l'étranger du matériel industriel (machines fixes,
métiers, locomotives et rails, bateaux, etc...) nécessaire aux nouvelles entreprises projetées.

Un emprunt 5 0/0 de 40 millions de yens fut immédiatement placé à Londres au pair, mais un second emprunt 4 0/0 de 100 millions de yens, offert
au public anglais en juin 1899, n'a pas eu le succès du premier, car les souscripteurs, trouvant
sans doute que le taux de 90 0/0 était trop élevé
n'ont guère demandé que 25 millions de yens,
laissant le reste pour compte aux quatre établissements garants de l'émission vis-à-vis du Gouvernement japonais. Cet emprunt se négocie actuellement à Londres aux environs de 80 0/0.

Mais il ne faut pas s'y tromper, le Gouvernement japonais n'a eu recours aux capitaux étrangers que contraint par les circonstances, et encore
ne l'a-t-il fait que dans des conditions très mo-
destes.

La situation monétaire intérieure ne fut nulle-
ment améliorée par l'emprunt de 1897 et la crise
s'accentua dans le premier trimestre de 1898, pro-
voquant de nombreuses faillites de Banques et de
Sociétés Industrielles en rapport avec elles. C'est

alors qu'on chercha à réagir contre la loi excluant les étrangers du capital actions et des Conseils d'administration des Sociétés japonaises.

Le correspondant de Yokohama du *Courrier d'Haïphong* écrivait à ce journal à la date du 20 janvier 1898 :

Il se manifeste actuellement, parmi les hommes d'affaires japonais, un mouvement prononcé en faveur de l'introduction du capital étranger au Japon. Les Chambres de commerce de la capitale et des grandes villes cherchent les moyens d'atteindre ce but et sont tombées d'accord pour permettre aux étrangers de devenir actionnaires des Compagnies indigènes, ainsi que pour leur admission comme membres de directions ou comités. Il faut que le besoin de capitaux se fasse rudement sentir pour que ces messieurs en arrivent à céder sur ce dernier point. Car, de tous temps, les Japonais ont refusé l'élément étranger dans le personnel dirigeant, et cela, même dans les Sociétés libérales et scientifiques.

Vers cette même époque, le taux de l'intérêt atteignait, dans certaines provinces, jusqu'à 20 0/0 pour les prêts consentis par les banques ; la moyenne, pour l'ensemble du pays, atteignait 14 0/0, et les intérêts payés par les banques à leurs déposants variaient entre 6 et 8 0/0.

L'excellente récolte de riz de 1898 (47.387.666 kokus, contre 33.039.293 en 1897 et une moyenne habituelle de 38.500.000), produit principal de l'agriculture japonaise, atténua les effets de la crise que les banquiers et les industriels s'étaient d'ailleurs ingéniés à conjurer en augmentant les facilités de crédit, en se syndiquant et en formant de véritables *trusts*, selon la méthode américaine.... L'ouverture du Japon aux capitaux étrangers fut alors ajournée à une époque ultérieure.

Elle a été cependant reprise après la mise en vigueur des nouveaux traités de 1899 et l'accès théorique de tout le Japon au commerce étranger, car nous avons publié, en août dernier, une communication faite à l'*Agence Havas*, disant en substance :

Le Gouvernement japonais vient de prendre une décision qui ne doit pas passer inaperçue.

Jusqu'ici, les étrangers ne pouvaient prendre d'actions des Compagnies de chemins de fer du Japon. Il est vrai qu'aucun article des nouveaux traités ne leur interdisait de devenir possesseurs de ces actions ; mais dans la pensée du Gouvernement, cette question était intimement liée à celle de la propriété du sol, et l'on sait que les étrangers n'ont pu, jusqu'à présent, obtenir le droit de propriété foncière au Japon. Aussi, les Compagnies de chemins de fer inséraient-elles généralement dans leurs statuts une clause prohibant le transfert des actions aux étrangers.

Mais le besoin de plus en plus grand de capitaux qui se faisait particulièrement sentir pour ces Compagnies a amené le Gouvernement à abroger, à l'égard d'un certain nombre d'entre elles, les règlements interdisant le transfert des actions aux étrangers. Le bénéfice de cette disposition sera vraisemblablement étendu aux autres Compagnies, si elles en font la demande.

Il est à espérer que la mesure prise par le Gouvernement impérial n'est que le prélude d'autres modifications plus importantes et que les étrangers se verront soumis, au Japon, à un régime véritablemen libéral.

Quoi qu'il en soit de l'avenir, la crise japonaise

de 1897-1898 a été conjurée sans le secours des capitaux étrangers et les Japonais ont le droit de dire avec orgueil, que les neuf dixièmes de la dette publique japonaise sont placés à l'intérieur du Japon, et que leur pays a su, en un quart de siècle seulement, et à l'aide de ses propres ressources, créer un organisme commercial, industriel et financier qui peut faire envie aux plus riches nations de l'Europe.

En effet, d'après les statistiques officielles publiées pendant le premier semestre 1900, M. Steenackers, notre consul général à Yokohama, a pu dire dans son dernier rapport :

« Beaucoup de ces Compagnies (celles créées pendant la grande période d'effervescence 1895-1897), ruinées par la spéculation, avaient disparu lors de la grande crise financière de 1898, si bien qu'à la fin de cette même année, les Sociétés définitivement constituées et existantes étaient les suivantes :

	Capital en yens
Chemins de fer	209.056.460
Etablissements financiers	384.876.334
Sociétés diverses	439.962.137
Soit	1.033.894.931

« La situation, sensiblement améliorée en 1899, permit la formation de nouvelles Sociétés ; en décembre dernier, le capital nominal des Sociétés dans tout le Japon atteignait les chiffres suivants :

	Capital en yens
Chemins de fer	230.137.660
Etablissements financiers	438.180.469
Sociétés diverses	451.342.775
Soit	1.119.669.844

« Il est à remarquer qu'en dépit des crises qui suivent leurs cours normal, les industries japonaises continuent à se développer. Les indigènes, obligés il y a encore peu d'années d'acheter à l'étranger tous les articles façonnés, sont arrivés à s'affranchir en grande partie de la main-d'œuvre extérieure à laquelle ils suppléent presque entièrement.

« C'est pourquoi leurs achats de matières premières dépassent actuellement de beaucoup ceux des produits ouvrés. De même, leurs productions qui autrefois ne s'exportaient qu'à l'état brut, sont travaillées et livrées par les nombreuses manufactures qui fonctionnent dans tout le pays, principalement à Osaka, le plus grand centre industriel du Japon. (On compte à l'heure présente dans cette ville et ses environs immédiats, 6.500 fabriques ou mines de tout genre.) »

6.500 fabriques ou mines de tout genre ! lorsqu'en 1883 — d'après M. Félix Martin — il n'y avait dans tout le Japon que 24 fabriques et usines actionnées par 1.748 chevaux-vapeur.

.˙.

Les banques japonaises. — Après la guerre de 1894-95, et pour faire face aux énormes besoins de crédit que le développement économique du Japon exigeait, le Gouvernement japonais s'est attaché à développer et à régulariser les divers organes financiers du pays.

Nous trouvons, à ce sujet, dans le très intéressant rapport que le comte Matsukata, ministre des finances dans le précédent cabinet, a récemment adressé à la Diète japonaise sur « l'administration financière du Japon après la guerre », des renseignements que nous allons brièvement analyser.

Pour répondre à la situation nouvelle, la *Banque du Japon*, établissement financier central de l'Empire et aujourd'hui banque unique d'émission, dut, en août 1895, augmenter son capital social de 20 millions à 30 millions de yens, et ouvrir de nouvelles succursales dans un certain nombre de villes. Le dernier versement sur le nouveau capital fut effectué en février 1898.

En mars 1896, la *Specie Bank de Yokohama*, seul établissement traitant les opérations de change pour le Gouvernement et le commerce extérieur du pays, doubla son capital en le portant de 6 millions à 12 millions de yens et, en septembre 1899, les actionnaires, réunis en assemblée générale, ont décidé un nouveau doublement de ce capital social en l'élevant à 24 millions de yens. La *Specie Bank* en a profité pour établir de nouvelles succursales à l'étranger, notamment à Hong-Kong et Tien-Tsin, cette dernière pour étendre ses opérations au nord de la Chine avec sous-agences projetées à Nieu-Tchwang et Tche-Fou.

Pour montrer le développement des affaires traitées depuis 1893, par ces deux établissements (*Banque du Japon* et *Specie Bank de Yokohama*) il nous suffira de reproduire le total annuel de leurs opérations respectives :

Montant annuel des opérations de la *Banque du Japon* et de la *Spécie Bank de Yokohama* de 1893-94 à 1898-99

(En milliers de yens)

Exercices	Banque du Japon	Spécie Bank
1893-94	1.811.666	1.427.871
1894-95	2.393.387	2.078.752
1895-96	3.013.921	2.364.015
1896-97	5.320.534	4.722.557
1897-98	9.560.084	5.665.487
1898-99	9.019.330	7.194.248
Différence sur 1893..	+ 7.207.664	+ 5.766.377

L'ensemble des opérations annuelles des deux établissements, qui atteignait à peine 8.354 millions de francs en 1893-94, a dépassé 41.829 millions en 1898-99, le yen étant compté, aux deux dates, à 2 fr. 58. C'est peu, si l'on compare ces résultats aux opérations annuelles de la *Banque de France* et du *Crédit Lyonnais*; c'est fantastique si l'on se reporte à la situation économique et financière du Japon en 1882, date à laquelle le régime de la pluralité des Banques d'émission, institué en 1872, y fut supprimé.

La *Banque du Japon*, fondée en 1882 d'après les principes qui régissent la *Banque Impériale d'Allemagne*, a le droit d'émettre des billets libres de tout impôt jusqu'à une limite de 85 millions de yens. Au delà de ce chiffre, sa circulation fiduciaire est soumise à une taxe de 5 0/0 par an. En mars 1899, une loi a relevé de 35 millions de yens la limite de la circulation libre et l'a portée à 120 millions de yens. L'exposé des motifs a justifié cette mesure : 1° par l'accroissement de la population japonaise ; 2° par l'extension des affaires commerciales et financières ; 3° par le changement du régime monétaire survenu en 1897. L'Etat n'a cependant pas donné ces 35 millions gratuitement, car il s'est inspiré du principe qui a été appliqué à la *Banque de France* au moment du renouvellement de son privilège et a imposé à la *Banque du Japon* une taxe calculée d'après les bénéfices que les 35 millions de nouveaux billets lui procureraient.

Au 31 décembre 1899, le compte-émission de la *Banque du Japon* s'établissait ainsi :

	Yens
Billets émis	250.562.040
RÉSERVE EN NUMÉRAIRE	
Monnaie d'or	74.000.435
Lingots d'or	29.140.734
Lingots d'argent	7.000.000
PORTEFEUILLE	
Effets publics	23.807.788
Certificats du Gouvernement	22.000.000
Autres titres	12.315.842
Effets de commerce	82.297.241
Total	250.562.040

La circulation fiduciaire japonaise est évidemment moins bien gagée que celle de la France, de l'Angleterre ou de l'Allemagne, mais, telle qu'elle est, elle rend d'immenses services au commerce japonais dont elle constitue le principal instrument d'échange..... pour ne pas dire l'ancienne monnaie.

En 1882 le Gouvernement japonais, sur la proposition du comte Matsukata, modifia la réglementation des *Banques nationales* d'émission qui fonctionnaient au Japon d'après le principe encore en vigueur aux Etats-Unis. Il fut alors décidé qu'aucune nouvelle charte d'émission ne serait octroyée, qu'une Banque centrale (la *Banque du Japon*) aurait le privilège unique de la circulation fiduciaire japonaise, et que toutes les *Banques nationales* en exercice devraient avoir liquidé leurs opérations d'émission, c'est-à-dire retiré de la circulation les billets émis par elles, dans un délai de vingt années, à partir de la date de la réception de leur charte.

Le montant total des émissions de toutes les *Banques nationales* réunies ne fut jamais bien considérable, car son chiffre maximum n'a pas atteint 35 millions de yens. A la fin de 1895, par suite des rachats successifs des banques arrivées au terme de leur charte, il avait été ramené à 20.796.786 yens. En 1896, la Diète vota diverses lois pour en assurer la liquidation, qui est devenue un fait accompli depuis le 1ᵉʳ juillet 1900.

Quand le comte Matsukata présenta, en 1881, son rapport concluant à la création de la *Banque du Japon*, il eut soin de faire observer que cette institution serait surtout destinée au commerce, que les besoins de l'agriculture et de l'industrie diffèrent de ceux du commerce, en ce sens qu'ils exigent des avances et échéances beaucoup plus longues, et qu'il faudrait créer, en leur faveur, un organe financier spécial pouvant leur prêter des capitaux à long terme et à un taux d'intérêt modéré.

La nécessité de cette institution se manifesta dès le lendemain de la guerre de 1894-95 ; le Gouvernement en saisit immédiatement la Diète et une loi promulguée en avril 1896, créa les *Banques industrielles locales* et la *Banque industrielle du Japon* qui en est l'organe central.

La *Banque industrielle du Japon* commença ses opérations en juin 1897 avec un capital social de 10 millions de yens dont un quart versé. Conformément aux dispositions de la loi d'avril 1896 elle fait des avances à long terme aux agriculteurs et aux manufacturiers, à l'aide de capitaux obtenus par l'émission d'obligations à peu près semblables à celles de notre *Crédit Foncier*, le capital social servant en quelque sorte de fonds de réserve.

A la fin de 1899 le montant de ses obligations en circulation atteignait 7.497.100 yens et celui des prêts effectués 8.774.842 yens.

Jusqu'à la fin de 1898, la *Banque industrielle du Japon* a été hors d'état de payer un dividende quelconque à ses actionnaires avec ses propres bénéfices, et le Trésor japonais a dû, conformément à la loi, lui verser une garantie d'intérêt de 5 0/0 ; mais la garantie a cessé de fonctionner dès le 1ᵉʳ semestre 1899, au cours duquel les bénéfices sociaux ont permis de leur distribuer un dividende de 6,6 0/0.

En même temps que la création à Tokio de la *Banque industrielle du Japon*, le Gouvernement

provoquait la fondation en province des *Banques
industrielles locales* prévues par la loi d'avril 1896,
et, à la fin de 1899, il existait un de ces établissements spéciaux dans 45 préfectures. Leur capital
total s'élevait à 27.920.000 yens, dont 8.028.620 yens
représentaient les subsides accordés par le Gouvernement.

Au 31 décembre 1899, les prêts consentis par les
Banques industrielles locales, soit sous la forme
de prêts annuels, soit sous la forme de prêts fixes,
s'élevaient à 12.033.145 yens, dont 7.295.692 yens
aux agriculteurs.

L'expérience est encore de trop courte durée
pour pouvoir apprécier le rôle que ces établissements d'Etat joueront plus tard, dans l'économie
générale du Japon, mais ce que l'on peut dire, dès
aujourd'hui, c'est que les Japonais en sont très
satisfaits et qu'ils en espèrent beaucoup de bien,
surtout au point de vue agricole.

Le fameux rapport de 1881 du comte Matsukata
contenait encore, outre les propositions relatives à
la *Banque du Japon* et aux *Banques industrielles
du Japon*, un plan de création d'un établissement
« chargé spécialement de faire des prêts sur valeurs mobilières, d'acheter et de négocier ces titres,
d'en faciliter la circulation et d'en régulariser les
prix ».

Le Gouvernement japonais, estimant que
l'énorme développement des valeurs mobilières
nationales survenu depuis 1895, rendait cette institution nécessaire, a récemment proposé et obtenu de la Diète une loi pour la création d'un *Cré-*

dit mobilier du Japon. Cette nouvelle banque d'Etat ne fonctionne pas encore, mais nous savons cependant, par les dispositions adoptées, qu'elle est surtout destinée à faire des avances sur titres industriels et qu'elle pourra solliciter le capital étranger en émettant des *obligations ayant la garantie du Gouvernement*.

Enfin, pour compléter l'énumération des créations gouvernementales en matière d'institutions de crédit, ajoutons que la *Banque de Formose* a été fondée en juin 1899 avec le privilège de l'émission fiduciaire pour tout le territoire de la nouvelle colonie (son capital social est de 5 millions de yens, dont un quart versé et le Trésor japonais lui a consenti un prêt de 2 millions de yens sans intérêt), et que la *Banque d'Hokkaïdo* a été également créée en décembre 1899 avec le concours de l'Etat.

Outre ces banques officielles et les banques privées proprement dites (en actions, en commandite ou particulières), dont le nombre dépasse actuellement 1.500 et le capital total 360 millions de yens, il existe un autre genre d'établissements de crédit ayant pour titre *Banques d'épargne* et dont le rôle est, en théorie du moins, comparable à celui de nos Caisses d'épargne.

Ces établissements ont en effet pour objet de recueillir la petite épargne des classes laborieuses, de l'augmenter par un système d'intérêt composé qui rappelle un peu celui de la *Capitalisation*, et de faire rentrer dans la circulation les capitaux ainsi constitués.

A la fin de juin 1899, il y avait dans tout le pays
459 *Banques d'épargne* avec un capital nominal
de 29.489.300 yens, dont 16.903.619 souscrits : le
montant de leurs dépôts atteignait 55.335.732
yens et le nombre des déposants, 3 millions : ce
qui représente un peu plus de 47 francs par déposant.

Le peu de succès de ces établissements semble
provenir de la concurrence que leur font les banques ordinaires par l'intérêt très élevé qu'elles
servent à leurs déposants (jusqu'à 7 0/0), et surtout par la manière très discutable dont elles sont
administrées et dirigées. Pour y remédier, le Gouvernement vient de présenter à la Diète un projet
de réglementation qui déterminera rigoureusement
les opérations qu'elles pourront pratiquer et qui
fixera les conditions d'un contrôle officiel par
les soins de l'Etat.

Pour nous résumer, il n'y avait, à la fin de
1893, que 758 banques japonaises, avec un capital
totalisé de 93.728.000 yens. A la fin de 1895, nous
trouvons 1.039 banques, avec 127.807.000 yens de
capital; à la fin de 1896, 1.315 banques et 239 millions de yens de capital. Pour la fin de 1899, la
statistique officielle nous révèle l'existence, au
Japon, de 2.032 banques de toute sorte (non compris les banques étrangères), disposant d'un capital total de 438.189.469 yens, soit environ 1.100
millions de francs. Ce dernier chiffre est près de
cinq fois supérieur à celui de 1893.

Nous avons indiqué que le montant des affaires

de la *Banque du Japon* et de la *Specie Bank* avait quintuplé entre 1893-94 et 1898-99. Les opérations des banques privées ont à peu près suivi la même progression, car le montant de leurs prêts s'élevait à 197.545.824 yens à la fin de 1898, contre 39 millions 615.733 yens en 1893, et le montant des traites escomptées par elles atteignait, de son côté, 189.311.447 yens au 31 décembre 1898, contre 35.764.714 yens au 31 décembre 1893.

Ces résultats nous dispensent de tout commentaire.

.·.

LES FINANCES DU JAPON. — Nous abordons le point noir de l'histoire économique du Japon moderne. La merveilleuse transformation qui s'est opérée dans toutes les branches de l'industrie nationale japonaise depuis la guerre de 1894-95 a eu, comme contre-partie, une effroyable augmentation des dépenses publiques, dont le montant annuel est passé de 76.731.000 yens en 1892-93, à 222 millions 353.000 yens en 1897-98, et à 254 millions de yens en 1900-01.

En effet, le comte Matsukata, ministre des finances dans le cabinet Yamakata, renversé en septembre dernier, a fait voter par la Diète impériale un projet de budget pour l'exercice 1900-1901 (33e année fiscale depuis la Restauration), s'équilibrant par 254.549.818 yens aux recettes et aux dépenses.

Le tableau suivant va, d'ailleurs, nous montrer la progression des budgets japonais au cours des neuf dernières années :

Budgets japonais pour les neuf dernières années :
en milliers de yens,

Exer-cices	Budget ordinaire		Budget extraordinaire		Budget total		Ba-lances an-nuelles
	Re-cettes	Dé-penses	Re-cettes	Dé-penses	Re-cettes	Dé-penses	
1892-93	80.728	63.615	1.058	13.119	81.786	76.734	+ 5.052
1893-94	85.883	64.442	3.159	20.139	89.042	84.581	+ 4.461
1894-95	89.748	60.421	2.673	17.707	92.421	78.128	+14.293
1895-96	95.444	67.148	22.988	18.169	118.432	85.317	+33.115
1896-97	104.901	100.715	82.111	68.140	187.012	168.855	+18.157
1897-98	123.535	107.300	102.582	115.058	226.117	222.358	+ 3.759
1898-99	132.568	118.949	87.299	100.502	219.867	219.451	+ 416
1899-00	176.749	137.314	90.932	105.348	267.681	242.662	+25.019
1900-01	193.730	152.408	60.819	102.141	254.549	254.549	»

Le Ministère du marquis Ito, qui vient de remplacer celui du marquis Yamakata, semble vouloir conserver pour la 34ᵐᵉ année fiscale (1901-1902) les grandes lignes du budget précédent, car la loi budgétaire qu'il se propose de présenter à la Diète comporte 254 millions de yens de recettes, en chiffres ronds, dont 201 millions ordinaires et 53 millions extraordinaires, et 252 millions de yens de dépenses dont 165 millions ordinaires et 87 millions extraordinaires.

En présentant le projet de budget de 1900-1901, qui comportait le règlement définitif des dépenses extraordinaires à imputer sur l'indemnité de guerre chinoise, le comte Matsukata, considéré à juste raison comme le plus habile financier du

Japon, a fait un historique détaillé de « l'Administration financière du Japon après la guerre ». et ce travail — que nous avons déjà utilisé pour étudier le développement des banques japonaises — va encore nous servir pour expliquer les chiffres du précédent tableau.

« Le programme financier que le Gouvernement japonais a adopté au lendemain de la guerre — dit le comte Matsukata — avait pour objet d'assurer le développement économique du pays en même temps que son développement financier : seule cette politique pouvait donner un résultat durable. Pour cette raison, tandis que, d'une part, le Gouvernement avait recours à l'augmentation des impôts et aux emprunts publics pour obtenir l'accroissement des réformes nécessaires ; d'autre part, le système monétaire était réformé, la circulation était augmentée et d'autres mesures étaient réalisées pour faciliter la transformation économique et industrielle de l'Empire.

« Parmi les entreprises les plus importantes que le Gouvernement a fait aboutir entre 1896 et 1900, on peut citer : l'expansion de l'armement militaire et maritime ; l'établissement d'une fonderie de fer ; la construction et l'extension des chemins de fer ; l'extension des réseaux téléphoniques, des lignes de télégraphe et de navigation ; la fondation de l'*Université impériale de Kyoto,* de l'*École normale supérieure,* de l'*École supérieure,* de l'*École polytechnique,* de l'*École d'agriculture et forestière ;* l'établissement de la *Banque industrielle du Japon,* des *Banques industrielles locales,* de la *Banque de Formose,* de la *Banque coloniale d'Hokkaïdo ;* le règlement des affaires de Formose ; l'exécution du plan relatif aux travaux fluviaux et autres mesures pour l'encouragement de l'agriculture, de l'industrie et du commerce. Toutes ces entreprises ont eu pour but, soit directement, soit indirectement, le

développement industriel du pays et l'augmentation de
la richesse nationale. »

C'est donc la réalisation de ce vaste programme
qui a porté les dépenses ordinaires du budget japonais de 67.148.000 yens en 1895-96, à 152.408.000
yens en 1900-01, et les dépenses extraordinaires
de 18.169.000 yens en 1895-96, à 102.141.000 yens
pour l'exercice en cours.

Il y a cependant quelques faits qui ont singulièrement augmenté les dépenses publiques japonaises que le résumé ci-dessus passe sous silence :
Par exemple, l'accroissement des fonctionnaires
publics qui, d'après une statistique publiée en 1899
par le Gouvernement japonais, étaient au nombre
de 68.613, avec 19.123.673 yens d'appointements à
la fin de 1898, contre 46.698, avec 11.405.677 yens
d'appointements à la fin de 1895.

Ces chiffres ne visent que les services civils de
l'Etat ; en y ajoutant, pour 1898, 10.000 officiers de
l'armée de terre et 4.000 officiers de marine avec
6.600.000 yens de solde, on arrive à un effectif
total de plus de 80.000 personnes (sans compter les
hommes de troupe et les matelots de l'Etat) qui
vivent du budget et lui imposent une charge
annuelle de plus de 25.700.000 yens.

Et le correspondant de Tokio, qui donnait ces
renseignements au *Temps* (juillet 1899), ajoutait
en matière de conclusion :

Les Japonais se sont plu à augmenter encore les
inconvénients de cet état de choses en introduisant

peu à peu chez eux le « sweeping-system», si cher aux
Américains, car au Japon, tout comme aux Etats-Unis,
où c'est le changement du Président de la République
qui amène un remaniement dans le personnel administratif, chaque crise ministérielle est suivie d'un
bouleversement complet, au moins parmi les titulaires
des fonctions importantes. Il en résulte, on le conçoit,
une instabilité générale qui nuit absolument à la bonne
marche des affaires.

Il serait facile de critiquer d'autres actes de
l'administration financière du Japon depuis la
guerre de 1894-95, et de montrer à quels excès de
mégalomanie les divers partis qui se disputent le
pouvoir depuis la mise en vigueur de la Constitution de 1890, se sont livrés sous prétexte de faire
grand et de faire *vite*. Il nous suffira, avant d'a-
border la fameuse question du programme de
l'expansion de l'armement militaire et maritime,
qui mérite un examen tout particulier, de signaler les conséquences de l'exagération des primes accordées à la navigation nationale.

Ces primes, qui permettent aux grands bateaux
faisant le service entre le Japon et l'Europe, de
toucher jusqu'à 125.000 francs de subvention par
voyage, ont poussé les Compagnies maritimes japonaises à faire construire, à grands frais, et au
même moment, un nombre considérable de grands
steamers à l'étranger; les chantiers indigènes ont
été ainsi privés d'un élément qui aurait pu faciliter leur développement, et la circulation monétaire—, déjà fort appauvrie par les achats extérieurs
du nouvel outillage industriel et par les excédents
des importations sur les exportations, qui attei-

gnirent 111.748.403 yens en 1898, — a été à ce
point raréfiée par les commandes extérieures de la
flotte marchande, que le comte Inouyé, alors ministre des finances, fut obligé, pour enrayer la
crise monétaire et défendre le change japonais, de
mettre à la disposition du public 42.440.000 yens
d'or, pris sur les réserves de l'indemnité de guerre,
en souscrivant 3.740.000 yens d'obligations de la
Banque industrielle du Japon et en achetant en
même temps, sur le marché public, 38.700.000 yens
de fonds d'Etat japonais.

En 1896 et 1897, le Gouvernement japonais fit
voter par la Diète impériale un programme d'expansion militaire et maritime, comprenant 325 millions de yens de dépenses ou travaux extraordinaires, dont l'exécution devait être échelonnée sur
une période de neuf années : 1897 à 1906.

Ce programme comprenait : 213.100.000 yens
pour les nouveaux vaisseaux de guerre et leur armement à construire à l'étranger, et 13.400.000
yens pour la création d'arsenaux maritimes au Japon, soit au total, 226.500.000 pour la marine de
guerre.

En ce qui concerne spécialement l'armée de
terre, le programme prévoyait 82 millions de yens
pour l'armement, l'équipement et la remonte des
nouveaux régiments décidés par la loi, et 16.500.000
yens de fortifications nouvelles et dépenses militaires diverses.

Dans une étude publiée par le *Statist* de Londres, le 8 décembre dernier, ce journal constatait avec satisfaction que les dépenses du Japon en navires de guerre, canons, etc., se feront surtout en Angleterre. « Elles s'élèveront à près de 22 millions de livres sterling ; la moitié de cette somme est presque déjà dépensée ; la plus grande partie du solde le sera en 1901 et 1902. »

Aux 325 millions de yens de dépenses extraordinaires d'ordre de guerre, il faut ajouter 106 millions de yens que la Diète impériale avait votés en 1893 au Ministère Okuma pour l'extension des chemins de fer de l'Etat, et 85 millions de yens votés, en 1897, à la demande du comte Matsukata, pour l'expansion industrielle, agricole et commerciale du Japon.

Nous voici donc en présence d'un programme de travaux extraordinaires comportant environ 516 millions de yens de dépenses (1.331 millions de francs), dont les trois quarts au moins ont été ou seront effectués à l'étranger.

La réalisation de ce programme touche sans doute à sa fin, car dans les budgets extraordinaires votés par la Diète de 1896-1897 à 1900-1901 inclus, les dépenses autorisées figurent pour une somme totale de 491.189.000 yens.

Il convient cependant d'ajouter que ces budgets ont supporté le solde de la liquidation de la guerre et un certain nombre de dépenses extraordinaires non prévues par le programme primitif, par exemple les déficits de l'administration de Formose.

La transformation économique, militaire et maritime du Japon, et la nouvelle direction de sa politique extérieure, devaient donc avoir pour conséquence forcée un accroissement très sérieux de ses dépenses ordinaires En supposant même que le solde disponible de l'indemnité de guerre, les 200 millions de yens d'emprunts à émettre postérieurement à l'exercice 1896-97 (ce chiffre ne comprenant pas l'emprunt des chemins de fer décidé en 1893), et les excédents budgétaires de la période 1896-1900 eussent suffit pour faire face à toutes les dépenses extraordinaires projetées : il fallait, en outre, trouver des ressources ordinaires nouvelles, soit pour assurer le service des dettes à contracter, soit pour répondre aux nouveaux besoins permanents de la marine militaire et de la guerre, soit enfin pour subventionner les diverses entreprises d'ordre économique et universitaire dont la création avait été décidée.

La Diète impériale vota avec enthousiasme tous les projets relatifs aux dépenses extraordinaires gagées par des emprunts publics et par l'indemnité de guerre, mais elle changea complètement d'attitude sur la question des nouveaux impôts. Sans entrer dans le détail des péripéties parlementaires, qui coûtèrent la vie à trois ou quatre ministères japonais en moins de trois années, il nous suffira de dire que la Diète, après avoir voté, en 1896, une partie seulement des augmentations demandées par le Gouvernement (nouveaux droits d'enregistrement, nouvelle taxe sur les affaires, augmentation de l'impôt sur le *saké* (vin de riz) et création du monopole des tabacs : soit au total 33.570.000 yens de ressources ordinaires nouvelles), finit par accepter, pendant sa session de 1899-1900 : l'augmentation de l'impôt foncier qui avait provoqué les plus grandes résistances, un nouveau relèvement de l'impôt sur le revenu, sur le *saké*, sur la *soy* (sauce japonaise aromatisée), sur les recettes du tabac, des postes et télégraphes, un nouveau droit de tonnage et enfin l'impôt sur les billets convertibles de la *Banque du Japon*. Cette nouvelle saignée arrachait aux contribuables japonais 42.020.000 yens d'impôts nouveaux à ajouter aux 33.570.000 yens votés en 1896, soit, au total 75.590.000 yens.

Pour indiquer l'importance du sacrifice, il nous suffira de rappeler que les recettes ordinaires de l'exercice 1891-1892 avaient à peine atteint le chiffre de 76.264.000 yens.

Les impôts nouveaux votés en 1899 ont été incorporés dans l'exercice 1899-1900 et leur perception n'a donné aucun mécompte au Trésor japonais, puisque les recettes ordinaires de cet exercice ont été de 176.749.000 yens contre 132.568.000 pour l'exercice précédent.

A partir de ce moment, le budget japonais s'est trouvé dans une situation normale et le comte Matsukata a pu dire avec raison :

« En arrêtant le projet de budget pour 1900-1901, le Gouvernement s'est appliqué à laisser les dépenses dans les limites des recettes de l'année et à veiller à ce que les nouvelles entreprises ne sortent pas de ces limites. Pour ce motif, on n'a pas eu recours au moyen si sou-

vent employé pendant les dernières années, c'est-à-dire
à la réserve de l'indemnité de guerre ou aux emprunts
temporaires : *l'équilibre entre les recettes et les dépenses
a été enfin réalisé.* »

Nous verrons s'il le sera encore dans quelques
années. En attendant, voici la progression de la
Dette publique japonaise depuis la guerre de
1894-95 :

Dette publique du Japon

Milliers de yens

Années au 1ᵉʳ janvier	Dettes nationales diverses	Dettes municipales garanties par l'État	Total
1894	263.925	9.689	273.614
1895	342.809	10.048	352.857
1896	424.643	10.471	435.114
1897	396.397	11.154	407.551
1898	417.401	17.241	434.642
1899	427.763	23.805	451.568
1900	502.967	23.805	526.772

D'autres emprunts, s'élevant à un montant total
de 107.960.993 yens et principalement destinés à la
construction de chemins de fer et de réseaux téléphoniques, ont été autorisés par la loi du 23 février 1900; on peut donc admettre que la *Dette nationale* du Japon atteindra le chiffre de 610 millions de yens au 1ᵉʳ janvier 1901.

．·．

RÉGLEMENT DE L'INDEMNITÉ CHINOISE. — L'indemnité de guerre payée par la Chine au Japon a joué
un trop grand rôle dans les finances japonaises

après le traité de Simonosaki, pour que, ayant la bonne fortune de trouver dans le rapport du comte Matsukata les comptes définitifs de sa liquidation, nous ne lui consacrions pas un chapitre spécial.

Le montant total de l'indemnité, qui dépassait légèrement 230 millions de taëls kuping, a été complètement reçu par le Japon en mai 1898. Ce montant, d'après le change fixe assuré au Gouvernement japonais, représentait exactement 355 millions 980.364 yens. Cette somme s'est augmentée d'un bénéfice de 9.548.703 yens, représentant les intérêts donnés par l'emploi de ce capital avant le 1er janvier 1900. Le fonds d'indemnité, tel qu'il a été présenté au moment de la discussion du budget de 1900-1901, s'élevait donc à la somme totale de 365.529.067 yens, soit environ 943 millions de francs, en comptant le yen à son nouveau pair de 2 fr. 58.

Pour l'emploi de cette somme, le Gouvernement fit d'abord décider par la Diète de combler le déficit du fonds de guerre, puis d'en appliquer une forte partie à doter les dépenses de l'expansion militaire et navale dont la Diète avait adopté le plan d'ensemble.

Sur le solde, qui s'élevait à environ 87 millions de yens, on constitua une réserve de 20 millions pour l'usage de la Maison impériale, un fonds de 30 millions pour les vaisseaux de guerre et les torpilleurs à construire au Japon, un fonds de prévoyance de 10 millions, et un fonds d'éducation de 10 millions.

Après tous ces prélèvements, il ne restait de
disponible qu'une somme de 16.717.704 yens sur
laquelle 12 millions furent appliqués au réglement
des déficits causés par le retard que la Diète mit à
voter les nouveaux impôts.

Voici, d'ailleurs, le détail de ces diverses affectations :

Emploi de l'Indemnité chinoise

Fonds d'indemnité

	Yens
Somme correspondant à 230.000.000 de taëls reçus comme indemnité.	355.980.364
Bénéfice assuré par l'emploi du fonds d'indemnité avant le 31 janvier 1900	9.548.703
Total	365.529.067

Sommes employées

Détail de ces sommes :	
Expansion militaire	56.800.234
— maritime	139.259.717
Établissement de la fonderie de fer.	579.762
Dépenses extraordinaires de guerre	78.957.165
Service de transport et d'information	3.214.485
Maison impériale	20.000.000
Fonds de vaisseaux de guerre	30.000.000
— de prévoyance	10.000.000
— d'éducation	10.000.000
Déficit budgétaire de 1898-99	12.000.000
Total	360.811.363
Balance	4.717.704

Sur ce solde de 4.717.704 yens, 3.639.960 ont
été convertis en obligations de la *Banque industrielle du Japon*, émises en 1898, pour améliorer la circulation monétaire. Le surplus, soit
1.077.744 yens, sera probablement versé aux re-
cettes extraordinaires du budget.

Dans son rapport, le comte Matsukata affirme
que les affectations de l'indemnité de guerre ont
été strictement observées dans le budget de 1900-
1901 « qui a suivi, de point en point, les lignes tra-
cées par les précédents budgets et n'a apporté
aucun changement au programme primitif. »

En ce qui concerne les dépenses couvertes avec
le produit des emprunts, il déclare qu'il n'a été
fait, non plus, aucun changement au programme
établi, sauf une augmentation de dépenses de
19.529.886 yens pour la ligne Fukushima-Aomori
et une somme de 2.156.248 yens pour la construction d'un chemin de fer entre Kaidaichi et Kure.

Enfin, il a été prélevé sur le produit des emprunts
publics un somme de 13.600.000 yens destinée à
liquider la perte que l'échec de l'emprunt 4 0/0
émis à Londres en juin 1899 a fait subir au Trésor
japonais.

XV

Le Nouveau Japon

En 1895, l'intervention de la Russie, appuyée par la France et l'Allemagne, a arrêté les Japonais dans leur marche victorieuse sur Pékin. On sait pourquoi le Japon, dont l'armée était presque épuisée par la rude campagne de Mandchourie, et dont la flotte était hors d'état de résister aux vaisseaux des trois puissances, dut abandonner ses plus chères prétentions.

C'est de ce moment que le programme de l'expansion militaire et navale du Japon fut décidé et nous devons constater que le Gouvernement qui l'a élaboré, et la Diète qui l'a voté par acclamation, n'ont fait que répondre aux vœux ardents du pays.

En effet, les Japonais, que leurs succès militaires avaient exaltés outre mesure, furent cruellement humiliés de cette intervention; ils auraient volontiers accepté la guerre avec la Russie et ses alliées plutôt que de perdre ce qu'ils appelaient le fruit légitime de leurs victoires, mais le Mikado et ses ministres, mieux renseignés que la foule, jugèrent la situation plus froidement, et, malgré l'effervescence populaire, ils cédèrent, après quelques jours d'hésitation, au *conseil amical* que les trois Puissances leur avaient adressé le même jour.

Le pays accepta donc avec enthousiasme l'idée de consacrer l'indemnité de guerre au développement de sa puissance militaire et maritime et il consentit, par avance, à subir toutes les nouvelles charges fiscales que ce développement lui imposerait pour l'avenir.

Le programme de 1896, presque achevé aujourd'hui, peut se résumer ainsi :

.

L'Armée. — Au commencement de 1894 l'armée japonaise, sur le pied de paix comprenait 72.570 officiers, sous-officiers et soldats ainsi répartis : Administration centrale et École militaires : 4.104 ; Division de la garde impériale : 7.350 ; 6 divisions ordinaires : 56.443 ; Gendarmerie : 1.046 ; Milice de Yéso : 3.627. A ce chiffre il fallait ajouter : la Réserve : 91.190 hommes et l'Armée territoriale : 106.088 hommes ; ce qui portait le total général à 269.748 hommes dont environ 72.570 sous les drapeaux.

Elle comptait 502 généraux ou officiers supérieurs en activité et 141 appartenant à la Réserve ou à l'Armée territoriale, et 3.716 officiers subalternes, dont 550 réservistes ou territoriaux.

Chaque division avait un régiment d'artillerie de campagne de 6 batteries à 6 pièces ; l'artillerie de

campagne pouvait ainsi mettre er ligne 252 canons. Il existait en outre 4 régiments d'artillerie
de forteresse.

En exécution du plan d'expansion décidé en
1896 cette même armée avait sous les drapeaux au
31 décembre 1899 : Administration centrale et
Ecole militaire : 13.644 hommes ; Division de la
garde impériale : 10.862 hommes ; 12 divisions ordinaires : 120.813 hommes ; Gendarmerie : 3.193
hommes ; Brigade mixte de Formose : 9.317
hommes. Soit au total : 157.829 officiers, sous-officiers et soldats.

En cas de mobilisation générale cette armée
pourrait s'augmenter de 97.151 hommes appartenant à la Réserve, de 179.887 hommes appartenant à la Territoriale et de 168.249 hommes de la
Réserve de recrutement, soit 445.287 hommes, qui
venant s'ajouter à l'armée active proprement dite
porteraient l'effectif total de l'armée japonaise,
sur le pied de guerre, à 603.116 officiers, sous-officiers et soldats.

Le cadre d'officiers comprend 1.150 officiers
généraux et supérieurs, dont 237 appartenant à la
Réserve ou à l'Armée territoriale et 7.975 officiers
subalternes, dont 2.331 à la Réserve ou à l'Armée
territoriale.

L'artillerie japonaise comprend aujourd'hui 13
régiments d'artillerie de campagne et 5 régiments
d'artillerie de forteresse. Chaque régiment de campagne ayant 6 batteries à 6 pièces, l'artillerie de
campagne dispose en temps de paix de 468 canons
de 7 centimètres en bronze comprimé et à tir

rapide. En cas de mobilisation ce nombre pourrait être facilement doublé.

.ˑ.

La Marine : En juin 1894, c'est-à-dire deux mois avant la déclaration de guerre à la Chine, la flotte japonaise était représentée par : 1 cuirassé, 3 garde-côtes, 7 croiseurs de 1re classe, 5 corvettes, 6 canonnières, 1 aviso, 1 aviso-torpilleur et 26 torpilleurs, soit au total 50 navires jaugeant 55.575 tonneaux, ayant 113.379 chevaux de force et disposant de 442 canons de divers calibres. Il existait en outre : 7 bâtiments-écoles et 1 petit bateau pour le service hydrographique.

Le personnel de la marine de guerre japonaise s'élevait à 11.174 hommes ainsi décomposés : 43 officiers généraux ou supérieurs ; 1.058 officiers ou assimilés ; 1.963 sous-officiers et 8.110 matelots.

Au mois de juillet 1900, après la réalisation partielle du plan d'expansion de 1896, la flotte de guerre japonaise comptait déjà : 4 cuirassés d'escadre de 1re classe, 2 cuirassés, 10 gardes-côtes, 3 croiseurs cuirassés de 1re classe, 9 croiseurs de 2e classe et 5 de 3e, 16 canonnières, 3 avisos et 1 transport. Plus 12 contre-torpilleurs nouvellement construits en Europe et 38 torpilleurs.

Les 53 bâtiments ci-dessus énumérés (non compris les contre-torpilleurs et torpilleurs) sont tous de construction moderne, déplacent 187.103 tonneaux, ont une force de 309.358 chevaux et disposent de 895 canons.

Mais il reste en construction à l'étranger : 2 grands cuirassés d'escadre de 15.300 tonneaux, 15.000 chevaux et 50 canons chacun ; 3 croiseurs cuirassés de 1re classe d'environ 10.000 tonneaux chacun ; et en construction au Japon : 2 croiseurs de 2e classe, de 3.600 tonneaux chacun, 1 aviso de 1.200 tonneaux et 35 torpilleurs en montage.

Ces derniers bâtiments seront tous livrés au Gouvernement japonais avant la fin de l'année prochaine. De sorte que la flotte de guerre du Japon comptera alors 38 grands navires de combat jaugeant 227.010 tonneaux, plus 20 canonnières ou avisos contre-torpilleurs jaugeant 17.043 tonneaux (les 58 navires disposant de 1.132 canons perfectionnés), 12 contre-torpilleurs et 73 torpilleurs.

Au mois de juillet 1900, le personnel de la marine de guerre japonaise comprenait : 120 officiers généraux ou supérieurs, 1.631 officiers ou assimilés, 4.956 sous-officiers et 19.768 matelots, soit au total 26.475 hommes.

Si aux navires actuellement en service ou en construction, on ajoute les 5 croiseurs et les 42 torpilleurs à construire au Japon, d'ici à 1906, et les 50 grands steamers à marche rapide des Compagnies maritimes japonaises que le Gouvernement pourra utiliser comme transports, on aura la mesure exacte de la puissance navale du Japon en cas de guerre.

.˙.

Conséquences budgétaires : Un pareil effort de-

vait nécessairement apporter une modification profonde dans l'établissement des budgets du Japon.
Nous avons déjà montré, en examinant sa situation
financière, avec quelle rapidité les dépenses ordinaires avaient augmenté entre 1893 et 1900, mais il
n'est pas sans intérêt de cennaître l'importance de
cette augmentation pour celles de ces dépenses qui
ont spécialement trait à la nouvelle politique extérieure du pays.

Voici, par exemple, les dépenses ordinaires du
service de la Dette publique, des Affaires étrangères, de la Guerre, de la Marine et des Finances,
telles que nous les relevons dans les budgets de
prévision de 1893-1894 et 1899-1900 :

Service ordinaire	1893-1894	1899-1900	Augmentat. pour 1899-1900
	Yens	Yens	Yens
Dette publique........	21.019.978	33.308.763	12.378.785
Affaires étrangères...	660.885	2.114.636	1.453.751
Guerre	12.810.664	37.040.840	24.230.176
Marine	5.639.989	15.123.167	9.483.178
Finances	2.876.336	10.667.795	7.791.459
Totaux	43.007.852	98.345.201	55.337.349

La Guerre, la Marine et les Affaires étrangères
ont donc à peu près triplé leurs dépenses ordinaires,
à six années d'intervalle : la Dette publique et le service des Finances n'ont pas tout à fait suivi la
même progression, parce que l'indemnité chinoise
a supporté la plus large part des dépenses extraordinaires nécessitées par l'exécution du plan de
1896. Mais cette indemnité est aujourd'hui complè-

toment épuisée, et si le Japon veut élargir son programme de travaux publics et d'expansion économique, s'il veut augmenter encore celui de l'expansion militaire et maritime, comme plusieurs de ses hommes politiques en soutiennent la nécessité, il devra alors se résigner à faire appel au crédit de l'étranger.

En effet, les Japonais ont supporté avec une abnégation vraiment admirable les énormes charges que la nouvelle politique extérieure du pays leur imposait.

Si c'est avec les questions du service militaire obligatoire et des nouveaux impôts qu'on peut juger le patriotisme d'un peuple, nous pouvons affirmer qu'il n'y a peut-être pas une seule nation en Europe qui les aurait subies avec plus de sérénité et de bonne grâce. Seule, l'augmentation de la taxe foncière a motivé une assez vive résistance de la part de la Diète, parce qu'elle frappait la propriété rurale et que l'agriculture japonaise — malgré les encouragements nombreux qu'elle a reçus depuis une dizaine d'années — n'a pas bénéficié, au même degré que l'industrie et le commerce, de la transformation économique du pays.

Mais il y a une limite à tout, et le tableau suivant, donnant les prévisions en 1893-1894 et 1899-1900 des quatre impôts restés comparables dans les budgets japonais, montre que cette limite est aujourd'hui atteinte, sinon dépassée.

Recettes ordinaires	1893-1894	1899-1900	Augmentat. pour 1899-1900
	Yens	Yens	Yens
Douanes.............	4.550.655	16.716.832	12.166.177
Impôt foncier........	38.693.966	45.874.140	7.180.174
— sur les revenus	1.083.196	3.835.755	2.752.559
— sur le *saké* ...	15.563.991	49.097.875	33.533.884
Total des 4 impôts.	59.891.808	115.524.602	55.632.794

Ainsi, l'augmentation des quatre impôts ci-
dessus — augmentation qui provient à la fois du
relèvement de leur quotité et du développement
du bien-être de la population — donne un chiffre
supérieur à l'augmentation des dépenses ordinaires nécessitées par la nouvelle politique japonaise. On peut donc admettre que, si le Japon reste
dans les données du programme de 1896, il dispo-
sera de moyens financiers suffisants pour se maintenir dans le cadre d'action extérieure où il s'est
placé et pour défendre, envers et contre tous, la
situation prépondérante que ses nationaux vont
sûrement se créer dans les affaires industrielles,
commerciales et financières de la Chine ouverte.

Tous les Européens, qui ont étudié sur place les
nouveaux éléments de la marine et de l'armée
japonaise, sont unanimes à constater que le programme de 1896 a été réalisé avec une énergie et
une précision des plus remarquables, et que le
Japon est devenu aujourd'hui une puissance de
premier ordre, dont les nations européennes engagées dans les affaires de la Chine devront respecter
les droits.

M. Félix Martin, qui a suivi de près les diverses étapes de la transformation, écrivait déjà en 1898 :

« De tels moyens de combat, entre les mains d'une nation dont nous connaissons les instincts ambitieux et guerriers, ayant une haute idée de sa valeur et du rôle qu'elle est appelée à jouer dans le monde, constitueront un danger permanent pour la paix en Extrême-Orient. A ce point de vue, le *péril jaune* n'est pas un vain mot! L'Europe qui, dans un aveuglement inconscient, a contraint le peuple japonais à sortir de son immobilité, qui lui construit aujourd'hui des cuirassés et lui prêtera demain de l'argent pour les payer, l'Europe n'aura-t-elle pas à se repentir d'avoir favorisé l'éclosion à la vie moderne de ce peuple audacieux ? »

XVI

CONCLUSIONS

Nous avons exposé, d'une manière aussi complète que possible, les origines de la société chinoise, les principes de son organisme politique et social, les raisons de son ancienne résistance à la pénétration étrangère et de son inertie économique ; mais nous avons indiqué, aussi, le rôle des innombrables associations qui couvrent le territoire du Céleste-Empire, les qualités extraordinaires d'assimilation, de sobriété et d'endurance de ses habitants, et les richesses naturelles de son sol.

La Chine est désormais ouverte ; la concurrence des capitaux européens va lui constituer rapidement un outillage économique perfectionné et, sous l'influence énergique des Japonais, leurs frères en race jaune, les Chinois deviendront très vite des producteurs de premier ordre.

Ce ne sont plus là des hypothèses et les progrès surprenants que le Japon a réalisés en quelques années à l'aide de ses seuls moyens et de ses propres capitaux — progrès sur lesquels nous nous sommes étendu à dessein — ne laissent aucun doute sur l'importance et la rapidité de la prochaine transformation industrielle de la Chine.

Quelles seront, pour l'Europe, les conséquences économiques et sociales de cette transformation ? Nous avons le grand regret, en arrivant au terme de notre étude, de constater que pas un des Gouvernements européens qui ont contribué à cette transformation ne s'est posé cette question préjudicielle.

Les avertissements n'ont cependant pas manqué à l'Europe et, pour ne prendre que l'exemple de la France, il nous suffira de rappeler les remarquables études et les judicieux discours que M. d'Estournelles de Constant, député de la Sarthe, ancien ministre plénipotentiaire, actuellement membre de la Cour permanente d'arbitrage de La Haye pour la République française, a consacrés au *Problème chinois*.

M. d'Estournelles a été l'un des premiers à percevoir nettement l'importance capitale de ce problème et à comprendre les graves préjudices que la politique irréfléchie des nations occidentales en Extrême-Orient pouvait porter aux intérêts matériels et moraux de la vieille Europe.

Les rapports spéciaux qu'il a adressés au Ministère des Affaires étrangères, alors qu'il était attaché à notre ambassade de Londres ; ses études publiées dans la *Revue des Deux Mondes* (1) en 1896 et 1897 ; les discours qu'il a prononcés à la Chambre

(1) Le Péril prochain, l'Europe et ses rivaux. Concurrence et Chômage

des députés les 7 février 1898 et 8 décembre 1899, et enfin le magistral article qu'il vient de faire paraître dans la *Revue politique et parlementaire* du 10 novembre dernier, sont plus que des cris d'alarme. Ils constituent une série de déductions rationnelles, basées sur des faits précis; une sorte d'analyse synthétique des phénomènes qui s'accompliront en Extrême-Orient et de leur répercussion fatale sur le régime économique et social des nations occidentales.

Les divers éléments de la question que nous nous sommes efforcé de mettre en lumière confirment, malheureusement, les déductions de M. d'Estournelles et nous portent à adopter ses conclusions relativement au péril prochain, le *Péril Jaune*.

« Toute une élite d'économistes, en France, en Belgique, en Russie, conteste, il est vrai, ce péril (1); elle nous présente même l'exploitation de la Chine comme un bienfait, une ressource, le remède à tous les maux dont nous nous plaignons. Considérer la Chine comme une proie, se figurer et persuader à l'opinion que cette proie, si nous la prenions, ou si nous la faisions valoir, rapporterait à chacun de nous de la gloire, de l'avancement, de belles situations, des croix, des commandes, du travail, des bénéfices, de beaux salaires, qu'elle comblerait nos déficits, amortirait nos dettes, ranimerait notre administration caduque, payerait les frais de nos rivalités continentales, de nos discordes intérieures et de nos aventures lointaines, ainsi, bien entendu, que nos armées, nos flottes, nos forteresses, notre matériel de guerre toujours transformé, aug-

---

(1) *Revue Politique et Parlementaire* du 10 novembre 1900 : Le Problème chinois par M. d'Estournelles de Constant.

menté ; — dériver enfin sur la Chine tous les mécontents, tous les ambitieux, tous les malheureux qui réclament un changement à leur situation en Europe... telle est la séduisante théorie qui nous pousse à abandonner l'homme malade de Constantinople pour courir à la sucession de l'homme malade de Pékin...

« Mais, qui nous autorise à supposer que la Chine sera la consommatrice complaisante des produits fabriqués ailleurs que chez elle ? Croyons-nous donc tellement naïfs les Européens qui comptent la mettre en valeur ? Sans doute, au début, elle achètera ses machines à l'étranger pour se mettre en train ; mais, aussitôt outillée, — et cela va vite, — elle s'empressera de fabriquer à son tour des produits européens ; elle retournera contre nous nos propres machines, comme elle a tourné contre nos armées nos propres canons. Seulement, ses avantages économiques seront tels, que nous ne pourrons pas soutenir la concurrence. En imitant nos produits pour sa propre consommation, elle écartera les nôtres ; elle économisera des frais de transport, des droits de douane ; elle payera à vil prix le charbon, le minerai, la matière première ; elle profitera du change qui réduit pour elle de moitié le prix des choses ; enfin, et surtout, elle utilisera la plus incomparable et la plus avantageuse des mains-d'œuvre ; elle emploiera l'ouvrier chinois ; elle le payera cinq sous, tandis que nous payons les nôtres, en Europe et en Amérique, jusqu'à cinq francs et davantage. Mais elle ne se contentera pas d'écarter nos produits. Elle nous vendra les siens ; de la défensive, elle passera promptement à l'offensive et c'est nous qui organiserons son attaque. Nous l'avons déjà commencé ! »

Et après avoir montré qu'à l'exemple du Japon, la Chine deviendra rapidement une colossale usine de contrefaçon européenne, et que les Chinois n'échangeront leurs produits d'imitation fabriqués

à vil prix, que contre des capitaux, des machines
ou des armes. M. d'Estournelles ajoute :

« Ils donneront pendant un temps du travail au petit
nombre d'ouvriers et aux machines des grands établissements métallurgiques de l'Occident, particulièrement de la Belgique et de l'Amérique, mais ils enlève-
ront de plus en plus beaucoup de travail aux innombrables ouvriers de l'agriculture, du commerce et de
l'industrie européenne. Ils feront baisser, avec la valeur des produits, la valeur du travail occidental inca-
pable de lutter à la fois contre la machine et contre
leurs centaines de millions de bras sans ouvrage. Nos
usines, nos chantiers se fermeront en même temps que
nos campagnes continueront à se dépeupler ; nos trésors de guerre cesseront d'être alimentés ; il faudra
licencier des armées de soldats et d'ouvriers ; comment les nourrir, les occuper? La grève, le chômage,
la révolte séviront à l'état chronique. La mise en
valeur de la Chine aura pour conséquence dernière,
sans parler des étapes intermédiaires, la lutte fraticide
du capital et du travail en Occident; la misère et le
désespoir des ouvriers; la ruine des patrons. Notre
civilisation s'épuisera dans l'anarchie jusqu'au jour où
il ne lui restera plus d'autre alternative que de disparaître ou de réagir violemment contre son infériorité
économique par je ne sais quel boycottage indigne
d'elle, ou par la réduction de la Chine en état d'escla-
vage plus ou moins dissimulé. »

Certains libre-échangistes, certains colonisateurs à outrance, trouveront la note forcée : il se
moqueront du *Péril prochain* au point de vue économique comme on se moquait, avant 1870, du
Péril allemand au point de vue militaire : Ils auront tort !

Ils supposent, en effet, que la Chine, définitivement ouverte aux étrangers, outillée et organisée par leurs capitaux, leurs ingénieurs et leurs industriels, ne se contentera pas de vendre à l'Europe les articles qu'elle pourra produire à bon marché, mais qu'en échange du prix qu'elle en recevra elle pourra, à son tour, acheter à l'Europe les produits de son industrie manufacturière, produits dont l'introduction de la civilisation dans toutes ses provinces, et le développement de bien-être de sa population, généralisera rapidement l'usage.

C'est l'idéal de la doctrine d'Adam Smith sur les avantages de la liberté des échanges internationaux et de la théorie de Stuart Mill sur la division du travail : « Laisser à chaque pays la faculté de se consacrer exclusivement à la production des marchandises le mieux en rapport avec la nature de son climat, de son sol et des aptitudes spéciales de ses habitants, et lui permettre d'échanger librement ces marchandises — produites ainsi au plus bas prix de revient — avec celles que les autres nations peuvent également fabriquer avec le minimum de travail et de dépenses. »

Depuis une vingtaine d'années, les États-Unis d'Amérique se sont chargés de démontrer pratiquement à l'Europe les dangers de cette formule séduisante. Or, il suffit de songer un instant aux habitudes des Chinois, à leur manière de vivre, à l'abondance et à la prodigieuse habileté de leur main-d'œuvre, pour comprendre qu'elle serait infiment plus dangereuse avec la Chine.

On prend cependant l'exemple des Etats-Unis, qui ont été pendant plus d'un siècle les meilleurs clients de l'Europe, pour affirmer que l'introduction de la civilisation occidentale en Chine produira nécessairement les mêmes résultats, c'est-à-dire que les Chinois resteront longtemps les tributaires de l'industrie européenne avant d'en être les rivaux.

On oublie seulement que si la production industrielle nord-américaine a mis un aussi grand nombre d'années à devenir une rivale redoutable pour la production similaire européenne, c'est parce que tous les Etats, qui forment aujourd'hui la grande Confédération du Nord, n'ont été, à l'origine, que de véritables colonies de peuplement.

Leurs premiers occupants n'ayant jamais pu utiliser la main-d'œuvre autochtone, ont dû d'abord importer à grands frais des nègres de la côte africaine pour y organiser des exploitations agricoles. Ce n'est que lorsque les immigrants de race blanche ont été assez nombreux pour constituer un premier noyau de consommateurs et d'ouvriers industriels, c'est-à-dire un demi-siècle après la proclamation de l'indépendance, qu'on a songé à fabriquer sur une assez grande échelle des produits d'imitation européenne.

Mais les économistes américains sont les premiers à reconnaître que sans la vapeur, sans le machinisme moderne, qui a si heureusement suppléé à l'extrême rareté de la main-d'œuvre indigène, jamais l'industrie américaine n'aurait pu devenir une industrie d'exportation.

Or, l'industrie néo-chinoise aura immédiatement à sa disposition un outillage des plus perfectionnés; la population de la Chine est au moins cinq fois plus considérable que la population actuelle des États-Unis d'Amérique; les ouvriers chinois sont certainement aussi travailleurs, aussi aptes à conduire les machines que les nègres émancipés ou les émigrants européens que l'industrie américaine emploie... et ils se contenteront longtemps, eu égard à leur nombre et à leur sobriété, de salaires dix ou quinze fois plus faibles qu' ceux des ouvriers américains.

La Chine d'aujourd'hui, misérable et affamée, ne peut être la cliente de l'Europe que pour l'achat des machines nécessaires à son industrie naissante, mais la réciprocité des échanges manufacturiers ne pourra jamais exister entre elle et l'Europe, même quand elle sera outillée, par cette raison péremptoire que si le développement du bien-être des Chinois et la transformation de leurs besoins actuels les poussent un jour à user des produits de consommation courante dans nos pays : ils les fabriqueront aussitôt et dans de telles conditions de prix de revient, que toute concurrence d'ordre extérieur sera impossible.

On peut même avoir la certitude que, grâce aux industriels japonais, européens et américains qui ne manqueront pas d'aller utiliser à leur profit les conditions particulièrement avantageuses de la main-d'œuvre, du sol et du sous-sol de la Chine ouverte, les Chinois produiront une foule d'articles d'exportation avant de prendre l'habitude d'en consommer eux-mêmes.

La question de la qualité de ces produits ne se posera pas car tous les Européens qui ont habité la Chine, tous les ingénieurs qui ont employé la main-d'œuvre indigène, affirment que les Chinois sont des ouvriers incomparables et qu'il sera extrêmement facile à leurs patrons européens de leur faire imiter, dans la perfection, tous nos produits.

Il ne restera, donc pour nous défendre, que la question de la distance, c'est-à-dire la question des frais de transport...: mais on oublie trop, dans le monde du libre-échange, que l'emploi de l'électricité et de la vapeur l'ont presque supprimée et que, en ce qui concerne spécialement l'Extrême-Orient, le canal de Suez, les grands steamers à marche rapide et la concurrence des frets — sans parler de l'influence prechaine du Transsibérien — ont décuplé la vitesse de circulation des marchandises, assuré à leur livraison une régularité presque mathématique et réduit leurs frais de transport dans des proportions telles, que leur prix de revient — surtout lorsqu'il s'agit de produits manufacturés — n'en peut plus être sensiblement affecté.

D'une manière générale, les nouvelles conditions des communications terrestres et maritimes nivellent, dans le monde entier, le prix de vente des marchandises de fabrication et de consommation générales. C'est naturellement dans le sens du plus bas prix de revient de ces marchandises que ce nivellement se produit, et on peut affirmer que ce sont les pays qui, pour une raison quelconque, peuvent vendre au meilleur marché, qui règlent le prix des marchandises dans les autres centres de production et de consommation.

Malheureusement, il n'appartient point aux producteurs des nations européennes de réduire à volonté leur prix de revient. Ils peuvent, dans une certaine mesure, améliorer leurs méthodes de production, mais il n'est pas en leur pouvoir de s'affranchir, individuellement, des conditions de milieu — frais de transport, salaires, impôts, service militaire, climat, ressources du sol, etc... — auxquelles leurs industries sont soumises.

C'est pour toutes ces raisons que le développement de la production industrielle de la Chine, c'est-à-dire la *concurrence jaune*, aura fatalement, pour le régime économique et social des vieilles nations de l'Europe, les graves conséquences que M. d'Estournelles a signalées.

Le *Péril jaune* qui menace l'Europe peut donc se définir de la manière suivante : « Rupture vio-
« lente de l'équilibre économique international sur
« lequel le régime social des grandes nations in-
« dustrielles de l'Europe est actuellement établi,
« rupture provoquée par la brusque concurrence,
« anormale et illimitée, d'un immense pays nou-
« veau. »

Ce péril n'est pas un péril militaire (1) dans le

---

(1) Dans une brochure très curieuse que sir Robert Hart, directeur général des Douanes chinoises, vient de faire paraître à Shanghaï, l'auteur, qui connaît admirablement la Chine et les Chinois, après avoir raconté les péripéties du siège effroyable que les Légations étrangères ont subi à Pékin du 20 juin au 14 août 1900, et analysé les origines de l'insurrection des Boxeurs, affirme que le *Péril jaune* n'est pas une chimère, qu'il existe dès maintenant et qu'il sera pour l'Europe — dans vingt ou trente ans — un péril militaire selon toute la rigueur de l'expression.

genre de celui que les hordes de Gengis-Khan et de Timour-Leng ont fait courir à nos ancêtres : il est plus grave en ce sens que l'Europe ne pourra l'éviter.

En effet, la France, l'Allemagne et même l'Angleterre en comprendraient-elles enfin l'importance, et leurs Gouvernements s'uniraient-ils — hypothèse d'ailleurs inadmissible — pour enrayer le développement économique de la Chine, que les intérêts de la Russie, future commissionnaire des produits chinois, et ceux du Japon, futur colonisateur du territoire chinois, neutraliseraient leur tentative.

Dans l'ordre naturel des faits mis en relief par les observations précédentes, l'élément russe et l'élément japonais se combineront facilement avec l'élément indigène et formeront très vite, sous la protection des traités, au nez et à la barbe des ambassadeurs européens, un État politique et social chinois nouveau qui sera la Nouvelle Chine rêvée par le réformateur Kang-You-Weï, par l'Empereur Kouang-Su..... et peut-être par le vieux Li-Hung-Chang lui-même.

Comme les Daïmios et les Samouraïs du Japon féodal, les lettrés chinois comprendront que toute résistance à la pénétration étrangère est désormais inutile, et comme avec des associés tels que les Russes et les Japonais — qui sauront certainement ménager les intérêts de la classe mandarinale — ils auront plus à gagner qu'à perdre dans la nouvelle raison sociale de leur pays : ils faciliteteront la réalisation des réformes qu'ils ont jusqu'ici combattues.

La nouvelle Chine n'aura pas besoin d'armée ou de marine de guerre pour défendre ses intérêts économiques (l'armée et la marine de la Russie et du Japon suffiront), mais elle réorganisera son administration fiscale, et sans avoir à augmenter la quotité de ses impôts, comme le Japon a dû le faire pour l'expansion de sa puissance militaire et navale, elle obtiendra, simplement par un meilleur système de perception, des ressources suffisantes pour payer l'indemnité que les Puissances lui imposeront, pour racheter ensuite tous les Chemins de fer actuellement concédés aux étrangers (sauf, peut-être, ceux de la Mandchourie) et pour construire elle-même ses lignes nouvelles.

Les Français, les Anglais, les Allemands, les Belges et les Américains pourront certainement se créer des intérêts particuliers dans l'industrie et le commerce chinois, puisque la Chine restera ouverte à tous, mais la nature de ces intérêts facilitera encore le développement des moyens producteurs et des facultés d'exportation de la Chine, et, par cela même, contribuera à accentuer la décadence économique de leurs pays d'origine.

Les États-Unis seront en meilleure posture que l'Europe pour résister aux conséquences de cette rupture de l'équilibre économique international, car la formule de Monroë s'applique aussi bien à l'Amérique du Sud qu'à l'Amérique du Nord, et l'impérialisme américain trouvera toujours de bons prétextes pour imposer son protectorat... et ses produits, à son demi-frère du Nord : le Canada, et à ses cousines du Sud : les Républiques hispano-portugaises.

Pour apprécier la gravité des perturbations de toute nature que la concurrence jaune — sans parler des effets de la constitution possible d'un *Zollverein* américain — provoquera en France, en Angleterre, en Allemagne et en Belgique, il faut se rappeler, à l'aide de quelques chiffres, la place énorme que les échanges extérieurs occupent aujourd'hui dans le régime économique de ces pays :

Commerce extérieur des quatre Puissances en 1875 et 1900

(En millions de francs)

Pays	Importations		Exportations		Comm. extér. total	
	1875	1900	1875	1900	1875	1900
France	3.537	4.408	3.873	4.078	7.410	8.486
Allemagne .	4.413	6.946	3.102	5.518	7.515	12.464
Angleterre .	9.349	13.091	7.040	8.864	16.389	21.955
Belgique....	1.307	2.120	1.102	1.797	2.409	3.917
Totaux..	18.606	26.565	15.117	20.257	33.723	46.822

Sur ces chiffres, les produits manufacturés représentent en moyenne 75 0/0 aux exportations, soit environ 15 milliards de francs, et 40 0/0 aux importations, soit environ 10.600 millions de francs.

En ce qui concerne les produits manufacturés exportés, on admet généralement que les bénéfices et salaires qu'ils laissent aux fabricants, à leurs ouvriers et employés, aux commissionnaires, etc., les impôts de toute nature qu'ils payent à l'Etat ou aux villes, leurs frais de transport ou de manutention sur le territoire national, et les matières premières qu'ils absorbent : représentent au moins les 80 0/0 de leur valeur d'exportation.

Cela revient à dire, par exemple, qu'une pièce de drap tissée à Roubaix, vendue 100 francs à l'étranger et dans laquelle la matière première importée de l'extérieur (laine brute, cardée ou filée) représente 20 francs, fait rentrer en réalité 80 francs sur le territoire français.

Les 13.500 millions de produits manufacturés exportés par les quatre pays leur procurent donc une ressource annuelle d'ordre extérieur d'environ 10.800 millions de francs, qui se répartit dans toutes les couches sociales et sous les diverses formes ci-dessus indiquées.

Mais il y a une ombre dans ce tableau, c'est la progression de la Dette publique et des dépenses budgétaires des mêmes pays :

Dettes publiques et dépenses budgétaires des quatre puissances :

(En millions de francs)

Pays	Dettes publiques		Dépenses budgétaires	
	1875	1900	1875	1900
France................	20.162	26.065	2.973	3.548
Allemagne (1).........	4.035	16.179	2.362	5.725
Angleterre............	19.384	15.689	1.858	3.343
Belgique.............	1.127	2.607	202	434
Totaux.........	44.708	60.540	7.485	13.050

(1) Empire et Etats confédérés.

Entre 1875 et 1900, la population des quatre Puissances est passée de 117 millions à 140 millions d'habitants, soit une augmentation de 20 0/0; mais, pendant la même période, leurs dépenses budgétaires se sont accrues de 74 0/0, soit une moyenne de 93 fr., contre 64 fr. en 1895, et leurs statistiques nous indiquent, d'autre part, que le taux moyen des salaires industriels s'y est relevé d'environ 35 0/0 et que la moyenne de consommation des choses nécessaires à la vie : pain, viande, vin, bière, sucre, café, thé, eau-de-vie, linge, vêtements, éclairage, voyages, plaisirs, etc..., y a également progressé dans de très notables proportions.

L'ensemble de ces faits constitue ce que nous pouvons appeler le nouveau *train de vie politique et sociale* des quatre nations considérées.

Si l'influence de la concurrence industrielle jaune détermine, sur les marchés étrangers vers lesquels les quatre nations dirigent actuellement leurs produits manufacturés, une baisse sérieuse de leur prix de vente : les producteurs français, anglais, allemands et belges devront nécessairement, pour garder leur clientèle, baisser les leurs et, par voie de conséquence, réduire proportionnellement leurs bénéfices et leurs frais de revient.

Mais si la baisse s'accentue au delà d'une certaine limite, ils ne pourront même plus supporter la lutte et se trouveront dans l'inéluctable nécessité de suspendre leurs envois à l'étranger. Le marché national sera ainsi privé des ressources qu'il retirait de son exportation manufacturière et ses habitants, dans leur ensemble, perdront une notable partie de leurs moyens actuels d'existence.

Or, ce n'est là qu'un des côtés de la question : les 10 milliards de produits manufacturés que les quatre nations importent aujourd'hui, n'affectent pas très sensiblement les prix des produits similaires indigènes, parce qu'ils proviennent de pays dont les conditions économiques générales sont à peu près identiques aux leurs. Une surcharge douanière plus ou moins bien calculée suffit, généralement, pour rétablir l'équilibre dans les prix de revient, et la concurrence étrangère peut alors s'exercer librement sur leur marché intérieur sans porter un préjudice irréparable aux industries qui font vivre le pays.

Est-ce que les éléments constitutifs des prix de revient industriels de la Chine — dont les dépenses budgétaires représentent à peine 2 francs par habitant, y compris les frais de perception, dont les intérêts et l'amortissement de la dette sont payés par les droits de douane étrangers, dont les richesses minières sont de beaucoup supérieures à celles des nations européennes les plus favorisées, dont la main-d'œuvre est entre dix et quinze fois moins coûteuse que la main-d'œuvre européenne, et qui n'aura jamais à supporter des charges d'ordre militaire, puisque l'importation et la fabrication des armes y seront interdites — seront jamais comparables à ceux de la France, de l'Angleterre, de l'Allemagne et de la Belgique ?

On peut donc en conclure que si la concurrence industrielle jaune, (organisée par les Japonais, les

Américains et les Européens qui ne manqueront pas d'ailer utiliser à leur profit personnel les merveilleuses conditions économiques de la Chine) s'exerce librement sur le marché intérieur des quatre Puissances ci-dessus, ou si elle s'y exerce simplement dans les conditions actuelles de leurs tarifs douaniers : elle y produira une baisse immédiate et très importante du prix de vente des produits manufacturés similaires.

Cette baisse ne pourra, d'ailleurs, être sérieusement enrayée par un relévement de leurs tarifs douaniers, parce qu'elle sera également provoquée par la concurrence que les exportations industrielles chinoises feront, en même temps, aux produits manufacturés français, anglais, allemands et belges aujourd'hui exportés sur les marchés asiatiques, australiens et sud-américains, concurrence qui aura pour effet rationnel de rejeter sur le marché intérieur des quatre Puissances les produits dont l'écoulement extérieur ne sera plus possible.

Bon gré, mal gré, les quatre Puissances devront réduire à la fois le volume de leur production industrielle et les éléments constitutifs de leurs prix de revient. Et il ne faut pas dire : tant mieux! parce que cette double réduction peut avoir les graves conséquences sociales prévues par M. d'Estournelles.

En effet, les quatre Puissances (sauf la France, qui fort heureusement peut presque se suffire à elle-même) n'ont des ressources agricoles que bien inférieures aux besoins réels de leur population respective : le fait est trop connu pour qu'il soit nécessaire de le démontrer. Achetant à l'étranger une grande partie de leur alimentation, elles n'ont donc pu augmenter leurs dépenses d'existence publique et privée, c'est-à-dire leur *train de vie politique et sociale*, que grâce à l'augmentation progressive de la valeur marchande de leur production industrielle ; il s'ensuit que toute diminution importante de cette valeur doit provoquer le phénomène inverse.

Cela revient à dire que tous ceux qui vivent du travail industriel : patrons, ouvriers, employés, négociants et leurs familles (et ils représentent la grande majorité des populations urbaines) devront modifier leur manière de vivre, car les uns perdront tout moyen d'existence et seront forcés de s'expatrier, et les autres ne recevront plus que des salaires réduits, c'est-à-dire insuffisants pour leur permettre de conserver leurs anciennes habitudes de bien-être.

Ceux-ci pourront, il est vrai, se vêtir, se chausser et se loger plus économiquement qu'autrefois : on peut même supposer que la valeur des objets d'alimentation nécessaires à leur subsistance baissera avec celle des produits manufacturés (ce qui est, d'ailleurs, douteux), mais cette baisse générale du prix de revient de l'existence ne sera que lente et progressive, tandis que la réduction de leurs facultés d'achat se produira brutalement.

La période de transition entre l'ancien et le nouvel état de choses sera donc fatalement une période de souffrance sociale pour les grandes nations industrielles de l'Europe. On pourrait peut-être en atténuer les conséquences en préparant entre elles un terrain d'entente économique, et M. d'Estournelles incline à croire qu'un accord entre les puissances européennes pourrait faciliter la solution de ce délicat problème. Il faut souhaiter que les Gouvernements intéressés se rallient à cette idée, mais nous ne devons pas nous dissimuler un seul instant que sa réalisation pratique rencontrera — eu égard à la complexité des intérêts économiques et politiques en jeu — de sérieuses difficultés d'application... et que la doctrine : *Après vous le déluge !* a de puissants partisans en Europe.

FIN

TABLE DES MATIÈRES

Chapitres	Pages
Préface	5
I. — La Chine avant le Traité de Simonosaki	29
II. — Le Christianisme en Chine	38
III. — Le Régime économique et social de la Chine	49
IV. — La Famille et le Gouvernement Chinois	61
V. — La Justice chinoise	72
VI. — Les Finances chinoises	81
VII. — Le Régime monétaire chinois	118
VIII. — Les Banques chinoises	141
IX. — Le Traité de Simonosaki et ses conséquences économiques. Le Commerce de la Chine depuis 1893 et sa Dette extérieure	149
X. — Les Chemins de fer de la Chine et le Transsibérien	173
XI. — Le Coup d'État du 22 Septembre 1898 et l'Insurrection des Boxers	194
XII. — Qui exploitera la Chine?	219
XIII. — L'Histoire recommence	233
XIV. — La transformation économique du Japon	243
XV. — Le nouveau Japon	291
XVI. — Conclusions	300

SERVICE PHOTOGRAPHIQUE